徹底比較
ブッダとクリシュナムルティ
そのあるがままの教え

正田大観

BUDDHA AND KRISHNAMURTI THE TEACHING OF THAT AS IT IS

コスモス・ライブラリー

徹底比較　ブッダとクリシュナムルティ
そのあるがままの教え

目次

まえがき

世界的に有名な仏教学者（学僧でもある）ワルポラ・ラーフラ博士は、クリシュナムルティと対話を始めるにあたり、以下のように切り出す。

わたしは若いころからずっと、あなたの教え（と言ってよければ、ですが）を追い続けてきました。ほとんどの著書は多大な深い関心を持って読ませていただきましたし、長いあいだ、このような対話ができたらと願っていました。

ブッダの教えをそれなりによく知っている者にしてみれば、あなたの教えはとても親近感があって、新奇なものではありません。ブッダが二五百年前に教えたことを、あなたは今日、新しい言葉遣い、新しいスタイル、新しい姿で教えている。あなたの本を読んでいるとき、わたしはよく、あなたの言葉とブッダの言葉を比較して余白に書き込みをします。ときには一章あるいは偈をまるごと引用したりもします。それもブッダ自身の教えだけでなく、のちの時代の仏教哲学者の思想も含めて、です。それらについてもまた、あなたは同じやり方で取り上げておられるからです。あなたがそのような教えや思想を、どんなに見事に美しく表現しているかを思うと、驚くしかありません。

そこで、手始めとして、ブッダの教えとあなたの教えの共通点をいくつか、手短に指摘したいと思います。（『ブッダとクリシュナムルティ』コスモス・ライブラリー：三〜四ページ）

以下、ラーフラ師によって、ブッダとクリシュナムルティの共通点が手短に紹介され、当の本人であるクリシュナムルティに、対話のバトンが渡される運びとなる。冒頭の一文からして、ラーフラ師の今回の対話に向けての並々ならぬ意気込みが感じられ、対話の行方に仏教者ならずとも期待が高まるところだが、クリシュナムルティの反応は、拍子抜けと言うか、あまりに素っ気ない。

クリシュナムルティ：失礼でなければ、お尋ねしてもいいでしょうか。あなたはなぜ、対比するのですか？
ラーフラ：それは、仏教学者として、仏教の書物を研究してきた者としてあなたの本を読むとき、いつも同じだなと思うからです。
クリシュナムルティ：そうでしょうね。しかし、お尋ねしたいのですが、対比する必要がありますか？（前掲書八ページ）

教えの共通点をめぐる活発な対話を期待していたラーフラ師にしてみれば、この言葉は意外であり、戸惑いを覚えたにちがいない。さらに、クリシュナムルティは、こうも言う。

お尋ねしているのは、あなたは仏教徒として、ブッダについてたくさん読み、ブッダが言ったことをたくさん読んだ人間として聞き、そして比較し――ちょっと待ってください――それによって、直接的に聞くことから離れているのではありませんか、ということです。それでは、あなたは聞いているのでしょうか？――あなた個人をどうこう言うつもりはないのですから、ご理解ください――あなたは聞いているのでしょうか？（前掲書六六ページ）

わたしは、ブッダについてあなたが語ることを聞いていました。ただ、聞いていたのです。わたしにはわかりません。あなたは引用し、たぶんあなたの引用は完璧でしょうし、正しく引用しているでしょうが、しかし、あなたは自分自身をわたしに明かしてはおらず、それに対してわたしはあなたに自分自身を明かしています。だから、わたしたちは直接ではなく、ブッダを通じて関係を持っているのです。それは、わたしが自分のイヌをとても気に入っているとき、あなたもそのイヌが気に入るとすれば、そのとき、わたしたちの関係はそのイヌ好きを基盤にするようになる、ということです。わたしの言いたいことが明確に伝わっているかどうか、わからないのですが――わたしはブッダをイヌと比較しているのではありませんよ！（前掲書六七～八ページ）

ラーフラ師や私たちの期待に水を差し、ものの見事に空振りに終わらせる、何とまあ、手厳しい言葉ではないか。クリシュナムルティが比較（引用・対比）を嫌うのには、もちろん、それなりの理由がある。これについてはのちほど触れたく思うが、それにしても残念な言葉ではある（とくに仏教者にとっては）。以下に続く両者の対話は、それはそれで中身が濃く、読みごたえもあるのだが、ラーフラ師が冒頭で打ち出した論点は、消化不良のまま置き去りにされてしまう。そもそも、ラーフラ師は上座部仏教僧でもあれば、大学で教鞭を取る身分でもあり、そのような立場にある者がクリシュナムルティのところに出向いて対話することと自体が意義深く、特記すべき出来事なのだ。そう考えただけでも、冒頭に掲げた言葉は重みを増すであろうし、その問題提起に対する消化不良は、心残りと言うしかない。

そこで、本稿においては、おこがましくもラーフラ師になりかわって、ブッダとクリシュナムルティの教えを比較検討し、その共通点を提示し確認したく思うのである。簡単に言えば、「ブッダとクリシュナムルティの比較思想論」を試みるわけだ。筆者は、長年にわたりパーリ経典の翻訳に取り組み、かつまた、ひとりの人間としてのブッダの教えを探求してきた。この「ひとりの人間としてのブッダの教え」というのが厄介な問題で、そのハードルの高さには閉口し嘆息するばかりだった。なにしろ、二千五百年前に生きた人間の教えを、膨大なパーリ経典を材料にして解明し再構成するのだから、たしかに、雲を掴む話と言うしかない。そこで、この難問に取り組むための手掛かりとなったのが、クリシュナムルティだった。クリシュナムルティの教えをモデルにしてブッダの言葉を読み解けば、ひとりの人間としてのブッダの教えを再現できるのではないか、という着想《ひらめき》である。

ブッダの教えを解明するには、それも、「ひとりの人間としての教え」を再構成するには、何はともあれ、膨大な量のパーリ経典から資料となるテキストを選別する必要がある。しかも、そのテキストはブッダ自作のものとは断言できず、この作業を遂行するにあたっては、ブッダと同レベルの鑑識眼が必要となってくる。テキストの新古を基準にして、ある程度の絞り込みは可能なのだが、いざ解明し再構成するとなると、途方に暮れるばかりとなる。しかしながら、もし、かりに、ブッダとクリシュナムルティが同じことを言っているのであれば、自作であることが明確であるクリシュナムルティの言葉をよりどころに、ブッダの教えを再構成できるかもしれない。しかも、クリシュナムルティは同時代の人間であり、残された言葉もごく普通の英文である。幸いなことに、クリシュナムルティの著作には、個人的にそれなりの馴染みもあった。

このことに思い至ったとき、筆者の中で、両者の言葉を読み解く作業が、有機的な連関を伴ったある種の化学反応を起こした、あるいは、ブレイクスルーが起きた、という言い方もできるだろうか、これまではあやふやな輪郭だったブッダの教えが、クリシュナムルティの言葉と比較することで、文字どおり明瞭となり、リアルな実感をもって感得できるようになったのである。そして、おそらくは、ラーフラ師も同じ思いを抱き、その感動をクリシュナムルティに伝えたはずなのだ。あなたはブッダと同じことを言っているのではないですか、と。そのようなこともあり、以下の本稿において、このときのブレイクスルーを、その学びの成果を、皆様とシェアしたく思うのである。

ブッダとクリシュナムルティが同じことを言っているのであれば、それは、真理が一つであることを意味している。真理は一つであり、一つしかない真理を発見したので、言っていることが同じになった、という理解。真理が一つであるかどうかの是非はさておき、ブッダとクリシュナムルティが同趣旨の発言を残しているので（小品集「真理は一つ」参照）、これを前提とすることは許されると思う。そこで、この前提をもとに、クリシュナムルティの言葉を参照しつつ、ブッダの教えを再構成するのが、本稿の進み行きとなる。

ただし、この前提を認めることで、メリットのみならず、デメリットも出現することを、あらかじめ確認しておく必要がある。なぜなら、もし、かりに、真理が一つであるなら、「ブッダ」とか「クリシュナムルティ」といった固有名詞は不要となるからだ（真理の無名性）。つまり、その固有名詞は「第二のもの」であり、一つであるはずの真理に付加された「二義的で副次的な余剰物」と言えるからだ。ブッダやクリシュナムルティはどうでもよく、一つである真理こそが大事なのだ、という指摘、もしくはスタンスである。真理探求という実践的見地からすると、なおのこと、正鵠《せいこく》を射る指摘と言えるだろう。お察しのように、ラーフラ師に対するクリシュナムルティの冷たい反応は、このスタンスを背景にしてのものであり、そう考えるなら、その冷たさにも納得が行く。

あらためて、文献引用についてのクリシュナムルティの言葉を見てみよう。クリシュナムルティは、同じ対談の中で、このような言葉も残している。

ブッダの言葉に対して失礼だとか敬意を持っていないと思わないでいただきたいのですが、わたし個人は、そういうことについて一切読んでおりませんし、読みたいとも思っていません。それは正しいかもしれず、正しくないかもしれないし、幻想かもしれず、幻想でないかもしれない。弟子たちがまとめたのかもしれないし、グルに対する弟子たちのひどい思い違いを含んでいるかもしれない――すべてが歪められたのかもしれない。そこで、わたしは言いたいのです。こうしろとか、こう考えろとか、誰かがわたしに言ったことから始めたくはないのだ、と。わたしには、何の権威もありません。わたしは言いたいのです。苦しんでいる人間として、苦悶やセックスや悪事や恐怖やその他すべてを経験している人間として、そのすべてを探究するなかで到達したポイント、それが思考なのだ、と。それだけのことです。世界のすべての文献を知る必要はありません。それらはさらに思考を条件づけるだけです。だから、こんな言い方をして申し訳ありませんが、そんなものはすべて払いのけて無視します。わたしたちは経験ずみです――わたしはキリスト教徒にもベネディクト派の僧にもイエズス会士にも偉大な学者にも会いました。いつだって、引用、引用、引用、こうだと信じる、こうでないと信じる、なんですよ。おわかりですか？　失礼なやつだと思わないでいただきたいのですが。（前掲書五八～九ページ）

あまりに厳しい言葉なので、ブッダとクリシュナムルティの比較思想論と銘打つ本稿そのものの存在意義が問われなくもない。しかしながら、これを戒めの言葉（作業遂行のための注意点）として受け取るなら、「良薬は口に苦《にが》し」で、謙虚に耳を傾けるところとなる。真理が一つであるなら、それは、ダイレクトに、それそのものであるはず。言葉の引用は、余計な付加物となる（ならざるをえない）。二度目の引用で恐縮だが、「だから、わたしたちは直接ではなく、ブッダを通じて関係を持っているのです」（前掲書六八ページ）も、この趣旨で理解できる。言葉の引用は二番煎じでしかなく、死物をもてあそんでいるにすぎない、と。「毒を食らわば皿までも」で、さらに引用を続けよう。「事実」という言葉に注目してほしい。クリシュナムルティの妥協なきスタンスが、この言葉によって、より明確に打ち出されている。

おわかりかもしれませんが、わたしは自分にとっての事実とは何か、そこからのみ始めます。事実とは何か、どこかの哲学者や宗教的教師、聖職者に従えばどうこうではなく――事実として――わたしは苦しんでいる、不安を抱いている、性的欲求を持っています。わたしの人生をあまりに惨めで不幸なものに作り上げている、これらのとてつもない複合体に、わたしはどう対処するのか、わたしはそこから始めます。誰かが言ったことから、ではなく。そんなのは何の意味もない。おわかりですか？（前掲書五九～六〇ページ）

説明を受け入れ、結論を受け入れ、ブッダが言ったことを、クリシュナが言ったことを、Xが言ったことを認める。わたしにとって、自由とは既知からの自由です。そうでなければ、わたしは結局流れのなかで生きなくてはならない。おわかりですか。だから、このことを事実に即して議論し、「わたしは持っていた権威をすべてかなぐり捨てよう」と言うか、つまり知識や伝統をすべて放棄するか、それとも、そうしないか、なのです。放棄することができますか？　なぜなら、それが探究の始まりだからです。伝統に束縛されていては、探究はできません。堂々巡りをするだけになります。だから、わたしは杭からも、杭にわたしを縛りつけているロープからも自由にならなければならない。（前掲書二三九～四〇ページ）

ここまで引用を重ねれば、余計な解説は不要であろう。本稿における以下の作業が有効かつ有意義であるためには、ここに紹介したクリシュナムルティの言葉を肝に銘じて作業するべきであり、読者の皆様もまた、その趣旨に適う読みをしてこその、生きた学びとなる。そこで、本稿の位置づけとしては、大上段に構えた学術的な比較思想ではなく、あるいは、興味本位の安直な紹介本でもなく、あくまでも真理探求の実践行為であり、学びの行為そのものにほかならないことを、ここに明記しておきたい。

死んだ言葉の羅列に終始するのは最悪と言うしかない。以下の本論においては、まさしく「引用のオンパレード」となるのだが、たとえテキストを引用するにしても、一求道者の立場で、つまりは一仏教者の目線で提示し、解説を加えるにあたっても、仏道実践の学びであるべく心を配り、死物とならないよう気をつけたい。死体を解剖する科学者的視点も必要ではあるが、真理や事実が一つであるように、引用と解説が、さらには、書き手と読み手も、一体となって行為するとき、教えの真髄に触れることができる。と言うか、教えそのものとなって、学びの何たるかを知るのである。その意味もあり、以下の論述においては、両者の相違点には触れずに、もっぱら、両者が示した真理の一致点に重点を置く進み行きとなる。うえに述べたように、真理探求こそが、学びの目的であるからだ。ブッダも、クリシュナムルティも、一つであるはずの真理をもとに教えの言葉を残したのであり、そうであるなら、真理を探求する私たちにとっては、相違点よりは一致点のほうが、有益でもあれば、参考にもなるはず。両者の一致点を通じて大元の真理をあぶりだすアプローチである。

さらには、引用テキストを掲載する順番についても配慮し、全体としてのまとまりをもたせて、有機的かつ体系的に、ブッダとクリシュナムルティの教えを再構成するべく努めたい。似た者同士のテキストを何の脈絡もなく収録するやり方のほうが楽ではあるが、それではやりがいもなく、読者の皆様にも失礼であろう。本論全体を通して読めば、両者に共通の真理の教えがおのずと浮上し理解できる、というのが、本稿の目指すところとなる。とくに、第一章から第二四章については、起承転結を備えた「ひとまとまりの作品」として読み進めていただければと思う。

使用テキストについて、一言しておこう。ブッダの言葉としては、古層経典とされる『スッタニパータ』第四章・第五章および『ダンマパダ』を用いる。パーリ経典全体の膨大な量を考えると、あまりに少量のテキストであり、今度は逆に、これだけでブッダの教えを抽出できるのか、という懸念が生まれなくもない。依拠するテキストを絞り過ぎてはいないか、という疑問である。しかしながら、別の見方をすると、それだけ引用テキストの取捨選択の幅が限られ、恣意的なテキスト選択の可能性が低くなるので、教えの忠実な再現という点では、かえってメリットがあると言えなくもない。膨大な量の資料から引用する場合、自分に都合の良い言葉だけを選び出すことができるからだ。ブッダの肉声に近いとされる古層経典に絞ってテキストを引用するのであれば、その弊害は避けられる。上記テキストは、少量とはいえ、ブッダの教えをまとめた独立作品としての性格を持っており、ひとりの人間としてのブッダの教えを再構成するにあたって、過不足のない資料を提供してくれるだろう。かつまた、ごく少量のテキストをもとにブッダの教えを再構成する、という、無謀とも言える曲芸的作業に挑戦できるのも、クリシュナムルティの教えあってのことであり、その意味での比較思想論であることは、うえに述べたとおりである。

クリシュナムルティの言葉に関しては、『四季の瞑想』（コスモス・ライブラリー）をテキストとして使用する。この本自体がクリシュナムルティの教えを一冊に凝縮した優れた編集本であり、その教えを再構成する本稿の作業にとって極めて好都合であるのが、その理由である。クリシュナムルティもまた、膨大な量の教えの言葉を世に残しており、ブッダ同様の「取捨選択の問題」が課題となるのだが、この本を使用することで、その問題をクリアできる。かつまた、一冊の本ということで、皆様自身がこの本を手に取って、自らの目で再検証できるメリットもある。さらなる学びの深まりのために、是非ともそうされることを、ここにお勧めする次第である。なお、この本の使用を快く了解していただいたコスモス・ライブラリー社の大野純一氏には、この場を借りて甚深の謝意を申し述べたく思う。氏の長年にわたるご尽力により、クリシュナムルティの教えが日本に広まり、多くの人がその恩恵にあずかった。『四季の瞑想』の翻訳者である、こまいひさよ様ともども、重ねて謝意を申し述べたい。合掌。

凡例（引用経典に関して）

◎テキストはＰＴＳ版を使用（ただし第六結集版を適宜参照）。
◎和訳中の〔　〕と（　）は、訳者による付加。〔　〕は、本文の補足。（　）は、前の語の説明。

テキスト

◎パーリ経典引用テキスト

ダンマパダ（Dhammapada：法句経）
スッタニパータ（Sutta-nipāta：経集）

Published by Pāli Text Society：London

◎クリシュナムルティ引用テキスト

『四季の瞑想――クリシュナムルティの一日一話』J・クリシュナムルティ著　大野純一監修　こまいひさよ訳（コスモス・ライブラリー）

なお、以下の本論において引用ページを表記する際は、書名を省略し、ページ数のみを記載する。

第一章　無常

すなわち、「諸々の形成〈作用〉（形成されたもの・現象世界）は、全てが常住ならざるものである（諸行無常）」と、智慧によって見るとき、しかして、苦しみについて厭離する――これは、清浄への道である。

すなわち、「諸々の形成〈作用〉は、全てが苦しみである（一切皆苦）」と、智慧によって見るとき、しかして、苦しみについて厭離する――これは、清浄への道である。

すなわち、「諸々の法（事象）は、全てが自己ならざるものである（諸法無我）」と、智慧によって見るとき、しかして、苦しみについて厭離する――これは、清浄への道である。（ダンマパダ277～9）

言うまでもなく、ブッダの教えの根幹をなすのが、この三者、諸行無常・一切皆苦・諸法無我である。本稿の参究も、この三者から始まる。ただし、この三命題は、その受認を要求する「主張」ではない。あくまでも、あるがままの事実を提示しただけのことであり、受認する・しないは、私たち次第となる。ブッダは説得しない。事実を事実として示すだけであり、この事実を認める者が仏教者となる。この三命題に異を唱えるのは自由だが、仏教者であるなら、これを事実として受け入れ、学びの道を歩むしかない。もちろん、鵜呑みにするのではなく、間違いのない事実であるからこそ、受け入れるのである。その真偽を自ら確認したうえでの受け入れでないと、話は始まらない。その確認は各人次第ということで、まずは、無常についての経典の記述を確認しておこう。

世は、遍きにわたり、真髄なく〈常住ならざるもの〉。一切の方角は、動揺し〈常住ならざるもの〉。自己の居所を求めつつ、〈苦しみに〉取り憑かれていないところを、〈ついに〉見なかった。（スッタニパータ937）

「真髄なく」「動揺」という言葉が、世の無常を雄弁に物語っている。のみならず、「遍きにわたり」や「一切」などの言葉が、すべてが例外なく無常であることを明示している。たしかに、世の無常は厳然たる事実と言うしかないが、受け入れたくない事実であることもまた、厳然たる事実。無常というあり方は、普通人にとってはありがたくないあり方であり、そうでない常住不変のあり方こそを望み求めるからだ。クリシュナムルティ（以下、Kと略記）は言う。

永遠に変わらない状態はあるのか、それともないのか、確かめてみましょう。自分が見出したいものではなく、実際の事実、物事の真理を見出してみましょう。関係、考え、感情など、自分たちの身の回りにあるものは、内面的なことであれ、外面的なことであれ、どれも一時的なものであり、絶え間なく移ろい行く状態にあります。精神はこのことに気がついて、喉から手が出るほど永遠を欲しがり、平和な状態、愛の状態、善なる状態、時間にも出来事にも破壊されることのない安全な状態がいつまでも続くことを切望します。（二一三三二ページ）

Kもまた、無常について、私たちに確認を求める言葉を残している。無常の現実が私たちにとって受け入れがたい事実であることが、その背景にあるのだろう。精神は永遠を欲しがる、という指摘が、それを裏付けている。世界が無常であるからこそ、常住不変のものを求める、あるいは、安全状態の持続を切望する。人間心理として当然でもあれば、ごく普通のものと言えるだろう。つまり、無常の現実は、事実とはいえ、心情的には受け入れがたいあり方としてあるわけだ。そうすると、私たち仏教者が仏教者であるためには、その入り口からして、かなりの覚悟が求められることになる。では、どのようにして、その入り口をくぐればいいのだろう。ブッダは言う。

見よ——彩りあざやかに作り為された〔欲の〕幻影を——寄せ集めの、傷ある身体を——病んだ、妄想多きものを。それに、常久と止住は、〔何であれ〕存在しない。（ダンマパダ147）

わがものと〔錯視〕されたもの〔執着の対象〕について、〔世の〕人たちは憂い悲しむ。まさに、諸々の執持〔の対象〕〔所有物〕は、常住のものとして存在しない。これは、変じ異なる状態として存在しているだけである。かくのごとく見て、〔賢者は〕家に住み止まらないように。（スッタニパータ

805）

読んだとおりで、ここでも、事実を事実として提示する手法が見て取れる。世の人々は、無常を常住と錯視することで憂い悲しむ。錯視せず、無常を無常のままに見るとき、いままでとは違ったあり方をするしかないのでは、と。そこで、仏教者であるかないかの分水嶺は、事実を事実として知り見るかどうか、となる。このハードルは、言葉的には軽く見える。行為的にも、ただ見ればいいのだから、複雑な手続きも不要だし、特殊な技術も要らない。とは言うものの、いざ実行するとなると、心理的抵抗は執拗で、一歩を踏み出すにも、なかなか踏ん切りがつかない。ただ見ればいいだけなのだが、安心安全を求める心が、それを許さない。が、Kは言う。安心安全はどこにも存在しない。求めても徒労に終わるだけである。それどころか、安心安全を求める心が、世の悩み苦しみを作り出している、と。

暴力の主たる原因は、思うに、私たち一人一人が内面的に、つまり心理的に安全を求めているということではないでしょうか。私たち一人一人の中にある、心理的安全を求める衝動、すなわち安全であるというあの内面的感覚を求める衝動が、要求、つまり外部に向けた安全に対する要求を投影しています。内面的に私たちは安全で、確かで、確実でありたいのです。（中略）しかし保証や安心などというものは、いかなる関係においても存在しません。内面的、心理的に私たちは安全でありたいかもしれませんが、常住不変なる安全などというものは存在しないのです。（一八六ページ）

世の中を少しでも観察したことがあるなら、保証など存在しないことがお分かりになるでしょう。妻や夫には先立たれ、息子はどこかへ行ってしまう。何かしらが起こります。生は一時も静止してはいません――私たちはそうあって欲しいと思っていますが。変化しない関係など一つもないのです。なぜなら、生は全て運動だからです。このことは直に把握され、見られ、感じられるべき真理であり、あれこれ議論されるべきことではありません。（三七五ページ）

無常は真理である。議論の余地はない。そう、Kは宣告する。極論を言ってしまえば、事実なのだから仕方がない、ありもしない安心安全を求めること自体が無意味なのだ、となる。この言葉を発する前提として、無常の現実が真理であるかどうかの事実確認を求めている以上、それを事実として受け入れた場合は、この言葉もまた受け入れるしかない。そこで、繰り返しの指摘となるが、その際に問題となるのが、安心安全を追求する心の習性ということになる。生存するためには物理的な安心安全が不可欠なので、心理的に安心安全を求めるあり方に非があると言われても、そうは簡単に納得できない。私たちの心の抵抗は激しく、あまりに頑強なので、覚者の側にしてみれば、その妄を解くために言葉を重ねることになる。言葉を変え角度を変えて事実を示し、その受け入れを迫るわけだ。以下の引用では、「継続」という言葉に注目してほしい。

継続するものはいかなるものであれ、本質的に破壊的なのではありませんか？　継続性を持つものは、決して自己新生できません。記憶や願望、経験を通じて思考が継続する限り、思考は決して自己新生できません。故に継続するものには、決して真なるものを知ることができません。何千回と生まれ変わろうが、真なるものを知ることは絶対にできないのです。なぜなら、死すもの、終焉するもののみが自己新生できるからです。（三三三ページ）

真理や理解は一瞬のうちにひらめきます。しかしそのひらめきは継続しません。そのひらめきは時間の枠内にはないのです。このことはご自身の目でじっくり確かめてください。理解は新鮮であり、即時的であり、以前あったものの続きではありません。過去に存在したものに、理解をもたらすことはできません。継続を求めるかぎり、つまり関係や恋愛に永続性を欲したり、いつまでも続く平和やその他諸々を切望したりしている限り、人は時間の枠内にあるものを追求しているのであり、故に時間を超越しているものには属していない、ということです。（二九三ページ）

ここで、Kは「継続」という言葉を、無常に相反する意味合いで使用している。つまりは、常住という意味で。「継続」と聞くと、「永続」もだが、何やら心地良い響きを感じる。しかしながら、そういった常識的理解では、この言葉は理解できない。「安心」「安全」もそうだが、私たちが何気なく「価値ある言葉」として使用している単語が、その土台を突き崩され、旧来のものの見方を打破する役割を担わされている。すなわち、継続するものは破壊的であり、自己新生できない、と。私たちが「永続する」と考えているものは、自分勝手な願望の投影にほかならず、思いどおりに行かないのが現実の世界なのだから、価値があるどころか、悩苦の根源ということになる。

真理や理解は一瞬のうちにひらめきます、という言葉にも驚かされる。真理と一瞬の組み合わせには、違和感を覚えるしかなく、ごく普通の感覚としては、永久不滅であるのが真理であるからだ。Ｋが言う真理は、私たちが普通に考える真理とは似て非なるもの、それどころか、まったく次元を異にするものなのだろう。

さらに、Ｋが使う「時間」という言葉にも、私たちの常識を峻拒する響きがあり、とくに注意したいのだが、これについては早急に結論を出さず、追々見て行くこととしたい。いまは、Ｋの教えを理解する鍵となるのが「時間」であることを確認するにとどめたい。ここに言う時間を超越しているもの（真なるもの）が気になるところだが、これについても、ここでの結論を差し控えたい。これこそは最後の最後にやってくるものであり、このあり方を自らのものにするには、それなりの「時間」がかかるからだ。ただし、すでにもう、一瞬のひらめきがあった方は、その意味するところをつかんでいるはずだ。それこそは、即時に。

最後に、無常についてのブッダの言葉を再確認しておこう。短い言葉ではあるが、真理のひらめきが見て取れるのではないだろうか。

まさしく、虚空に、足跡は存在せず、外に、沙門は存在しない。諸々の形成〔作用〕（諸行：形成されたもの・現象世界）は、常恒のものとして存在しない。覚者たちに、〔心の〕動揺は存在しない。（ダンマパダ２５５）

世の無常にたいし、心が動かないあり方。それが覚者のあり方であるなら、自らの心に聞けばわかるように、道は遠いと言うしかない。

第二章　苦

無常の次は、苦の出番となる。一切皆苦もまた、諸行無常がそうであったように、あくまでも事実として苦であるのであり、その正当性を主張して他者に認めさせるためのものではない。認めるも、認めないも、事実そうであるからこその言明、ということになる。とはいえ、これを認めるのは、無常以上にハードルが高いはず。世の一切が苦しみである、と言うのだから。心理的な抵抗は、いやがうえにも増すはずなのだ。とりあえず、心の抵抗は棚上げして、まずは、ブッダの言葉に目を向けてみよう。

無数なる生の輪廻を、〈何も〉見い出すことなく、〈わたしは〉流転してきた――家の作り手を探し求めながら。生〈の輪廻〉は、繰り返し、苦しみである。（ダンマパダ153）

ブッダは宣言する。繰り返す生の輪廻は苦しみである、と。さすがに、輪廻となると、事実確認はむずかしいのだが、「自由なき牢囚の身を未来永劫に繰り返す」みたいなイメージで理解すると、この宣言の言わんとするところが伝わってくるかもしれない。あるいは「絶望の未来だけが待ち構えている宿命を負わされ続ける」みたいなイメージで。輪廻の話はスケールが大きく、その真偽についての検証は、現時点では差し控えたい。ここでは、輪廻転生が仏教者にとっては苦しみ以外の何ものでもないことを確認して、話を先に進めたい。

そこで、複数の人生のあり方を検証するのは困難であるとして、現在進行形の生であるなら、できない話ではないはず。それなりの年月を生きてきた方であるなら、人生というものがいかに苦しみに満ちているか、実感できるだろう。臭いものにフタをしなければ、の話ではあるが、事実を事実として知り見るなら、たしかに、私たちの生は苦しみの連続と言うしかない。なぜなら、すべてが無常であるからだ。つまり、一切皆苦は、諸行無常から必然的に導き出される事実であり、その事実を言い表わした言明、ということになる。別の言い方をすれば、常住不変のものを「楽」と位置づけ、その常住不変のものがどこにも存在しないので、すべてが苦しみとなる。私たちが「楽」と感じている事柄は、単にそう思い込んでいるだけ、もしくは、一瞬の出来事にすぎず、無常の風には逆らえない、と。一切が期待外れに終わり、思惑どおりに行かないあり方を、生のその現実を、ブッダは苦しみと見たわけだ。

まさに、この生命（寿命）は、僅かである。百年にも満たずに、〈人は〉死ぬ。彼が、たとえ、もし、〈百年を〉超えて生きるとして、しかして、まさに、彼は、老《おい》によってもまた、死ぬ。（スッタニパータ804）

老い朽ちた、この形態（色：肉体）は、病の巣となり、壊れ崩れるものとして〈存している〉。腐敗の肉身は、朽ち果てる。まさに、死という終極あるのが、生命である。（ダンマパダ148）

いったい、何の笑いがあるというのだろう、何の喜びがあるというのだろう――〔世界が〕常に燃え盛るものとして存しているときに。暗黒に覆われているのに、〔あなたたちは〕灯明《ともしび》を探し求めようとしない。（ダンマパダ146）

暗い色調の重い言葉ではあるが、否定できない事実であることもまた確か。無常の世において物質的な肉体を所有するかぎり、死の運命は避けられない。それを先延ばしすることにエネルギーを費やす私たちだが、ブッダに言わせれば、見当違いの無駄な努力であり、どうして、あなたたちは光を求めないのだ、となる。Kもまた断言する。

私たちの人生は終わりなき苦闘の連続です。わたしたちは不幸であり、幸せになりたいと思っています。暴力的であるにもかかわらず、非暴力という理念を実践しています。そこで対立・葛藤が続きます。精神とは戦場なのです。心の中、奥底深いところでは、安全などというものはこれっぽちもないことを知っていながら、私たちは安全でありたいと思います。安全などというものはどこにも存在しない、という事実とは向かい合いたくないので、その結果もたらされる、安全でないという恐怖を携えて、私たちは絶えず安全を追求しているのです。これが真理です。（二七九ページ）

私たちは、日の光や山や川が存在するということを信じる必要はありません。自分と妻との間に言い争いがあるということを信じる必要もありません。人生は、苦悩、葛藤、絶え間ない野心などを伴った、とても悲惨なものであるということを信じる必要もありません。こういったことは事実だからです。ところが私たちは、事実からありもしないものへと逃げ込みたくなる時、信念を求めるようになるのです。

（四二ページ）

Kは言う。私たちの人生は苦闘の連続であり、その事実の重みは否定できない、と。Kのこの言葉は、肉体的な苦痛よりも心理的な悩み苦しみに焦点を当てたものとなっている。言うまでもなく、前者よりも後者のほうが深刻で、問題の根は深い。ただし、その発生のメカニズムが、無常であるにもかかわらず安心安全を求める、その矛盾葛藤に由来していることは、前章においてすでに見たところ。Kの場合もまた、諸行無常を前提としての、一切皆苦であるわけだ。無常の現実から目を背け、ありもしない安定を求めるとき、あるいは、不幸であるにもかかわらず、幸せを探し求めるとき、心の葛藤が続く、と。幸せを追求して何が悪い、と言いたくもなるが、Kに言わせれば、ただの現実逃避でしかない。では、どうすればいいのだろう。一切皆苦の現実を、どう打破したらいいのだろう。いずれ、この問いにたいするブッダの答えを示すことになるが、本章では、Kの答えを紹介したい。のちに提示するブッダの答えを理解するための参考になるはず。

自分が苦しんでいる時、幸せが存在するのかどうかを尋ねたところで、何の役に立つというのでしょう？　自分は苦しみを理解することができるか？　問題はこれであり、どうやって幸せになるか、ということではありません。苦しんでいなければ、私は幸せなのです。しかしそのことを意識した途端、それは幸せではなくなってしまいます。ですから私は苦しみの何たるかを理解せねばなりません。しかし精神の一部が幸せを求めて、この惨めさから抜け出る方法を求めて逃げ出していたら、苦しみの何たるかを理解することなどできるのでしょうか？　となると、つまり苦しみを理解したいならば、私はそれと完全に一体にならなくてはいけない、ということなのではありませんか？　それを拒絶するのではなく、正当化するのでもなく、非難するのでもなく、比較するのでもなく、完全にそれと一つになって、理解しなくてはならないのではありませんか？（一九八ページ）

冒頭の一文「自分が苦しんでいる時、幸せが存在するのかどうかを尋ねたところで、何の役に立つというのでしょう」は、鋭い指摘と言えるだろう。私たちのほとんどが、これをやっているからだ。もし、いまここで、ほかでもないこの私が苦しんでいるなら、幸せはどこにも存在しないはず。たとえ、あるとしても、それは頭の中の妄想でしかなく、現実に存在する幸せではない。あるいは、頭の中の幸せを未来に投影して、自ら投影した幸せを追い求めているだけ、という言い方もできるだろう。あまりに醒めた「もの言い」ではあるが。そのような妄想を追求するよりは、いまここでやるべきことをやったほうが、はるかに現実的で実利的であり、にもかかわらず実行できないのが、私たちの迷いのあり方なのだろう。そして、その迷いのあり方がさらなる悩み苦しみをもたらすのだから、事態は深刻と言うしかない。

それはともかくとして、苦しんでいなければ、私は幸せなのです、という言葉こそは、傾聴に値する。

未来に幸せになるのではなく、いま苦しんでいないこと自体が幸せなのだ、という指摘は、まさに、私たちの盲点を突くものであるはず。私たちの心は、いまここを置き去りにして、過去と未来に遊ぶのを常とするからだ。Kにしてみれば、「どうやって幸せになるか」を考えたところで何の意味もなく、まったくの的外れということになる。くわえて、しかしそのことを意識した途端、それは幸せではなくなってしまいます、もまた、鋭い指摘と言える。幸せは、ただ幸せであるだけであり、「これが幸せなんだ」と言い聞かせる幸せは、観念の虚構もしくは思い込みの産物でしかない。ようするに、過去の経験と照合してそう思っているだけであり、真に幸せであるなら、その幸せを意識することはない、と。幸せは、いまここ以外には実現できない、という言い方もできるだろうか。

では、どうしたらいいのだろう。未来の幸せを追い求めるのが無駄であるなら、いまここでやれることをやるしかない。では、何ができるのだろう。苦しみを理解すること、それが、Kの答えとなる。もちろん、この答えだけでは具体的な中身を伴わず、説明不十分と言うしかないが、「理解」という言葉が、Kの教えにおいてキーワードとして位置づけされることを、まずは確認しておきたい。今後の参究に備える意味で。

いまここでやれること、それは、苦しみを理解することである。なぜなら、まさに、いまのいま、私は苦しんでいるからだ。いまここに存在しない幸せを妄想するよりは、いまここに現に存在する苦しみを問題とし、そのメカニズムを理解することで、問題はおのずと解消する。これが、Kの出した答えならぬ答えである。その成否は、私たちの一人ひとりが自らを実験台にして確認するしかないが、いまここで実行できることは、たしかに異論のないところ。あらためて確認すると、まさに、いまのいま、私は苦しんでいるからだ。ただし、苦しみを理解したいならば、私はそれと完全に一体にならなくてはいけない、とあるところが、どうにもむずかしい。苦しみを対象的に自分の外に想定しているのであれば、一体とは言えない。苦しみと私と二体になるからだ。かつまた、苦しみを対象として外に想定すること自体が時間を伴う作業であり、いま現にある苦しみから、すでにもう、その時点でズレてしまっている。もはや、いまここの行為とは言えず、未来に幸せを求める行為と同質のものとなっている。それを拒絶するのではなく、正当化するのでもなく、非難するのでもなく、比較するのでもなく、完全にそれと一つになって、理解しなくてはならない、という、Kの言葉の重みを実感してほしい。そこで、この理解を深めるために、さらなる引用を掲げよう。

知識は悲しみを終わらせることができません。悲しみの終焉は自分自身の内面にある心理的事実にまっすぐ向き合い、一瞬一瞬、このような事実の意味することと全てを自覚することから始まります。つまり自分が悲しみの中にいるという事実から決して逃げないということであり、決してそれを合理的に説明しないということであり、それについて意見を一言たりとも述べないということであり、すなわちその事実と共に十全に生きるということです。（二二一ページ）

兄弟を亡くしたからとか、お金がないからとか、あれやこれやのせいで、私は苦しいというように、苦しみを自分の外側にあるもののように見なしている限り、私は苦しみとの関係を築いてしまいます。しかしその関係は本物ではありません。ところが自分自身がその苦しみであるならば、その事実を見るならば、その時、全てが変容します。全てが異なった意味を持つのです。すると細心の注意、総合的な注意が起こります。徹底的な注意を注がれた物事は、理解され、消滅します。そうすると、恐怖が全くなくなり、故に悲しみという言葉は存在しなくなるのです。（二一八ページ）

読んだとおりで、苦しみと自己が一体であるあり方が、言葉を換えて多角的に説明されている。と言うか、もともと一体なのであり、別々に考えること自体が余計であり迷いのあり方だったのだ。苦しみを外に見るのではなく、自己の事実として全的に自覚する。そして、その事実とともに十全に行為する。そのとき、すべてが変容し、まったく異なった意味を持つ。以上が、Kが提示する答えである。この答えは、これからも繰り返し、別の言葉で紹介し提示することになるので、たとえ、いま、十全に理解できなくても、気にとめないでほしい。むしろ、頭で無理やり理解するほうが危険と言えなくもない。対象として理解するのではなく、それそのものになりきって理解するのが、この答えのポイントなのだから、そこのところは、くれぐれも注意してほしい。ちなみに、徹底的な注意を注がれた物事は、理解され、消滅します、とあるように、「注意」という言葉もまた、Kの教えにおいて、それなりのウエートを占めるキーワードなので、ご記憶願いたい。「理解」や「注意」さらには「安心」や「時間」といった、普段、何気なく使っている言葉が、深くもあれば重くもある言外の意味を付与されて登場し、違和感を覚えずに通読できないところが痛し痒しなのだが、「習うより慣れろ」で、テキストそのものに飛び込んで身読するしかない。そのときは、新たな知見が得られるはず。

第三章　無我

諸法無我もまた、その実感に困難を伴う言明と言わざるをえない。なにしろ、わたしは存在しない、と言っているのだから。教義体系が確立される後代になると、「これは、わたしのものではない。これは、わたしとして存在しない。これは、わたしの自己ではない」という決まり文句が登場し、その意味するところが定義化されるのだが、私たちが学びの糧としているテキストにおいては、資料の数が限られていることもあり、そのような決まり文句は存在しない。「無我」とは、それだけ伝えるに難解な教えであり、一筋縄では行かない微妙な概念ということになる。話を複雑化しないために、とりあえず、自己そのものの存否は問題とせず、「自己の所有物は存在しない」と指摘するブッダの言葉を、まずは確認しておこう。

「わたしには、子たちが存在する。わたしには、財が存在する」と、かくのごとく、愚者は〈所有の思いに〉打ちのめされる。まさに、自己は、自己のものとして存在しない。どうして、子たちが、〈自己のものとして存在するであろう〉。どうして、財が、〈自己のものとして存在するであろう〉。（ダンマパダ62）

普通の人々にとっては、この言葉だけでも十分に刺激的と言えるだろう。当時もまた、人々の所有欲は、間違いなく旺盛だったのだから、「所有」という概念に真っ向から異を唱えるブッダの言葉は、驚嘆もしくは反発をもって迎えられたはずだ。ブッダにしてみれば、「所有」という概念そのものが無意味であり、まったくの虚構、単なる「取り決め」でしかないのだが。そこで、誰もが納得できるように、その理論的根拠として、諸行無常の事実を提示する。

〈まさに〉その、「これは、わたしのものである」と、人が思うもの——それは、死によってもまた、失われる。また、このことを知って、賢者は、わたし（ブッダ）にならう者は、我執〈の思い〉に屈さないように。（スッタニパータ806）

ブッダは言う。すべてが無常である以上、「所有」という事態はありえない、と。この事実を直視する者となり、我執の思いに打ち勝て、と。たしかに、無我については、所有を取っ掛かりに話を進めるのが、効率的でもあれば、効果的でもある。「所有」についての、Kの言葉を見てみよう。

私たちは所有します。なぜなら、所有物なしには無も同然の存在だからです。所有の対象は多岐に亘ります。世俗的な物は何も所有していない人でも、知識や観念に執着しているかもしれません。別の人は美徳に、更に別の人は経験に、更にまた別の人は評判や名声等々に執着しているかもしれません。所有物なくして、「私」はありません。「私」とは所有物であり、知識であり、家具であり、美徳であり、名声なのです。（六九ページ）

最後の言葉、「私」とは所有物であり、知識であり云々は、言われてみればそのとおりなのだが、そうは思いたくないところではある。自己については、何やら崇高でありがたいものと思いたいのが人情であるからだ。私たちは所有します。なぜなら、所有物なしには無も同然の存在だからです、という言葉も、ブッダに負けないくらいに刺激的だ。上記引用が、実質的には無我を言っていること、おわかりと思う。所有物は、自己ではない。家具や知識といった所有物は、物質であり観念であるからだ。でありながら、所有物が自己である、というのであれば、それは、まさしく、無我であることを言っていることになる。さらに、Kは言う。

私が「自己」によって何を意味しているかお分かりでしょうか？　外部に向かって行為の中に投影されるか、美徳として内面に投影されるかを問わず、様々な種類の観念、記憶、結論、経験、名付け得る、あるいは名付け得ない意図、こうあろう、こうあるまいとする意識的努力、無意識の、民族の、集団の、個人の、一族の積年の記憶、並びにそれらの全て、そしてそういった全てを求めての奮闘努力。こういったすべてのことを指して、私は自己と言っています。そこには競争も含まれますし、何かでありたいという願望も含まれます。これらのプロセス全体が自己なのです。そして実際にそれに面と向き合うと、

それが邪悪なものであることが分かります。（三九ページ）

上記引用によって、Kが意味する「自己」なるものが、私たちが普通に考えている自己とは、まったく異質の存在であることが見て取れる。確実に言えること、そして、押さえておくべきことは、ここに挙げられている諸項目が、自己本人にとっては、明白な事実であること、現に存在するものであること、である。所有物もそうなのだが、記憶や経験、あるいは、心中の願望も、その人にとっては確たるものとして、それこそは、いまここの事実として、まさしく、現存しているのであり、その事実は否定できない。そのうえで、それが自己なのだ、と言っているのである。それどころか、そして実際にそれに面と向き合うと、それが邪悪なものであることが分かります、とまで言ってしまうのだから、聞く側としては、襟を正さずにいられない。虚心坦懐に自己と向き合い、その中身を直視するなら、たしかに、そのとおりと言うしかないからだ。

そもそも進化のプロセス、時間を経れば、悪の中枢である「私」は気高く、善良になれるのでしょうか？　明らかに、なれません。邪悪なるもの、心理的な「私」は、いつまでたっても邪悪なままなのです。しかし私たちはそのことに面と向かい合いたくありません。私たちは時間というプロセスを経て、成長と変化を経て、「私」が最終的に真実在《リアリティー》になるだろうと考えます。これは私たちの希望であり、切望です。すなわち、時間をかければ、いずれ「私」は完全な存在になれる、ということです。この「私」とは、「自分」とは何なのでしょう？　それは名前であり、形であり、記憶、期待、欲求不満、切望、苦痛、悲しみ、束の間の喜び、等々の塊です。私たちはこの「私」が継続し、完璧になることを求め、それで「超自我」だとか、高次の自己、時間を超えた霊的存在が「私」を超えて存在すると言うのです。しかし、その「霊的」存在を考え出したのは私たちなのですから、それは依然として時間の枠内にあるのです。違うでしょうか？　私たちが霊的存在について考えることができるなら、それが私たちの推理の範囲内にあることは明らかです。（五九ページ）

邪悪な私は、邪悪であるかぎり、善良にはなれない、という指摘。言われてみれば、そのとおりであり、たしかに、邪悪な私が邪悪なままで奮闘努力したところで、依然として邪悪なままなのだ。この指摘は、Kの教えの根幹をなすものなので、是非ともご記憶願いたい。未来に善良になるのではなく、まさにいま、邪悪であることをやめないかぎり、いつまでたっても邪悪なままでいるしかない。ここに、「時間」の問題がからんでくるのは、言うまでもない。上記引用において、「時間をかけて何かになる」というあり方が問題視されているのは、読んだとおりである。「今日は邪悪だが、明日は善良になる」という発想は、「時間」の概念を使った思考のトリックであり、「善良である自己」や「高次の自己」は、思考が生み出した虚構の産物でしかない、と。

私たちの思考は全て、時間に基づいています。私たちの思考は既知であり、既知の産物であり、既知とは時間のプロセスであります。そしてそのような精神を用いて、私たちは不滅であるということはどういうことなのか、時を超越するとはどういうことなのかを見出そうとしているのですが、それは無益な追求というものです。（二九四ページ）

時を超えた何ものかである魂、思考を超えた何ものかである魂、人間によってでっち上げられたのではない何ものかである魂、人間の性質を越えている何ものかである魂、ずる賢い精神によって作られたのではない何ものかである魂、このような魂は存在するのでしょうか？　精神にはおそろしく巨大な不安や混乱が見えるし、人生に永遠なるものが何もないこと、そう、何もないことも見えます。あなたと奥さん、ご主人、仕事とのつながり、そういったものはどれも永続しません。そこで精神は永遠なるものをでっち上げ、それを魂と呼ぶのです。しかし精神や思考がそれについて考えることができるということは、それは相も変わらず時間の領域にあるということです。当然ですよね。私があることについて考えることができるのならば、そのあることとは私の思考の一部です。そして私の思考とは時間や経験、知識から生じたものです。ですから魂もやはり時間の枠内にあるのです。（三三八ページ）

高次の自己や魂を否定するKの言葉は、アートマンの存在を否定する仏教のスタンスと間違いなく同一線上にある。ここで参考にしたいのは、そのような虚構をでっち上げる心のプロセスが、明確かつ的確に描写されているところである。無常の現実を目の前にして、私たちの心は、永遠不変のものが何も存在しないことを知っている。知ってはいるが、知らないふりをして、永遠なるものをでっち上げ、それを魂と呼ぶ。無も同然の自己が、邪悪な私が、「何かでありたい」と願望を抱き、自分勝手な夢想のうえに虚構したのが、所有物であり、高次の自己であり、魂である、という指摘。その思考は、時間の範囲内でなされるものであり、思考を超えるものにも、時間を超えるものにも、到達できず、進化もできない、という指摘。耳の痛い指摘ではあるが、これを事実として認めるか否かに、これからの学びが、その成否がかかっている。バラ色の未来を夢見て頑張るのが普通と、それどころか、美徳と考えてきた私たちにとって、夢と希望を打ち砕く指摘かもしれないが、もし、それが事実であるなら、事実を事実としてあるがままに認めたほうが、無駄にエネルギーを費やさないだけ、すくなくとも、それだけのメリットはある。そうではないだろうか。

ここで、これからの学びに備えて、「行為者と行為」の問題について取り上げておこう。本章のテーマである自己との関連もあるし、この問題はKの言葉の中で繰り返し登場するので、早いうちに紹介しておくほうが好都合と思えるからだ。以下の引用がすんなり読めるなら、これまでの学びが順調であることを物語っている。熟読していただきたい。

思考者はその思考とは別のものなのか？　観察者とは観察されるものとは別のものなのか？　経験者はその経験とは別のものなのか？　行為者はその行為とは別のものなのか？　私たちが常日頃、自分自身に向かって問いかけているのは、このことです。しかし実際、極めて厳密かつ注意深く、そして英知を以ってそのプロセスを吟味してみるならば、必ず行為が先に起こり、目標を視野に入れた行為が行為者を生み出していることがお分かりになるでしょう。私の申していることに付いてきていますか？　行為が目標を視野に入れると、その目標を手に入れるために、行為者が生じるのです。先入観を持ったり、順応したり、誰かを説得しようとしたり、目標を視野に入れたりせずに、非常に明晰に思考するならば、そのような思考そのものの中には思考者は存在しません。——思考だけが存在するのです。（二六八ページ）

行為だけが存在する。これが事実である。それはまた、「行為者」が存在しないことを意味している。つまりは、無我であることを。何度も言うように、これは、主張ではない。説得でもない。あるがままの事実であり、それが事実であるかどうかは、私たちの一人ひとりが確認するしかない。いまここの事実として、まさしく、そうあるのではないだろうか。

もとはと言えば、「私」とは所有物であり、知識であり、家具であり、美徳であり、名声なのです、という言葉から始まった参究だった。それが、無我に行き着いたのは、ごく自然の成り行きと言えるだろう。けっして、恣意的な資料選択の結果ではない。このことも、了解いただけるのではないだろうか。ここで話をもとに戻して、所有物についてのブッダの言葉を再確認しておこう。これまでの参究を通じて、ブッダの言う「わたしのもの」に関して、新たな知見が開けたはず。

彼に、子供たちや家畜たちは〈見い出され〉ない。さらには、田畑や地所も見い出され〈ない〉。あるいは、また、自己が、あるいは、自己ではないものが、彼においては認められない。（スッタニパータ858）

彼に、全てにあまねく、名前と形態（名色：現象世界）について、わがものと〈錯視〉されたものが存在しないなら、しかして、〈彼は〉所有するものがないので、〈もはや、何ものにも〉憂い悲しまず、彼は、まさに、世において、〈何ものも〉失わない。

彼に、「これは、わたしのものである」という〈思いが〉、あるいは、また、「他者たちのものである」〈という思いが〉、何ものも存在しないなら、彼は、〈自らの心中に〉我執〈の思い〉を見い出すことなく、「わたしには、〈何ものも〉存在しない」と憂い悲しまない。（スッタニパータ950〜1）

「私には何も存在しない、無も同然の存在である」と憂い悲しんで所有物を虚構し、そこに逃避するのが迷いのあり方であるなら、そのあり方が解消する唯一の道は、しないこと、これしかない。無常を前提するかぎり、あるいは、それが厳然たる事実である以上、自己を満足させる「絶対の所有物」はありえず、この問題が解決するには、憂い悲しまないこと、これ以外には考えられない。憂い悲しまないなら、もともとないものを虚構することもないだろうし、そこに逃げ込むこともないからだ。では、どうしたら、憂い悲しまなくなるのだろう。それも、未来の話ではなく、いまここで。そのためには、わがものという思い、つまりは、我執の思いを捨てるしかない。そして、そのためには、世の無常を、事実のとおりに、ごまかすことなく直視するしかない。ないものをあると錯視して、その有無に心を悩ますのであれば、ないものをないと、無常であるものを無常であると、明確に知り見るとき、もはや、憂い悲しむことはない。所有物の無常を憂い悲しまないのであれば、我執の思いは、捨てる以前に、生じようもない。以上が、ブッダの説く救いのあり方となる。無常こそは、いまここの事実にほかならず、それを知り見ることもまた、まさしく、いまここで実行できる行為であるはず。ただし、未来の希望に逃避せず、いまここの事実を直視することのむずかしさは、どうにも否定できないところなのだが。

ちなみに、彼に、全てにあまねく、名前と形態〈名色：現象世界〉について、わがものと〈錯視〉されたものが存在しないなら、しかして、〈彼は〉所有するものがないので、についてだが、全てにあまねく、名前と形態について、とある以上、「所有するもの」には、自己の身体も、自己そのものも含まれるであろうし、もちろん、自己についての観念もまた含まれ、さらには、他者の所有物も含まれるであろうし、ひいては、他者という概念さえも含まれるはずなのだ。そこまで徹底してこその、彼は、〈自らの心中に〉我執〈の思い〉を見い出すことなく、「わたしには、〈何ものも〉存在しない」と憂い悲しまない、となる。「自己」とか「他者」といった言葉を、コミュニケーションの道具として必要に応じて使いはするが、そこに我執の思いはなく、もはや、憂い悲しみの種はまかれない。それが、ここに言う彼のあり方であるはず。

以上で、無常・苦・無我についての参究は終了としたい。ブッダの基本的立場としての無常・苦・無我を確認できたであろうし、Kもまた同一線上にあることが了解できたはず。次章からは、このことを踏まえての、より突っ込んだ参究となる。これまで等閑に付してきた、ブッダが説く救いのあり方について、真正面から取り上げることになるだろう。

第四章　あるがまま

「このことを踏まえての、より突っ込んだ参究」ということもあり、無常・苦・無我とオーバーラップさせる形で、以下、あるがまま・いまここ・からっぽの三者を章題として、参究を継続したい。まずは、ブッダの言葉から。

〈自己の〉愚かさを思い考える、その愚者は――彼は、それによって、まさしく、賢者でさえある。しかしながら、〈自己を〉賢者と思量する愚者は――彼は、まさに、「愚者」と呼ばれる。（ダンマパダ63）

愚者が自らについて、愚者であると思い考えるなら、それによって賢者となり、賢者であると思い考えるなら、正真正銘の愚者である。このように、ブッダは説く。この場合、愚者と賢者を分ける分水嶺は、自らについて、あるがままに見るか見ないか、となる。あるがままに見るなら、それによって賢者となり、あるがままに見ないなら、まさに、愚者である、と。ついでに言えば、賢者は、もはや自分についてあれこれ考えないのであり、自分のことを賢者と考える「賢者」の存在を云々する必要はない。ここでは、あくまでも、愚者である者がいかに賢者となるかが主題とされているのであり、読解のポイントとしては、そこだけを見て取れば十分である。

普通に考えれば、愚者と賢者を分ける分水嶺は、頭が良いか悪いか、知識があるかないか、ということになるのだろうが、そうでないところが、仏教の仏教たる所以《ゆえん》となる。Kもまた言う。

もしも私が、自分の粗雑さを変えようと思ったり、繊細になろうとしたりせずに、自分が粗雑であることを正直に認め、粗雑であるとはどういうことかを理解し始め、日常生活の中での自分の粗雑さ――すなわち、がつがつした食べ方、人に対するぞんざいな接し方、プライド、おごりたかぶった態度、粗野な習慣や下劣な想念など――を観察し始めるならば、その時には、まさにその観察があるがままを変容させるのです。

同様にして、自分は愚かなので、利口にならなければならない、と言うならば、利口になるために払う努力は、かえって愚かさに輪をかけてしまうだけです。重要なのは、愚かさを理解することだからです。利口になろうとどんなに努力しようと、私は相変わらず愚かなままなのです。（中略）しかし、もしも私が日常生活の中に表われる自分の愚かさをありのままに見、そして理解すれば（中略）、まさにその気づきが愚かさを粉砕するのです。（二六ページ）

一読しておわかりのように、明らかに、ブッダと同じことを言っている。しかも、ブッダの言葉が詩であるのにたいし普通の話し言葉なので、その意味するところが、十二分に漏れなく伝わってくる。それでも、念のために読解の注意点を付記しておこう。ここに言う「あるがまま」とは、粗雑さであり、愚かさであり、それ以外の何ものでもない。「あるがまま」と聞くと、何やらプラスのイメージを抱いてしまうのだが、愚者にとって、あるがままとは、まさに、愚かである、という、いまここの事実にほかならず、自己の愚かさを観察し理解することで、そのあるがままが、つまりは、自己の愚かさが、粉砕され変容する。Kが言うには、利口になろうとどんなに努力しようと、私は相変わらず愚かなままなのです、ということであり、そこで、その打開策として提示されたのが、あるがままの観察であり、その理解にほかならない。利口になるには時間がかかるが、あるがままの観察と理解に時間は不要で、即座に実行できる。さきに瞥見したKの論理である。これこそは、Kの教えの肝心要の押さえ所なので、この論理を、そのあり方を、しっかりと腑に落としてほしい。あるがままの理解についての、さらなる言葉を紹介しよう。

あるがままを理解することの方が、理想をこしらえて、それに従うことよりもずっと大切なのです。なぜなら、理想は偽りであるのに対して、あるがままこそが真実であるからです。あるがままを理解するには、並外れた能力、敏速で偏見なき精神が必要です。私たちが多種多様な逃避の口実を考え出して、それに理想、信念、神といったもっともらしい名前を付けているのは、あるがままと向き合い、それを理解したくないからです。自分の精神が偽りを偽りとして見ることができる時に初めて、私は真理の何たるかを知覚するのです。（四一ページ）

偽りを偽りとして見るとき、愚かさを愚かさとあるがままに知り見るとき、愚者である私が真理を見る、つまりは、賢者となる。理想の私になるために努力するのではなく、なぜなら、その努力は、あるがままからの逃避でしかなく、そうではなく、自己の愚かさを直視する。ここに、救いの道を見るのが、ブッダであり、Kなのだ。ブッダの言葉を確認しておこう。

真髄なきものについて「真髄あり」と思い、さらには、真髄あるものについて「真髄なし」と見る者たち――誤った思惟を境涯とする者たちは、彼らは、〈法の〉真髄に到達しない。

しかしながら、真髄あるものを「真髄あり」と知って、さらには、真髄なきものを「真髄なし」と〈見る者たち〉――正しい思惟を境涯とする者たちは、彼らは、〈法の〉真髄に到達する。（ダンマパダ11～2）

罪過なきものについて「罪過あり」と思い、さらには、罪過あるものについて「罪過なし」と見る者たち――誤った見解（邪見）を受持しながら、〈迷いの〉有情たちは、悪しき境遇（悪趣）に赴く。

しかしながら、罪過あるものを「罪過あり」と知って、さらには、罪過なきものを「罪過なし」と〈見る者たち〉――正しい見解（正見）を受持しながら、〈迷いなき〉有情たちは、善き境遇（善趣）に赴く。（ダンマパダ318～9）

真髄に到達するか到達しないか、悪趣に赴くか善趣に赴くか、その分岐点があるがままに見るか見ないかにあるのは、間違いのないところ。悪いことをしたから悪趣に赴き、善いことをしたから善趣に赴く、ということではない。すくなくとも、上記引用に限って言えば。誤った見解であるか、正しい見解であるか、についても、真ん中に線を引いて、線の左側が誤った見解で、線の右側が正しい見解、というわけでもない。あくまでも、あるがままに見るか見ないかが、両者を分ける決定打となる。これはまた、迷いのあり方と悟りのあり方の質的な差異を示すものでもあれば、両者の違いが次元の違いであることを示唆するものとなっている。まったく新しい未知の次元に生まれ変わるのが覚りのあり方なのだ、という示唆。つまり、既知の概念である「A」から「B」に変化するのではなく、迷いの最中は思いも寄らないあり方に、自己が変容する（新生する）。いわば、突然変異するわけだ。ここら辺の機微は、Kの言葉に説明を仰ぐのが手っ取り早い。

真の変化は精神が新たな気持ちで問題に取り組む時にのみ起こり得るのであり、幾千という昨日からなる、ありとあらゆる使い古された記憶を用いて取り組む時に起こるのではありません。当然のことながら、精神が塞がれていたら、あなたは新鮮で熱意溢れる精神を持つことはできません。それ自体が塞がれているという真理を見る時にのみ、精神は塞がれなくなるのです。もし全注意を傾けていないのであれば、もし言われたことを自分の都合のいいように解釈したり、自分の言葉に置き換えたりしているのであれば、真理を見ることはできません。新しいものには新しい精神で取り組まなくてはならないのです。（三一〇ページ）

この引用は、実践上の貴重なアドバイスとなるのではないだろうか。まずは、その取り組み方からして、新鮮である。この場合の新鮮は、他に見られない、という意味での新鮮と、取り組み方そのものが新鮮でなくてはならない、という二つの意味を込めての新鮮であり、取り組み方が新鮮であってこその、真の変化となる。古いものを道具や材料にして取り組んだところで、新しいものは生まれない。精神が塞がれていたら、あなたは新鮮で熱意溢れる精神を持つことはできません、という指摘は鋭く、手厳しい。でありながら、あとに続けて、それ自体が塞がれているという真理を見る時にのみ、精神は塞がれなくなるのです、と言ってくれるのだから、何ともありがたい。ただし、それでも私たちの心は自分勝手でわがままなので、自らのあるがままの姿を知り見ることには頑強に抵抗する。その抵抗には、意識的な抵抗もあるだろうし、知らず知らず無意識のうちに理由や理屈をつけてうやむやにしてしまう場合もあるだろう。

精神にとって、事実を受け入れるのは非常に困難です。私たちは常に解釈しており、自分たちの先入観や条件づけ、希望や恐怖、その他諸々に従って、常に異なった意味を事実に与えています。あなたや私が一つの見解も述べず、解釈もせず、意味も与えずに事実を見ることができるなら、その時、事実はより生き生きしてくるどころではなく、はるかにずっと生き生きしてくるでしょう。そして事実だけが存在し、他のことなどどうでもよくなります。すると、事実がそれ自体のエネルギーを帯び、そのエネルギーがあなたを正しい方向へ動かしてくれるのです。(二二二ページ)

見解や解釈のどこが問題なのだ、と言いたくなるところだが、意識的な抵抗よりも、このように、世間一般で普通に行なわれていることに無意識の抵抗を見て取ることこそが、大事なのではないだろうか。おそらくは、私たちの日常意識のごく普通のあり方として、ある何らかの出来事や事態に遭遇したとき、既知の見解や知識と比較参照して説明し解釈を加えるのは、誰もが経験しているはずであり、実際に、まさに、いまのいま、そのような状態でいるのではないだろうか。かつまた、自身のそのあり方を、問題視するどころか、至極当然のこととして、まったく意識化していないのではないだろうか。自明のものとしてある日常意識のあり方に錯誤を見る、そのときこそは、新しいものとの出会いのときなのだ。その時、事実はより生き生きしてくるどころではなく、はるかにずっと生き生きしてくるでしょう、とあるように。

あらためて確認しておくと、ここに言う事実とは、迷いの者の迷いの事実であり、あるがままの愚かさであり、それはまた、無常の現実でもあるはず。この事実にたいし、私たちは「ああだ」「こうだ」と意見したり思い悩んだりするのだが、それをやめて、事実を事実としてあるがままに知り見るなら、そのときは、事実だけが存在し、事実がそれ自体のエネルギーを帯び、そのエネルギーがあなたを正しい方向へ動かしてくれる、と言う。正直、すごい話と思うのだが、ここで注意すべきは、そのような理想の状態を頭に思い浮かべて、その状態を目指してしまったなら、元の木阿弥になってしまうことである。やるべきことは、しないこと、つまりは妄想をしないことであり、さらなる注意を促すなら、妄想をやめた、そのときに、ここに言う状態になっているのであり、妄想を続けているかぎり、不毛の堂々巡りが続くしかない。この落とし穴は、当然のことながら、ブッダも気づいていた。その怖さを知っていたからこそ、以下のような言葉を残せたのであり、私たち仏教者は、その恩恵にあずかっているのである。

虚偽の言葉に導かれないように。形態にたいし愛執〈の思い〉を為さないように。しかして、〈我想の〉思量〈慢：自我意識〉を遍く知るように。無理強いすることから離れた者となり、〈世を〉歩むように。
（スッタニパータ943）

それが何であれ、〈あなたが〉正しく知るなら、上に、下に、さらには、また、横に、〈その〉中間において、これを、「世における執着〈の対象〉である」と知って、種々なる生存のために、渇愛〈の思い〉を為してはならない。（スッタニパータ1068）

一見したところ、本章のテーマである「あるがまま」と無関係のように思えるが、よくよく見てみると、表現は様々であれ、まさに、あるがままのあり方を説いていることが読み取れる。「正しく知る」は、あるがままに知る、の言い換えと考えられるし、「虚偽の言葉に導かれない」も、「形態に愛執を為さない」も、「無理強いしない」も、あるがままであれ、と読めないことはない。注目すべきは、遍く知る対象が「〈我想の〉思量〈慢：自我意識〉」であることである。意味的にマイナスであるものを遍く知る、と言う。「価値あるものを知れ」と言うのであれば話はわかるが、価値なきものを知ることに何のメリットがあるのか、と思いたくもなる。しかしながら、すでにもうおわかりのように、「〈我想の〉思量」こそが、まさにその「エゴ的なあり方」こそが、迷いの者のあるがままのあり方であり、そのあり方が解消するのは、まさしく、その迷いのあり方をあるがままに知り見るときなのだから、〈我想の〉思量を遍く知るように、という言葉は、ブッダにしてみれば、当然のことを言っただけ、となる。

それが何であれ、〈あなたが〉正しく知るなら、これを、「世における執着〈の対象〉である」と知って、とあるのも、同じように考えることができる。あるがままに正しく知るからこそ、執着の対象である、と見て取れるのであり、正しく見ることができない迷いの者は、自己の所有物や観念を「執着の対象」と見ていないことになる。事実、そうではないだろうか。何かに執着している者は、自身のあり方を迷いのあり方とは見ていないわけで、だからこそ、執着し続けるのであり、そこで、自らの迷いのあり方に気づいて、それを明確に自覚し、執着の思いを捨てるべき、というのが、上記引用の趣旨となる。さらに深読みして、明確に自覚すれば、おのずと捨て去るはず、とも読めるのだが、いかがであろうか。

〈特定の何かを〉想い描かず、〈特定の何かを〉偏重せず、彼ら〈智慧ある者たち〉は、「〈これこそ〉究極の清浄である」と説かない。〈執着の思いで〉拘束された執取の拘束を捨てて、世において、どこにも、〈自分勝手な〉願望を作らない。

〈執着の対象として〉執持されたものを、あるいは、〈あるがままに〉知って、あるいは、〈あるがままに〉見て、〈世の〉罪悪を超え行く婆羅門――彼には、〈執着の対象が〉存在しない。〈彼は〉貪欲〈の対象〉を貪る者でもなく、離貪〈の思い〉に染まった者でもない。彼には、この〈世において〉、「〈これこそ〉最高である」と執持されたものが存在しない。（スッタニパータ７９４～５）

執着の対象として特定のものを想い描かず偏重しないあり方は、まさしく、あるがままのあり方と言える。願望を作らないあり方も、同様である。「これこそ究極の清浄である」「これこそ最高である」と思わないあり方は、理想の状態を頭に思い浮かべないあり方であり、それはまた、いまここのあるがままにあるがままであるあり方でもあるはず。〈執着の思いで〉拘束された執取の拘束を捨てて、とあるのが難解だが、自縄自縛の迷いのあり方（拘束された拘束）を離れて、と理解できるだろうか。執着という心のあり方が、実は自作自演・自縄自縛の拘束であることを、この短いフレーズは指摘している、と。〈執着の対象として〉執持されたものを、あるいは、〈あるがままに〉知って、あるいは、〈あるがままに〉見て、〈世の〉罪悪を超え行く、という記述も、これまで見てきたブッダの言葉の延長線上にある。価値あるものを知って、すばらしいものを見て、罪悪を超えるのではなく、執着を執着とあるがままに知って乗り超える。それが、ブッダの説いた救いの道だった。さらに、貪欲〈の対象〉を貪る者でもなく、離貪〈の思い〉に染まった者でもない、とあるのも見逃せない。貪欲のみならず、離貪の思いにも染まらないあり方。これこそは、Kが言う、理想を目指して奮闘努力しないあり方にほかならない。無執着の理想を目指すあり方そのものが執着心の現われであり、真の意味で無執着であるなら、あえて無執着を目指すのではなく、ただただ無執着であるはず、つまりは、いまここにあるがままであるはず。ブッダこそは、この真理の発見者だったのだ。

第五章　いまここ

あるがままといまここは、実のところ、同じことを言っているにすぎない。いまここを離れた瞬間に、あるがままでなくなってしまうからだ。さらに言えば、私たちにあるのはいまここだけであり、過去と未来はどこにも存在しない。頭の中の記憶や願望として存在するかもしれないが、それが存在するのも、いまここでしかない。つまり、厳然たる事実として、いまここのあるがましか存在しないのであり、にもかかわらず、ありもしない過去や未来のことで心を思い煩わすとき、悩み苦しみが生まれる。ブッダは言う。

あたかも、辺境にある、内外共に保護された城市のように、このように、自己を保護するがよい。〈この〉瞬間が、あなたたちを超え行くことがあってはならない〈瞬時でさえも、虚しく過ごしてはならない〉。なぜなら、〈この〉瞬間を〈無駄に〉過ごした者たちは、地獄に引き渡され、憂い悲しむからである。（ダンマパダ３１５）

思慮ある者は、順次に、瞬間瞬間に、少しずつ、鍛冶屋が銀の〈垢を取り除く〉ように、自己の垢を取り払うがよい。（ダンマパダ２３９）

〈心身を構成する五つの〉範疇〈五蘊〉の生滅を〈時々刻々に〉触知する、そのたびごとに、〈身体

のあり方をあるがままに〉識知している者たちの、〈まさに〉その、不死なる喜悦と歓喜を、〈彼は〉得る。（ダンマパダ374）

まずは、「瞬間」という語の存在に注目してほしい。瞬間とは、ほかでもない、まさに、いまこの瞬間のこと。瞬間瞬間に無駄に過ごさないあり方、そのたびごとにあるがままに識知しているあり方、それが、ここに説かれている。特別なことをするのではなく、時々刻々に気づいているかどうかが、ここに問われている。小さなことの積み重ねでも、その結果は、やるとやらないでは天地の差となって現われる。ただし、「小さなこと」と言っても、いまここの気づきを保持することのむずかしさは、並のものではない。これは、実際にチャレンジした方であれば、身に染みておわかりのはずだ。さらに言えば、〈心身を構成する五つの〉範疇（五蘊）の生滅を〈時々刻々に〉触知する、となると、そのむずかしさは、より一層のものとなる。

では、なぜ、「小さなこと」が続かないのだろう。「大きなこと」に心が行っているから、という答えが、まず浮かぶ。「心ここにあらず」と言うように、いまここをおろそかにして、過去と未来に心を飛ばすあり方が常態化している私たち。Kが指摘するように、いまここの事実を直視するよりは、大きな夢を見ながら希望と願望の世界に逃避するほうが、私たちの性に合っているのだろう。それはまた、私たちに真剣さが足りない、ということでもある。Kは言う。

自分自身に問うべき主要な問いの一つは、次のことです。すなわち、精神はどこまで、あるいはどれくらい深くまで、それ自体の内部を貫くことが可能であるか？ということです。これは真剣さが備えている特質です。なぜならそれは意欲や衝動、希望を叶えたいという願望、並びに欲求不満や惨めさ、緊張や不安、もがきや悲しみ、そして自分の抱える数限りない問題を含んだ、自分自身の心理的な本質の構造全体に対する気づきを意味しているからです。いつまでも問題を抱えている精神は、真剣な精神では全くありません。しかし問題が浮上する度に、一つ一つそれを理解し、明日に持ち越さぬよう、即時にそれを解決してしまう精神、このような精神は真剣です。（二八四ページ）

いまここにリアルに息づく悩み苦しみを自覚し、そのあり方を完全に理解しないかぎり、悩み苦しみは温存される。問題を解決するには、それを先送りせず、問題が浮上する度に、一つ一つそれを理解し、即座に解決するしかない。そのためには、真剣さが必要不可欠となる。いい加減な気持ちで取り組んだところで、結果は出ない。たとえ、出たとして、それこそは、いまここの悩み苦しみにほかならず、悪い結果を出し続けるだけとなる。

ここで、一つの予想される誤解を解いておこう。「瞬間瞬間に」とか「一つ一つ」と言う場合、「複数のいまここ」を思い浮かべていないだろうか。複数の点の連なりのように、あるいは、鉄道の列車のように、「複数のいまここ」が連結してつながっている状態である。このような想起のあり方は、認知の対象を「イメージ」として思い浮かべてしまう概念的思考の宿業でもあるのだが、残念ながら、それでは、いまここのあるがままは掴もうとして掴めない。と言うか、正確な言い方をすれば、瞬間瞬間のいまここを掴もうとするから、そのようなイメージを抱いたのであり、結果として掴めなくなったのだが。かりに、「一点」だけのイメージを描いて、それを「いまここ」としたところで、事情は変わらない。一つであるはずのいまここに、余剰物として「一点」のイメージが付加されているからだ。このように、認知の対象を何らかのイメージにすり替えてしまうのも、心の悪しき習性と言える。一期一会であるはずのいまここを、既存のイメージや観念で解釈して、事足れりとするやり方である。対象物をイメージや観念で解釈する認知のあり方が、いまここのあるがままの認知を妨げている、というのであれば、事態は深刻と言うしかない。これは断定できる事柄ではないので、一人ひとりが各人の心に尋ねて、その正否を確認してほしい。あるがままのいまここと向き合うには真剣さが必要である、という上記引用の趣旨を理解する助けとなるはず。

さらに言えば、明日に持ち越さぬよう、即時にそれを解決してしまう、とあると、これを「魔法の杖でドロンと変身」みたいなイメージで受け取ってしまう誤解も考えられる。「そんな素晴らしいことが起こるためには、どうしたらいいのだろう」みたいな妄想こそが、その実現を妨げているのだから、油断はできない。このような思いが浮かぶのも、真剣さが足りないから、と言えるだろう。Kの別の言葉を見てみよう。

真実在《リアリティー》の何たるかを知覚できるのは、純粋無垢なる精神、経験に曇らされていない精神、過去から完全に解放されている精神だけです。このことの真理を見るならば、ほんの一瞬でもそれを知覚するならば、あなたは無垢なる精神のとてつもない清澄さを知ることでしょう。それは記憶という外皮を全て剥ぎ落とすという意味であり、つまり過去を捨て去るということです。（二九七ページ）

もともと、真理を知り見るのは、一瞬においてであり、継続する時間のうちに見るものではない。それはともかく、ここでポイントとなるのが、過去を捨て去る、という記述である。「真実在」や「真理」といった対象物を獲得するのではなく、時間という観念の、その呪縛を解き放つことで、無垢なる精神になる、と言うか、なっているのである。無垢なる精神になっているなら、そのときは、まさに、あるがままの真理を現に見ている。そうではないだろうか。

あなたには新たな精神、時間の制約を受けない精神、もはや時空間という観点から考えない精神、限界を持たない精神、拠り所や天国を持たない精神が必要です。永遠なるものに取り組むためにだけでなく、身近な生活の問題に取り組むためにも、このような精神は必要なのです。

そこで、次のことが論点となります。すなわち、私たち一人一人にとって、このような精神を持つことは可能であるか？ということです。徐々に、ではありませんよ。またそのような精神を養う、と言っているのでもありません。なぜなら、修養、進歩、プロセスには必ず時間が伴うからです。しかしそれは即座に起こらねばなりません。時間を超越した性質という意味で、今、変容は起こらねばならないのです。（三〇六ページ）

ここに言う、時間の制約を受けない精神とは、心理的なイメージの型枠としての時間から解放された精神、過去の記憶と未来の願望に振り回されない精神、いまここのあるがままに全的にある精神。それはまた、限界を持たない精神でもあり、拠り所や天国を持たない精神でもあり、そのような精神こそが問題の根本的解決をもたらす、というのであれば、私たちの日常意識がする取り組み方が、いかに的外れであるか、痛感できるというもの。

ここでもまた、予想される誤解について一言しておかねばならない。徐々に、ではありませんよ、とあるが、これは、変容は一挙に起こる、ということを意味しているのであり、時間をかけて引き起こすものではない、との趣旨を含み持っている。しかしながら、現実問題として、それがいきなり実現するはずもないわけで、ブッダが言うように、順次に、瞬間瞬間に、少しずつ、鍛冶屋が銀の〈垢を取り除く〉ように、自己の垢を取り払うしかない。日々の、瞬間瞬間の、地道な気づきが必要であり、うえに言ったように、「魔法の杖でドロン」みたいなことはありえない。それが起こるときは、ただ起こるだけであり、それを目標にして起こすものではない。むしろ、そのような作為的なスタンスこそが、その実現を妨げている。修養、進歩、プロセスには必ず時間が伴う、という言葉が言わんとするところも、ここにある。時間の観念を伴う修養や進歩に依拠しているかぎり、時間からの解放はありえないからだ。今、変容は起こらねばならない、という宣言にしてみても、直前に、時間を超越した性質という意味で、とあるのを見逃すわけにはいかない。対象化され観念化した「今」ではなく、時間の観念そのものが脱落することで心理的な時間を超越した状態が、ここに言う、今、であるはず。Kの言う、真剣さとは、そして、新たな精神とは、「今、変容を起こさねば」と身構えることではなく、いまここに全的であること、そのものであるはず。一期一会のいまここに過去を持ち込まず、文字どおり、全的であるなら、そのあり方それ自体が、真剣さであり、新しい精神なのだ。

絶えざる新生、再生がなくてはならない——これは極めて重要なことなのではありませんか？　現在が昨日の経験という重荷を背負わされていたら、新生などあるはずがありません。新生とは生と死の繰り返しではないのです。新生は相反するものを超えています。新生をもたらしてくれるのは、蓄積された記憶からの自由だけです。そして理解は、現在をおいて他には存在しません。（中略）

一つ一つの経験が起こるたびに、可能な限り存分に、深くそれを生きてください。深く、幅広く考え抜き、探るのです。その痛みと喜びを自覚してください。その経験に対する自分の見解に気づき、自分がそれと一体化していることに気づくのです。経験が完了した時にのみ、新生は起こります。私たちは一日のうちに四季を生きられるようでなくてはいけません。日々、押し寄せてくるものに鋭敏に気づき、それらを経験し、理解し、そうすることによって、それらのものから自由になるために。（三二一ページ）

新生をもたらしてくれるのは、蓄積された記憶からの自由だけです、という言葉は、新生が、時間を加算的に積み上げて到達するものではなく、しないことで、余剰物を付加しないことで、つまりは、あるがままであることで現成する引き算的なあり方であることを示している。昨日の経験という重荷を、蓄積された記憶を、ただ降ろす。手中に保持して時間をかけて処分するのではなく、その場で手放す。ちなみに、ここに言う「記憶」とは、名称を記憶する等の生活するうえで必要不可欠な事実的記憶ではなく、愛憎等の感情がからんだ「心理的な記憶」を言う。Kの言葉に慣れ親しんでいる方にとっては自明のことではあるが、念のために一言しておく。

さらに、一つ一つの経験が起こるたびに、とあるように、時々刻々の気づきが問題解決の決定打とされていることもあらためて確認できる。無常の現実においては一瞬一瞬が真新しく、新生のときでもあれば、チャレンジのときでもあり、本来ならば、過去の記憶を参照して一喜一憂しているヒマも余裕もないはず。それよりは、Kが言うように、日々、押し寄せてくるものに鋭敏に気づき、それらを経験し、理解し、そうすることによって、それらのものから自由になるべきなのだ。

では、ブッダは、このことについて、どのように言っているのだろう。「まったく同じ」と言うわけではないが、そのスタンスに共通点が見受けられるのは、異論がないところ。論より証拠、その言葉を吟味してみよう。

それが何であれ、〈あなたが〉正しく知るなら、上に、下に、さらには、また、横に、〈その〉中間において、これらのもの〈認識の対象〉にたいする、愉悦〈の思い〉と、固着〈の思い〉と、識知〈作用〉を除き去って、〈迷いの〉生存のうちに止住しないように。

このように〈世に〉住む者は、怠りなく〈常に〉気づきある比丘は、諸々のわがものと〈錯視〉されたもの〈執着の対象〉を捨棄して、〈あるがままに〉行じおこなう者となる。知ある者は、まさしく、この〈世において〉、苦しみを捨棄するように。生を、老を、さらには、憂いと嘆きを〈超え行くように〉。

〈スッタニパータ1055〜6〉

上に、下に、さらには、また、横に、〈その〉中間においてとは、いずれも空間に関係する言葉なのだが、時々刻々のいまここにおいて、と理解できる。除き去っては、しないこと、と考えられる。捨棄しても、同様である。強制排除ではなく、ただしないこと。強制排除は時間がかかるが、ただしないのであれば、時間はかからない。いまここで実行できるし、いまここでしか実行できない。怠りなく〔常に〕気づきある、という言葉も、瞬間瞬間の気づきを示唆している。無常の現実から目を背けず、いまここのあるがままを全的に理解する、自己のあり方を言う、と。さらに注目すべきは、まさしく、この〔世において〕、という言葉である。これは、いまここ〔現世〕を強調するときに使う決まり文句であり、このフレーズがあることで、苦しみを捨てる瞬間が「未来のいつか」ではなく、まさに、いまここであることがわかる。すくなくとも、死んだあとではなく、生きているあいだであることが、ここに明示されている。さらに、ブッダの言葉を紹介しよう。以下の引用もまた、いまここにおける問題解決を説いているので、それを確認してほしい。

彼が、まさしく、この〔世において〕、自己の苦の滅尽を覚知するなら、〔生の〕重荷を降ろした者であり、〔世の〕束縛を離れた者であり、わたしは、彼を「婆羅門」と説く。（ダンマパダ４０２）

死の前に、渇愛〔の思い〕を離れ、過去に依存せず、〔過去と未来の〕中間〔現在〕において名称されない者――彼には、〔特別なものとして〕偏重された〔表象や見解〕は存在しない。（スッタニパータ８４９）

問題解決を先延ばしせず、いまここで、生きているあいだに決着をつけるスタンスは、明らかと言うしかない。たとえば、ここに言う〈生の〉重荷は、Kの言う昨日の経験という重荷にほかならず、それはまた、「心理的な記憶」でもあるはず。重荷を降ろすのも、束縛を離れるのも、まさしく、この〈世において〉であり、死の後の話ではない。〈過去と未来の〉中間（現在）において名称されない者の意味が取りにくいが、心理的な記憶から自由になった新生者と理解すれば、文意が通る。心理的な時間の型枠に束縛されないあり方が、死の前に、渇愛〈の思い〉を離れ、過去に依存せず、であり、そのような者には、生の重荷となる執着の対象は存在せず、他者からも特定のイメージで見られない。ちなみに、わたしは、彼を「婆羅門」と説く、とあるが、これは決まり文句であり、気にしないでいただきたい。いわゆるバラモン教の婆羅門（祭祀者）ではなく、仏教者のあるべきあり方を意味するものでしかない。聖人（人格完成者）といったニュアンスで用いられているのが、ここに言う婆羅門である。最後に、本章の締めの言葉として、ふさわしくもあれば、印象深いものを提示したい。

古いものを喜ばないように。新しいものにたいし愛着〈の思い〉を為さないように。失われつつあるものについて憂い悲しまないように。惹き付けるもの（渇愛の思い）に依存する者として存さないように。（スッタニパータ944）

まさに、いまここにある生のあり方が示されている。聖人とは、かくあるものか。そう思わずにいられないテキストである。

第六章　からっぽ

からっぽとは、いわゆる「空」のことである。ここで、「いわゆる」という言葉を使い、空にカッコを付したのは、「空」という言葉の印象として、どうしても、摩訶不思議で特別なイメージを抱いてしまうからであり、それを避けたかったからである。あるがまま、いまここ、と続いたので、ひらがなで統一したかったこともあるが、ここに言う、からっぽとは、摩訶不思議な境地としての「空」ではなく、単に空っぽであることを、固い言葉を使えば、非実体であることを意味する。まずは、このことを確認しておきたい。

私たちの日常意識は、物事を実体あるものとして認知するのを常とするが、それに異を唱えるのが、ここに言う、からっぽである。それはまた、無我の教えのことでもある。無我とは、第一義的には自己の非存を説くとはいえ、自己に限らず、あらゆる存在の非実体性を説くのが、この教えの趣旨であるからだ。諸法無我と言う以上、そういうことになる。その場合、あらゆる存在には、物質的存在物に限らず、精神的存在物も含まれるところに注意したい。精神的存在物は、元来からして空っぽではないか、と思われるかもしれない。しかしながら、心中のイメージや観念が、執着の対象として固着し固定化したなら、それは、まぎれもなく常住不変の「実体」として存在しているのであり、そこで、それについての空を指摘し、あるがままの事実認知を促すのが、無我の教えとなる。

ようするに、物質的存在物であれ、精神的存在物であれ、それを実体的存在物として認知するのが日常意識のあり方であるなら、その虚妄性を指摘し、その錯誤を改めさせるのが、無我の教えであるわけだ。ここに言う、からっぽも、そのような意味で受け止めてほしい。では、ブッダの言葉を見てみよう。

泡粒を見るかのように、陽炎《かげろう》を見るかのように、このように、世〔のあり様〕を注視している者を、死魔の王は見ない。

来たれ、見よ——彩りあざやかな王車の如き、この世〔のあり様〕を。そこにおいて、愚者たちは沈むが、〔あるがままに〕識知している者たちに、執着〔の思い〕は存在しない。（ダンマパダ170〜1）

泡粒と陽炎が、からっぽの喩えとなる。これは、異論のないところ。ここに、世界を空として知り見る認知のあり方が、明瞭かつ明確に説かれている。愚者は、世界について、これを実体と誤認して執着の対象とするが、実体ではなく壊れ朽ちる運命にあるので、その行く末に嘆き悲しむことになる。しかしながら、無常の現実をあるがままに識知する者は、これをからっぽと見て、執着の思いを抱かず、結果として、未来に悩み苦しむことはない。これが、上記引用の趣旨となる。さらに、引用を続けよう。

この身体を、泡沫の如きものと知って、陽炎の法〔性質〕あるものと、現に正覚している者は、悪魔の諸々の花の矢〔迷いの生存〕を断ち切って、死魔の王の見えざるところ〔彼岸〕に去り行くであろう。

（ダンマパダ４６）

常に気づきある者として、世〔のあり様〕を「空である」と注視しなさい。自己についての誤った見解を取り去って、このように、死魔〔の領域〕を超え渡る者として存するがよい。このように、世〔のあり様〕を注視している者を、死魔の王は見ない。（スッタニパータ１１１９）

身体について、これを、泡沫の如きものと知る、とある。中身がぎっしり詰まっている身体のことを、からっぽと思うのはむずかしいかもしれないが、そこまで言うほどに、私たちの身体にたいする執着心は根強く、頑強なのだ。身体の無常を指摘する経典の言葉は数多くあるが、単に無常だけではインパクトに欠けるので、このような刺激的な表現になったのだろう。陽炎の法（性質）あるものとは、動きのある映画やアニメーションを連想させることから、無常の喩えとしても使用可能であり、これもまた、無常の現実を徹見するためのからっぽであることが見て取れる。

さらに、「空である」と注視しなさい、という、そのものずばりの表現もあるので、空の教えがブッダ以来のものだったことが確認できる。くわえて、自己についての誤った見解を取り去って、とあるので、それが無我の教えと結びついたものであったことも確認できる。無常であるものを常住として、無我であるものを自己として、価値なきものを価値あるものとして、実体なきものを実体あるものとして、つまりは、事実と正反対のものとして認知する迷いのあり方を前提しての、「空である」と注視しなさい、であるはず。死魔の領域である迷いの世界から脱却するのが、常に気づきある者であり、世〔のあり様〕を注視している者であるのも、ブッダの教えからすれば、当然のこととなる。事実を事実のとおり、あるがままに知り見るとき、迷いのあり方はおのずと解消する、というのが、ブッダの基本スタンスだった。

価値があると思い込んでいるから執着するのであり、からっぽとわかれば、もう執着しない、それどころか、手も出なくなり、あるはずのないものを探し求める不毛の苦闘から解放される。解放される・されないは、事実を事実のとおり、あるがままに知り見るか否かが、その分かれ目となる。ただし、頭でわかっただけでは実効性がなく、現実問題として、死魔の領域を超えて彼岸に到達するには、時々刻々の世界のあり方に注意深く常に気づいている必要がある。そして、そのためには、それなりの真剣さと熱意もまた必要となってくる。以上が、空の教えの趣旨となる。では、Kの言葉を見てみよう。

> 空間の何たるかはご存じですね。この部屋にも空間があります。（中略）では、あなたの精神にも空間はあるでしょうか？　それとも大変混雑していて、空間など全くありませんか？　もし精神に空間があれば、そこに静寂が存在します。そしてその静寂から、他のあらゆる物事が起こります。なぜなら、そのような時、あなたは聴くことができ、すんなり注意を払うことができるからです。ですから、精神の中に空間を持つことが非常に大切なのです。（一六七ページ）

まず確認したいのは、ここで「空間」という言葉が、プラスの意味合いで使用されていることである。かつまた、混雑していて空間が存在しない精神を非とすることも見て取れる。なぜなら、精神に空間があれば、そこに静寂が存在し、そのときは、聴くことができ、すんなり注意を払うことができるから、である。混雑している状態は、余計なものが詰まっていて、身動きが取れない状態と考えられる。余計なものとは、字義的には価値なきもののことだが、当の精神は、価値なきものとは思ってなく、価値あるものと思って詰め込んでいるのは、お察しのとおり。ちなみに、ここに言う空間は、プラスの意味合いで使用されているとはいえ、世俗的な意味合いでは、価値あるものと言うことはできない。所有の対象にならないからだ。Kが、精神の中に空間を持つことが非常に大切なのです、と言うのも、所有物として大切にするのとは、まったく違った意味合いで大切と言っているのであり、そこのところは、誤解のないように注意してほしい。これを、何やら特殊な「空間」を所有することに意味を取ってしまうと、より一層の混乱と混雑を招く結果になるからだ。このことは、次のテキストを読めば、はっきりする。

私の精神は孤独を観察すると、それを避けたり、それから逃げたりします。しかしもし孤独から逃げ出さなければ、そこに分裂はあるのでしょうか？　分離はあるのでしょうか？　孤独を見つめている観察者は存在するのでしょうか？　それとも孤独という状態があるだけなのでしょうか？　空っぽで孤独な私の精神それ自体があるだけなのでしょうか？（中略）精神が自分自身を空っぽであると観察する、と言っているのではありません。精神そのものが空っぽである、ということです。このような時、精神――つまり自分が空っぽであることを自覚していて、自分が払ういかなる努力も、またその虚しさから遠ざかるいかなる動きも、単なる逃避や依存にすぎないことに気づいている精神――が、諸々の依存を全て放棄し、あるがままでいること、つまりすっからかんで、全くの孤独であることは可能でしょうか？　そしてもし精神がこのような状態にあるならば、あらゆる依存や執着からの解放があるのではないでしょうか？（二四二ページ）

ここでは、ダイレクトに「空っぽ」という言葉が使われているので、その意味するところが、より明瞭に伝わってくるはず。私の精神は孤独で、無も同然なので、その空無感を埋めようとして財物や知識を所有する。それは逃避にほかならず、精神に混乱と混雑をもたらし、出口なしの迷路に自らを追いやることになる。それはまた、自己という「観察者」を虚構することでもある。そこで、その孤独から逃避せず、所有することの無意味さを自覚して理解し、空っぽなままにとどまるとき、そのときには、あらゆる依存や執着からの解放があるのではないでしょうか、と。

ここで、Kは、精神が自分自身を空っぽであると観察する、と言っているのではありません。精神そのものが空っぽである、ということです、と念を押しているが、これは、さきに指摘した誤解についての言及であり、ここに言う空っぽが、所有の対象にならない、ただのからっぽであることが確認できる。すでにおわかりのように、この状態は、意図的に作り出すことができない。作り出す行為自体が、からっぽであることの妨げとなるからだ。からっぽであるには、ただからっぽであること、おなじみの言い方をすれば、余計なことをしないこと、これ以外にはない。そして、そのためには、いまあるあり方から逃避せず、全的に理解することが必要なのだ、というのが、これまでに見たところだった。単にからっぽである、このあり方が、学びの者にとっていかに大事であるか、Kは、しつこいくらいにこのことを強調する。

まかれた種を土壌が受け入れるように、ただ話に耳を傾けて、精神が自由になれるかどうか、空っぽになれるかどうか、確かめることはできないでしょうか？　自らのありとあらゆる投影物や活動を、時々ではなく、日々、一瞬一瞬理解することによってのみ、精神は空っぽになることができるのです。その時あなたは答えを見つけ、そして見出すでしょう――あなたが求めていないのに変化が起こるということ、創造的な空《くう》の状態は培われるべきものではないということを。それは不意に現れ、招かれずに、そっと忍び足でやって来るということを。そして、そのような状態においてのみ、刷新、新生、革命が起こる可能性があるということを。（三〇ページ）

空であるものを実体と錯視して執着するあり方をやめないかぎり、精神は、からっぽにはならない。それも、意図的にやめるのではなく、ただやめる。それは、一瞬一瞬の理解によってもたらされる。ここに、世〔のあり様〕を「空である」と注視しなさい、と説く、ブッダとの共通性を見るのだが、いかがであろうか。ブッダは言う。

あるいは、見られたもの、聞かれたもの、あるいは、思われたもの、それが何であれ、彼は、一切の諸法（事象）にたいし、敵対という有り方を離れている。このように見る者である彼を、〔迷〕妄の覆いが〕

開かれた者として行じおこなう者を、ここに、〔この〕世において、〔いったい、誰が〕何によって、想い描くというのだろう〔執着の対象を想い描くことがない者は、執着の対象として想い描かれることもない〕。（スッタニパータ793）

「見られたもの」「聞かれたもの」「思われたもの」とは、そのときそのときに見たこと聞いたこと思ったことであり、それらの既知の事物を後生大事に貯め込むのが迷いのあり方であるなら、一切の諸法（事象）にたいし、敵対という有り方を離れている、とは、からっぽな精神のあり方でもあれば、Kの言う創造的な空《くう》の状態でもあるはず。このように見る者は、〔迷妄の覆いが〕開かれた者として行じおこなう者であり、他者による想い描きの対象にはならない（他者の目に止まらない）、という記述も示唆に富んでいる。ブッダの説いた空の境地とはかくあるもの、と思わせるからだ。いわゆる「能ある鷹は爪を隠す」ということだが、実際のあり方としては、闇夜のカラス、と言うべきである。それも、カラスの存在がまったく知られない、ただの闇夜、と。つまり、ここに説かれている空の境地には、「鷹」も「カラス」も存在せず、空の実践者が「覚者」として認知されることもなく、精神そのものが空っぽである、その状態だけがある（行為だけが行為する）、と。「鷹」だとか、「覚者」だとか、対象物を想い描いていること自体が、実体的な迷いのあり方であり、もしかしたら、いつも目する近所のおじさんこそが、〔迷妄の覆いが〕開かれた者として行じおこなう者であり、覚者かもしれないのだ。つまるところ、迷いの者には識別できず、わかる人だけがわかるのが、覚者のあり方となる。なぜなら、覚者が爪を隠して自己を見せないとき、迷いの者にとってはまったくの闇夜となるが、覚者と覚者のあいだでは、爪を隠す行為はしっかり識別され、からっぽな精神のあり方（自己を見せないあり方）もまた、互いに了知するところとなるからだ。

美しく彩りあざやかな諸々の王車は、まさに、老い朽ちる。しかして、肉体もまた、老へと近づき行く。しかしながら、正しくある者たちの法（教え）は、老へと近づき行くことがない。正しくある者たちは、まさに、正しくある者たちと、〈不滅の法を、互いが互いに〉知らしめる。（ダンマパダ151）

王車も、肉体も、いずれは老い朽ちる。無常であり、苦であり、無我であり、空である。しかしながら、無常・苦・無我であることは、空であることとそれ自体は、まさに、真理であり、あるがままの事実であり、不滅の法として、いまここにある。迷いの者は、老い朽ちない「不変の実体」を未来に求めるが、正しくある覚者は、無常・苦・無我のままに、空なるままに、いまここに行為する。余計なものが一切ない、全的な行為そのものが、覚者のあり方であり、そこには、迷いも、悩み苦しむための時間もありえない。ここに、ブッダの説く救いのあり方がある。

彼の勝利は、失われることがない。彼の勝利に、世において、誰であれ、行き着くことはない。彼を、覚者を、終極なき境涯の者を、〈特定の〉境処なき者を、どのような境処をもってして、〈あなたたちは〉導くというのだろう。

彼には、誘い導くための渇愛と執着の網は、どこにも存在しない。彼を、覚者を、終極なき境涯の者を、〈特定の〉境処なき者を、どのような境処をもってして、〈あなたたちは〉導くというのだろう。（ダンマパダ179～80）

覚者のあり方について、「終極なき境涯の者」「〈特定の〉境処なき者」と言葉を加えているが、これもまた、からっぽになった精神のあり方、創造的な空《くう》の状態を説き示したものと言えるだろう。これについて、さらなる説明を加えるべきなのだろうが、その役割は、Kの言葉にゆだねたい。そのほうが、適切な言葉を確実に提示できるからである。

瞑想とは、精神が寄せ集めてきたありとあらゆる物事を除いて、精神を空っぽにすることです。もしそうするならば（中略）、精神の中にとてつもない空間ができていることがお分かりになるでしょう。そしてその空間が自由であるのです。ですからあなたは、まず最初に自由を要求しなければいけません。最後に自由を手にすることを期待しながら、ひたすら待っているだけではいけないのです。自分の仕事や関係、何であれ自分が行うことの中に、自由の意味を探し出さなければなりません。そうすると、瞑想が創造であることがお分かりになるでしょう。（中略）創造の状態には何の目的もありません。故にこのような状態にある精神は、一瞬一瞬死んでは生き、愛し、存在しています。そしてこのようなこと全体が瞑想であるのです。（三七八ページ）

ここで、いきなり「瞑想」という言葉が出てきたが、ブッダもまた、瞑想の実践を説いたのであり、けっして無関係な話ではない。瞑想とは、ものの見方の革新にほかならず、ものの見方の全面的な変容あってこその覚者であり、悟りの境地となる。「悟りの境地」と言うと、大袈裟に聞こえるが、これは、Kの言う自由を言い換えたものでしかない。であるなら、上記引用は、悟りのあり方を指針とする仏教者にとって、大いに参考になるはず。味読してほしい。

さて、話がここまでくると、これ以上の駄弁は無用でもあるし、控えるべきだろう。瞑想についての、さらなるKの言葉を掲げて、空についての参究に区切りをつけたい。行き着くところまで行き着いた、ということである。

　瞑想の何たるかについてのこの探求に付いてきて、思考プロセス全体を理解したならば、あなたは精神がすっかり静まっていることに気づくことでしょう。その、精神がすっかり静まり返っている状態の中には、監視する者もいなければ、観察する者もおらず、従って経験する者も全く存在しません。経験を集める存在、すなわち自己中心的な精神の活動がないのです。（中略）

　と言う訳で、瞑想とは精神に染みついている、その自己中心的な活動を払い清めることです。そして瞑想もここまでやって来たならば、あなたは沈黙、全くの空《くう》が存在することに気づくはずです。精神は社会によって汚染されず、もはやいかなる影響にも支配されず、いかなる欲望によるプレッシャーにも左右されなくなります。それは完全に独りあるのです。そして独りあり、手付かずであるが故に、純粋無垢であるのです。その結果、時間を超えたもの、永遠なるものが生ずる可能性が起こるのです。
（三八〇ページ）

冒頭に、思考プロセス全体を理解したならば、とあるが、思考プロセスの理解については、いまだ不十分と言うしかなく、そこで、次章からは、迷いのメカニズムについて、より詳細に検討を加えることになる。「時間を超えたもの」「永遠なるもの」に到達したところで恐縮だが、言葉だけの到達である可能性が高く、ここは仕切り直しをして、迷いの事実に立ち戻り、新たなスタートを切りたく思う。

第七章　貪欲

仏教の基本的立場として、無常・苦・無我を確認したあと、ブッダの説く救いのあり方について、駆け足で見てきた。ここからは、足元を固める意味で、私たちの迷いのあり方についての学びとなる。現にいまある迷いのあり方を完全に理解してこその、自由であり、悟りの境地と言えるからだ。

貪欲（貪）に等しい火は、存在しない。憤怒（瞋）に等しい捕捉者は、存在しない。迷妄（痴）に等しい網は、存在しない。渇愛に等しい川は、存在しない。（ダンマパダ２５１）

貪欲に等しい火は、存在しない。憤怒に等しい罪悪は、存在しない。〔心身を構成する五つの〕範疇（五蘊）に等しい苦痛は、存在しない。寂静〔の境処〕（涅槃）の他に安楽は、存在しない。（ダンマパダ２０２）

おなじみ、貪・瞋・痴の三毒である。以下、迷いの三大巨頭とも言える、これら三者について、そのメカニズムを探ってみたい。できれば、書いてあることを鵜呑みにせず、自身の心に照らして、その真偽を確認しながら読み進めてほしい。そうしてこその身読であり、全的な理解であり、現にある毒が毒であることをやめる、生きた学びであるはず。

彼に、意に適うもの（欲望の対象）へと流れ行く、激しい三十六の流れがあるなら、諸々の貪欲〔の思い〕に依存した諸々の妄想が、大いなるものとなり、悪しき見解を運び来る。（ダンマパダ339）

彼ら、貪欲〔の思い〕に染まった者たちは、〔渇愛の〕流れに従い行く──蜘蛛が、自ら作った網に〔からまる〕ように。慧者たちは、これをもまた断ち切って、行く──期待なき者たちとなり、一切の苦しみを捨棄して。（ダンマパダ347）

まずは、貪欲のメカニズムを理解する端緒として、それが「流れ」とされているところに注目したい。欲望の対象に向かって流れ行くのが貪欲の思いであり、その流れは諸々の妄想や悪しき見解をもたらし、自らにからみつく。身動きが取れないままに流され行くのが、貪欲〔の思い〕に染まった者たちの迷いのあり方となる。そして、おそらくは自身のそのあり方にまったく気づかず、流されるままに流されているのが迷いの迷いたる、毒の毒たる所以なのだろう。Kもまた、そのタチの悪さを指摘する。

そもそも、渇望が満たされることなどあり得るのでしょうか？　それとも渇望は底なしの淵なのでしょうか？　欲しいものが低級か高級かの別を問わず、渇望は一時たりとも癒されることがなく、欲しいものを求め続けます。それは燃え盛る炎で、焼き尽くすことができるものなら何でもたちまち灰にしてしまいます。しかし満足を得たいという渇望は依然として残り、いつまでも燃え続け、焼き尽くし続けます。そういう訳で、渇望に終わりはありません。（七六ページ）

「炎」もまた、貪欲の喩えとして申し分のないところ。冒頭に「貪欲に等しい火」とあったのを思い出してほしい。そのタチの悪さを、存分に言い表わしている。満たされることなく、いつまでも燃え続ける、という指摘も、当を得ている。貪欲に、そして、渇愛に終わりがないのは、自身の心に尋ねてみれば、嫌でも納得できる。

私たちが知っているものとしての人生、私たちの日常生活とは、何かになるプロセスです。私は貧乏だから、目的、つまり金持ちになることをめざして行動する。私は醜い。だからきれいになりたい、といった具合に。そういう訳で、人生とは何かになるプロセスです。何かになろうとする意志は、異なった意識レベル、異なった状態にある何かになりたいという、課題、応答、命名、記録を伴った願望なのです。さて、この何かになることは自分との闘いであり、苦痛に満ちているのではないでしょうか？　私は今はこれであるが、いずれはそれになりたい――これは絶え間ない苦闘にほかなりません。（三四ページ）

何かになるプロセスこそは、欲望の対象に向かう流れにほかならず、「何かになりたい」という、至極当然に思い浮かぶ願望すらもが貪欲の一つ、ということになる。何かになることは自分との闘いであり、苦痛に満ちている、という指摘もまた、真を突いている。すでに見たように、いまここを置き去りにして未来の妄想に耽っているかぎり、迷いのあり方は温存され、悩み苦しみが続くのだから、Kが、これは絶え間ない苦闘にほかなりません、と宣告する、まさにそのとおりなのだ。ブッダもまた言う。

世における諸々の愛しいものは、因縁として欲〈の思い〉から〈発生した〉——さらには、また、彼らが、貪欲〈の思い〉から、世を渡り歩くとして。諸々の願望と、諸々の目標とは、因縁としてこれ〈欲の思い〉から〈発生した〉——それらが、人の未来のために有るとして。〈スッタニパータ865〉

願望も、目標も、そして、愛しいものも、たとえ、未来のためにあるとして、欲の産物でしかない、という指摘。私たちがごく普通に行為している、その行為こそが、自らの悩み苦しみの発生源なのだ、という指摘。無意識の虚を突くだけに、まさに貴重である。このことに気づかないかぎり、未来永劫に同じ錯誤を繰り返すからだ。ただし、無意識の恐ろしさは底が知れず、頭で理解したくらいでは、その正体はつかめない。全身全霊を挙げての気づきと注意深さがあってはじめて、無意識の尻尾をつかまえ、真の理解が成就する。Kは言う。苦しみが理解されるように、欲望もまた理解されるべき、と。

私たちは欲望を理解しなくてはいけません。しかしこのように勢いが強くて、要求が激しく、執拗に迫ってくるものを理解するのは非常に難しいことです。と言うのも、まさに欲望の充足の最中に、快楽と苦痛と共に激情が生じてくるからです。そしてもし欲望を理解したいのならば、当然のことながら、えり好みしてはなりません。欲望を良いだとか悪いだとか、気高いだとか下劣だとかという判断を下してはいけないのです。（中略）欲望の美しさ、醜さ、その他何であれ、欲望の真の姿を見出そうというのなら、そういった判断や取捨選択をしてはならないのです。（九七ページ）

ここに言う、判断を下してはいけない、そして、取捨選択をしてはならない、というあり方は、無意識の強固な壁を突破して自己のあるがままの姿を知り見る唯一の攻略法と言えるかもしれない。なぜなら、判断を下したり取捨選択をすること自体が欲の働きにほかならず、もし、そうであるなら、それをしているかぎり、まさにいま、リアルに行為している欲そのものには、いつまでたっても気づかないからだ。ちょうど、目は目自身を見ることができないように。だからこそ、判断を下さず取捨選択をしない徹底して受動的なあり方が要請されるのであり、それはまた、真の理解に伴うむずかしさの所以でもあるわけだ。

渇望とは別個にある存在など、何もありません。渇望があるだけで、渇望している人などはどこにもいないのです。（中略）彼は、その当のものなのです。自分自身から逃れることはできません。できるのは自らを理解することだけです。彼は自らが抱えている孤独であり、虚しさに他ならないのです。ですから、こういったものを自分とは別個のものと考えている限り、彼は錯覚に陥り、終わりなき葛藤に身を置き続けることでしょう。自分とは自分の抱える孤独に他ならない、と直接経験した時にのみ、恐

怖からの解放が起こる可能性が出てきます。（九六ページ）

かつて、無我のところで、行為者は存在せず、行為だけが存在することを見た。ここも、それと同一線上にある。渇望している人などはどこにもいない、とあっても、驚くことはないだろう。ここで、問題となるのは、その場合の自らを理解することである。直前のところで、「目は目自身を見ることができない」と書いた。Kの言う、自らを理解することとは、まさしく、目が目自身を見ることにほかならない。行為している、まさにそのときに、行為している行為を理解する行為。それが、自らを理解することである。たとえば、過去を振り返って自らの心について検証する場合は、ここに言う、自らを理解することではない。あるいは、他人の力を借りてする精神分析も。その場合は、時間をかけて行なうのであり、そうではなく、リアルタイムで、現在進行形で行なうのが、Kの言う、自らを理解すること。理屈的にはできないことをやるのだから、むずかしいのも当たり前と言わねばならない。

あらためて説明してみよう。何らかの対象物を理解するのが普通の理解のあり方であるなら、自らを理解することとは、対象物を伴わない理解のあり方となる。行為者は存在せず、行為だけが存在する、とは、こういうことであるはず。それはまた、欲望が欲望自身をリアルタイムで理解するあり方でもある。これと違って、対象物を理解しようとする普通の理解は、対象物に目が行っている状態にあるので、自らを理解することができない。錯覚と葛藤が続くだけである。行為者が時間をかけて対象に働きかける相変わらずの分裂状態、つまりは、自分との闘いが継続する。理解すべきは当の欲望自身であり、であるなら、まったく違ったやり方で事に当たらないかぎり、結果は出ない。それは、自分とは自分の抱える孤独に他ならない、と直接経験した時にのみ、可能になる。直接経験、つまりは、リアルタイムで自らが自らを理解するとき、恐怖からの解放が起こる可能性が生まれる。以上が、Ｋの言い分である。Ｋの言う理解の尋常ならざる意味合いが、ご理解いただけたことと思う。それも、知的にではなく、身をもって。

第八章　憤怒

貪欲の次は憤怒、つまりは、怒りの思いである。怒りもまた、貪り同様に、悪しき心のあり方であることは言うまでもない。貪りが対象に向かう心のあり方であるなら、怒りは対象から遠ざかる心のあり方と言える。怒りを物理的に爆発させる、そのときこそは、対象に向かって猪突猛進するのだが、それ以前の段階においては、恐怖の対象でもあれば、嫌悪の対象でもあるのが、怒りの対象であり、それは、まさしく、遠ざけたい存在としてある。あってほしくないものがあるとき、怒りの思いが生まれ、それから遠ざかろうとし、その思いが強烈になると、対象物の破壊と抹殺を試みるに至る。その反対に、あってほしいものがあるとき、貪りの思いが生まれ、それに近づこうとし、その思いが強烈になると、対象物の所有と支配を模索することになる。対象に近づく行為も、対象から遠ざかる行為も、作為的な意志の働きであり、そこに、あるがままでもなく、いまここでもない、迷いのあり方を見るのが、ブッダのまなざしだった。それは、無常の風に逆らって常住であるべく奮闘努力するあり方でもあれば、無我の事実を拒絶して自己を虚構する自己欺瞞のあり方でもある。あるいは、からっぽである私からの、苦しんでいる私からの、逃避でもあれば、抵抗でもあるわけだ。ブッダは言う。

比丘よ、この舟〔の水〕を汲み出せ。あなたが〔水を〕汲み出したなら、〔舟は〕軽やかに行くであろう。貪欲と憤怒とを断ち切って、そののち、〔あなたは〕涅槃に行くであろう。（ダンマパダ369）

貪欲と憤怒を断ち切れば涅槃に行く、とまで言うのだから、両者の極悪コンビ的な位置づけは明白であり、説明は不要であろう。では、怒りについて、Kは、どのような言葉を残しているのだろう。

なぜ人は怒るのでしょう？　それは傷つけられたから、誰かに意地悪なことを言われたからです。しかし誰かにお世辞を言われれば、いい気分になります。ではなぜあなたは傷つくのか？　自尊心があるからではありませんか？　ではなぜ自尊心はあるのでしょうか？

何故なら、自分はこうあるべきだ、こうである、こうあるべきでないという観念、自分に対するシンボル、自己イメージをあなたが抱いているからです。（中略）そして自分の理想、自分に抱いている観念が攻撃を受けると、怒りが呼び起こされます。（二〇七ページ）

怒りについての的確で卓越した心理分析ではないか。怒りが生まれるプロセスについて、傷つけられたから、自尊心があるから、自己イメージをあなたが抱いているから、と喝破するところなど、目の覚める思いがする。世間一般のあり方として、怒りを悪いとしつつも自己の怒りを正当化して相手をやりこめる態度が優勢を占めるなか、貴重な指摘と言えるだろう。自身のあり方に照らし合わせるとき、まさにそのとおり、と言うしかないのだから。ブッダもまた言う。

衆の中で〔自己の〕言説に束縛された者は、賞賛を求めつつ、敗北を恐れる者と成る。また、〔他者に〕排斥されたときは、愕然と成る。彼は、〔他者の〕欠点を探し求める者であり、〔自己への〕非難には怒る。（スッタニパータ８２６）

人間心理の観察者としては、ブッダもまた卓越したものがある。上記引用は、討論の場における人間心理を描いたものだが、このようなことが言えるのは、並の観察眼ではない。言説に束縛された者とは、Kの言う「こうである、こうあるべきでないという観念」に束縛された者以外の何ものでもなく、そのような彼が、自己欺瞞の仮面を引きはがされたとき、怒りの感情に身をまかせるのは、必然の成り行きと言うしかない。自尊心の仮面は、その裏側に恐怖を秘めているのであり、威勢の良いもっともらしいことを口にしたところで、見る人から見れば底が知れているのだろう。

不正を耳にすると腹が立つ、とあなたは言いますが、人類を愛するが故に、そう言っているのですか？　思いやりがあって、そう言っているのですか？　では思いやりと怒りは両立するでしょうか？　怒りや憎しみのあるところに、正義はあり得るでしょうか？　あなたはおそらく一般的な不正、残酷さに関する考えに腹を立てているのでしょう。しかしあなたの怒りで、不正や残酷さが改められることはありません。怒りは単に害を及ぼすだけです。秩序をもたらすためには、あなた自身が思慮深く、思いやり深くあらなければなりません。憎しみから生まれた行為は、更なる憎しみだけしか生み出せません。怒りのあるところに、正義はあり得ません。正義と怒りは両立できないのです。（二一〇ページ）

正義と怒りは両立できない、という言葉は重い。思いやりと怒りも両立できないことになるのだろうが、この指摘は、まさに、私たちの迷いのあり方を踏まえてのものであるはず。つまり、両者を両立可能と考えているので平気で怒りをあらわにする、私たちの自己矛盾のあり方である。そのような人物は、探せば簡単に見つかるはずだし、当の私もまた、無意識のうちに同じことをやっているかもしれない。文字どおり、注意したいところである。

真の正義は、愛も、思いやりの心も、ただただ正義であるだけであり、自己に対立するものを内に含まない。怒りは害をもたらすだけであり、秩序をもたらすためには、あなた自身が思慮深く、思いやり深くあらなければなりません、という指摘は、日々対立に明け暮れる私たちにとって、金言に価する。この二元性の矛盾は、ブッダもまた心得ていた。

忿激〈の思い〉（忿）を捨棄するように。〈我想の〉思量（慢）を捨棄し去るように。束縛するものの一切を超え行くように。無一物の者に、名前と形態（名色：現象世界）について執着せずにいる者に、彼に、諸々の苦しみが従い行くことはない。（ダンマパダ２２１）

忿激と高慢の支配に赴かないように。また、それらの根元を掘り尽くして、安立するように。しかして、また、あるいは、愛しいものを、あるいは、愛しくないものを、〔この世に〕有る者は、確実に征服するように。（スッタニパータ968）

ここに言う「愛しいもの」と「愛しくないもの」が、対立する両極として位置づけられていることは明らかである。両者ともに征服してこその、怒りの克服となる。かつまた、着目したいのは、怒りと自我意識の親近性である。「〔我想の〕思量（慢）」とは、慢心を伴った自我意識にほかならず、これをパワーアップしたのが「高慢」であるなら、この二者とコンビを組んでいる「忿激（怒り）」は、まさに、自我意識あってこその存在となる。自我意識を成り立たせている所有物や自己イメージが「束縛するもの」であるなら、無一物の者に、名前と形態（名色：現象世界）について執着せずにいる者に、彼に、諸々の苦しみが従い行くことはない、という言葉は、自我意識が脱落した覚者のあり方を描写したものと考えられる。自我意識が脱落したこのあり方が、Kの言う、二元対立が解消されたあり方、ただただ正義である状態と同質のものであることは、容易に推測できる。以下の引用なども、大いに参考となるだろう。

私が怒りを見つめる時、明らかに私はそれを怒っている観察者と混同しています。私は「自分は怒っている」と言います。が、怒りのその瞬間には、「私」は全く存在しません。「私」が介入してくるのは、その直後です。つまり、そこには時間が介在するということです。では私は、思考であり、言葉でもある時間という要素をはさまずに、怒りという事実を見ることができるでしょうか？　これは、観察者をはさまずに見る時に起こります。そのようにしたら、どうなるでしょう？　今や私は直接的な見方、すなわち見解や結論、非難や評価を交えない見方を理解し始めるのです。そうなると思考、つまりは言葉を交えずに「見ること」が可能である、ということが分かります。すると精神は観念の毒手を逃れ、物事を二分することによる二元性の葛藤に陥らなくなります。（九二ページ）

難解な文章だが、行為者の非在に言及する言葉であることに思い至れば、それなりに文意が取れる。自我意識の脱落とは、行為者の非在を言い換えたものであり、ただ行為がある状態は、まさに、二元性の解消状態にほかならない。見解や結論、非難や評価を交えない見方とは、ブッダの言う無一物の者のあり方、名前と形態について執着せずにいる者のあり方であり、これもまた、二元性が解消したあとの行為者非在の状態と考えられる。直接的な見方という言い方も、このことを裏付けている。では、思考であり、言葉でもある時間という要素をはさまずに、怒りという事実を見る、あるいは、観察者をはさまずに見るとは、どのようなことを言っているのだろう。これは、言葉では説明できない。なぜなら、言葉で説明した瞬間に、直接的な見方ではなくなってしまうからだ。実際にやるか、やらないか、の問題なのだ。

とはいえ、それでお茶をにごすわけにはいかない。直接的に説明することは無理として、間接的に説明することはできる。たとえば、ブッダは、忿激〈の思い〉を捨棄するように、と言うが、では、どのように捨てたらいいのだろう。怒りを悪者に決めつけて、「怒り」に怒りながら捨てるのでは、捨てたことにはならない。怒りを「対象物」に見立てて対処する、このやり方こそは、私たちが知らず知らずに採用して悪戦苦闘している対処方法であり、そうではなく、心理的に無一物・無執着になることで捨てる。「対象物」を立てないことで捨てるのであり、ほかでもないこの私が無一物・無執着になってこその、怒りの捨棄であるはず。何度も言うように、いままでとまったく違ったやり方で取り組まないと、新しい結果は出ない。心を動かして作為的かつ能動的に問題を解決しようとするのが旧来のやり方であるなら、そうではなく、心を動かさず無選択かつ受動的に注意深くあることで、その気づきのまなざしで問題の本質を理解し、問題が起きたその場で問題を解決するやり方。時間をかけずに解決し、問題をあとに残さない、このやり方こそを、Kは、繰り返し訴えてきた。言うまでもなく、ブッダもまた、このやり方については十二分に心得ていた。

世における彼此《ひし》〈のあり方〉を究めて、彼に、動揺〈の思い〉が、世において、どこにも存在しないなら、寂静にして怒りを離れ、煩悶なく願望なき者であり、「彼は、生と老を超えた」と、〈わたしは〉説く。
（スッタニパータ1048）

ここに言う、世における彼此〈のあり方〉を究めて、彼に、動揺〈の思い〉が、世において、どこにも存在しないなら、とは、まさに、Kの言う直接的な見方ではないだろうか。「彼此」が、二元論的二項対立のあり方（二元性）であるなら、その彼此〈のあり方〉を究めて、つまり、全的に知り見て、心に動揺がないあり方。対象に心が動かない、このあり方を具現する者が、寂静にして怒りを離れ、煩悶なく願望なき者であり、ブッダは、彼のことを、迷いのあり方を超えた者と説く。余剰物を放下した無一物のあり方が、ここに示されている。

夾雑物をはさまない直接的な見方について、観察者をはさまず行為だけが存在するあり方について、いま一度、Kに説明を求めよう。

方策は、あるがままに基づいて起こる行動から逃避する手段を精神に与えてきました。ですからその方策のせいで、精神は怠惰で無精になってしまったのです。私が申したことの構造全体を、誰かに指摘されたからではなく、自分自身で見ることによって、事実——例えば私たちは暴力的であるという事実——と向かい合うことは可能でしょうか？（中略）

つまるところ、自分は暴力的である、それが事実です。私は怒っているのです。そこに観念の出る幕などあるのでしょうか？　大切なのは怒っているという観念ではなく、怒っているという現にある事実なのです。それはお腹が空いているという現実のようなものです。お腹が空いていることに対する観念などありません。現実があって、それから何を食べるか、という考えが湧き、嗜好の赴くままに食べるのです。自分に立ちはだかるもの、つまりあるがままの現実をどうしたらいいのだろうか、という考えが全く存在しないと、あるがままに基づいて起こる行為だけが存在します。（二四六ページ）

最後の言葉、あるがままに基づいて起こる行為だけが存在します、は力強い。この力強さは、私たちの心の弱さ、疑いの深さの逆照射でもある。あるいは、我執の強さの。なぜなら、ここまで言われても、「あるだ」「こうだ」考えてしまうのが、私たち迷いの者であるからだ。身を捨ててこそ、浮かぶ瀬もあれ（もしくは、死中に活あり）。そうは言うものの、恐怖心に打ち勝って自我意識を捨てるのには、よほどの踏ん切りが要る。あるがままの現実を直視することのむずかしさである。

第九章　迷妄

三毒のトリをつとめるのが、迷妄、迷いの心である。貪と瞋が脇を固める二大巨頭であるなら、痴は、その「親玉」ということになる。わかりやすく言えば、無知、むずかしく言えば、無明。いずれにしろ、仏教の教義体系において、私たちの迷いのあり方の根本原因として位置づけられる。ただし、対象物として「痴」なり「無明」なりがあるのではなく、あくまでも、あり方としてのものであり、あるがままに知り見ない心の状態を言うにすぎない。そこのところは注意すべきであろう。

世〔の人々〕は、無明によって覆われている。物欲〔の思い〕あるがゆえに、放逸〔の思い〕あるがゆえに、光り輝かない。〔わたしは〕渇望〔の思い〕を、〔世の人々にとっての〕汚れと説く。苦しみを、それにとっての大いなる恐怖と〔説く〕。（スッタニパータ1033）

身体に執着し、多く〔の迷妄〕に覆われた者――迷妄ならしむもの（欲望の対象）のうちに沈み、止住している人――まさに、そのような種類の者は、彼は、遠離〔の境地〕から遠くにある。なぜなら、世における諸々の欲望〔の対象〕は、まさに、捨棄し易きものではないからである。（スッタニパータ772）

ブッダは言う。世界は無知に覆われている、と。「もっとやさしく言っても」と思いたくなるが、ブッダにしてみれば、事実を述べただけ、となる。自己と世界のあり方を、事実のとおり、虚心坦懐に知り見るなら、そして、その真偽を、他者の言葉によらず、自己の手で検証するなら、「事実である」と判断を下す以前に、明々白々の事実であることが実感できるだろう。私自身の、いまここの事実として。では、Kの言葉を見てみよう。予想するまでもなく、厳しい言葉の連続となっている。

憎しみに渦まく世界が現在その報いを受けているのが分かります。この憎しみに渦まく世界は、私たちやその先祖、そしてそのまた先祖によって作られました。このようにして無明が過去に向かって無限に伸びています。それは自ら生じたものではありません。それは人間の無知の所産であり、歴史的プロセスなのです。違いますか？　私たちはそれぞれ先祖たちと力を合わせてきました。そしてその先祖たちがそのまた先祖たちと一緒に、この憎しみや恐怖、貪欲さなどのプロセスを始動させてきたのです。そして今日、私たちが個人的にその憎しみの渦にはまっているのであれば、一個人である私たち一人一人も、その憎しみに渦まく世界の一端を担っているのです。（一八八ページ）

世界のまるごとが無明に覆われている、それも、空間のみならず時間的にもその闇は行き渡っている、という指摘。過去に生きた人々も、現にいま生きている者たちも、そのすべてが、憎しみに渦まく世界の一端を担っている、という指摘。これは、ブッダの見立てと同じと言っていいだろう。たとえ、似たようなテキストを探し出して提示したとしても、である。悟りをひらいた覚者は別として、世の一切が迷いの内にある、という、この指摘こそは耳が痛いのだが、では、あえてこのように宣告することの、その意義とは何なのだろう。

私たちは自分のことを特別と見る習性があるので、世界の悲惨さにたいし、自分自身をその圏外に置き、他人事のように思いがちである。「私には関係ない」「私は直接の加害者ではない」と。そこで、この都合の良い解釈に、自分勝手な思い込みに、真っ向から異を唱え、事実に目を開かせるための言葉が、上記言明ではないだろうか。自己と世界の現実から目をそらし、問題を先送りするだけの私たちに、警鐘を鳴らし、喝を入れるための厳しい言葉、と。ただし、ここに言われていることは、けっして大袈裟な誇張表現などではなく、ブッダも、Kも、まさに、あるがままの事実として述べているのであり、この事実に、私たちは真正面から向き合うべきなのだ。私たち人類は一蓮托生の運命共同体なのであり、各人が互いに影響を与え合う、ひとつづきのネットワークを形成している。かつまた、誰一人として、圏外に身を置くことはできない。物理的には、無人島に身を置くなどのケースが考えられるが、心理的には、ほぼ不可能と言うしかない。なぜなら、世における諸々の欲望〔の対象〕は、まさに、捨棄し易きものではないからである、とブッダが言うように、迷妄ならしむもの（欲望の対象）のうちに沈み、止住している私たちにとって、先祖代々引き継がれてきた「迷妄のネットワーク」から解脱するのは、人生最大の難事業と言えるからだ。

私たち人類が時間的にも空間的にも一つのネットワークを形成しているのであれば、「正しい教育」などというものは、この世にはまったく存在しないことになる。私たち人類は、はるか昔から次の世代を担う子供たちに「正しい教育」を施してきたのであり、その結果が、私たちがいまある世界のあり方にほかならない。憎しみに渦まく世界が現在その報いを受けているのが分かります、という、Kの言葉が真実のものであるなら、私たちがしてきた「正しい教育」は、正しいどころか、「無明の条件づけ」とでも言うべきあり方をしていたことになる。迷妄のバトンを次から次へと絶えることなく受け渡し、いまのいまも渡し続けているのが、私たちの教育のあり方ではないのか、という指摘。世の中が一向に良くならないのも、良くなるどころか悪くなる一方なのも、「正しい教育」が単なるスローガンでしかないことを、実際にはどこにも存在しなかったことを、まさに物語っているのではないだろうか。「いや、自分こそは、正しい教育を受けてきたし、子供に施している」と反論したくなるかもしれない。しかしながら、自身のあり方を謙虚に観察するとき、そこに発見するのは、憎しみの渦にはまっている自身の姿であるはず。

どうぞ、ご自分の精神をよく見てください。自分が悲しみをどれほど言葉でごまかしているか、どれほど仕事や観念に我を失っているか、どれほど神様やあの世に対する信仰にしがみついているか、観察するのです。そしてどんな弁明も信仰も満足いかなくなると、あなたはお酒やセックスに逃げます。（中略）こういったことは代々、親から子へと伝えられてきました。そして表面的な精神は、傷口に巻いた包帯を決して取りはずしません。表面的な精神は実は悲しみを知らないのです。本当は悲しみのことを分かってはいないのです。表面的な精神は悲しみに関する観念を持っているにすぎません。悲しみに対するイメージ、シンボルを抱いているだけで、悲しみには決して直面していません。それは悲しみとい

う言葉に直面しているだけなのです。（二一五ページ）

これもまた厳しい言葉だが、これこそが事実ではないだろうか。まさにこの、人類あげての迷いの現実から脱却することを、つまりは解脱を説いたのが、ブッダであり、Kであり、そのむずかしさを十二分に知っていたから、このような厳しい言葉になったのだ。迷いの教育は、知らず知らずのうち、無意識に行なわれるのであり、それだけに強固でタチ悪く、そこから脱却するのは、並大抵のことではない。と言うのも、「正しい」と錯覚している自分自身のあり方に気づかないかぎり、話は始まらないからだ。Kが、どうぞ、ご自分の精神をよく見てください、と言うのも、このためにほかならない。上記言明の数々は認めたくない事実ではあるが、無知であることの無知こそが無明の無明たる所以なのだから、ここは、逃げることなく、真正面に見据えるしかない。解脱の道を歩む仏教者としては。

ということで、私たちの迷いのメカニズムの参究が始まる。まずは、表面的な精神は実は悲しみを知らない、という事実を確認したい。さらには、表面的な精神は悲しみに関する観念を持っているにすぎません、という指摘をも。私たちは悲しみそのものには直面せず、悲しみに対するイメージ、シンボルを抱いているだけ、悲しみという言葉に直面しているだけ、という指摘。意表を突く指摘であり、私たちの妄を覚ますのに十分な刺激とインパクトを持っている。この刺激を一過性のものとしないために、同趣旨のテキストを以下に掲げよう。その有する意義の重要さを、再確認してほしい。

私たちが愛している、あるいは愛していると思っているものは、「自分の妻」や「自分の夫」に対するイメージ、シンボルであり、生きている特定の個人ではありません。私は実際の妻や夫のことを全く知らないのです。そして知るということが認識することを意味している限り、私は決して相手をありのままに知ることができません。認識は記憶に――快楽や苦痛の記憶、自分が命を懸けてきたもの、くよくよ悩んできたもの、自分が所有しているもの、執着しているもの、等々に対する記憶に――根ざしているのです。恐怖や悲しみ、淋しさ、失意の影があったら、いかにして愛することができましょうか？

（一三三ページ）

手厳しい言葉の連発で恐縮だが、それだけの重要さを有していること、ご理解いただきたい。過去の記憶に根ざした「知る」であるかぎり、相手をありのままに知ることができない、という指摘の重み。それを実感してこその、迷いの脱却となるからだ。ブッダもまた、迷と悟のあいだにある、このギャップについては、十二分に理解していた。理解と言うよりは、痛感していたと言ったほうがいいかもしれない。なぜなら、自らの教えを他者に示すとき、必ずぶつかる障害が、このギャップにほかならないからだ。過去の記憶に根ざした認識をベースにしてものごとを考えるのが日常意識のあり方であるなら、ブッダが説き示そうとしたあり方は、それとはまったく次元の違うあり方なのだから、そもそも、コミュニケーションを始めることからして、苦労の連続だったはず。以下に、その実例として、ブッダの対話記録を提示する。そのすれ違いのあり方を確認してほしい。

かくのごとく、マーガンディヤが〔言った〕「もし、おっしゃるように、〔慧者は〕見解によって〔清浄を言わ〕ず、伝承によって〔清浄を言わ〕ず、知恵によって〔清浄を言わ〕ず、戒や掟によってもまた、〔清浄を言わ〕ないなら、〔あるいは〕見解なきによって、伝承なきによって、知恵なきによって、戒なきによって、掟なきによって、それによってもまた、わたしは〔それを〕、まさしく、迷愚の法（教え）と思うのです。或る者たちは、見解によって清浄を信受します」と。

かくのごとく、世尊は〔言った〕「マーガンディヤさん、つまり、〔あなたは〕見解に依存して問い尋ねているのです。諸々の執持されたもの（執着の対象）にたいする迷妄に陥り、しかして、〔わたしが示した〕この〔法〕から、〔正しい〕表象（想：概念・心象）を、微塵でさえも見なかったのです。それゆえに、あなたは、〔わたしの法を〕『迷愚である』と決め付けるのです」と。（スッタニパータ840〜1）

「表象（想）」という難しい言葉が登場するが、Kの言う「イメージ」や「シンボル」と同義に考えていいだろう。正しいイメージがあるかどうかは不明だが、対話者がブッダの説いた法に理解を示さなかったのは、読んだとおり。その理由は、と言えば、彼が「見解」や「伝承」あるいは「見解なき」や「伝承なき」をベースにものごとを考えているから、つまり、〔あなたは〕見解に依存して問い尋ねているのです、となる。既知のものである「特定の見解」と照合してはじめて認識が成り立つのであれば、いまここのあるがままの認識を説くブッダの法は、理解不能の迷愚の教えとなるしかない。コミュニケーションをむずかしくしているのが、この認識のズレであるなら、たしかに、問題の根は深い。この迷いのメカニズムについて、Kは、容赦なく考察のメスをふるう。

私たちは物や関係、思考、観念を通して幸せを得ようとしています。そこで幸せではなく、物や関係、観念が極めて重要となるのです。何かによって幸せを得ようとすると、その時、幸せそのものよりも、その物の方が大きな価値を持ってきます。（中略）物や関係、観念がはかないものであることは明らかであり、私たちは常にそれらのおかげで悲しい思いをさせられています。物事は移り変わります。使い古され、失われます。関係は衝突の連続で、先に行けば終わりが待ち構えています。観念や信条には安定性がなく、永続性もありません。私たちはこのようなものの中に幸せを得ようとしており、それでいながら、その無常性に気がつかないでいるのです。（一九六ページ）

私たちの迷いの心理が、そのプロセスとメカニズムが、見事に描写されている。自身の胸に尋ねてみて、その事実を認めない者は、真の愚者であるか、すでに覚者として世にあるか、どちらかであり、おそらくは、そのどちらでもない私たちは、真剣かつ真摯な探求者として、この指摘から最大限の学びを引き出すべきなのだ。とくに、ここでKが無常に言及するところなど、仏教者として、大いに耳を傾けるべきところであるはず。無常の世にありながら、永遠不変のものを求めることで、私たちは悩み苦しむのだった。ブッダもまた言う。

表象が離貪した者には、〔人を縛る〕諸々の拘束は存在しない。智慧によって解脱した者には、〔人を惑わす〕諸々の迷妄は存在しない。彼ら、〔特定の〕表象やら見解やらを収め取った者たち――彼らは、〔互いに〕対立しながら、世を渡り歩く。（スッタニパータ８４７）

表象が離貪した者とは、イメージやシンボルに執着しない者。それはまた、無常を無常と知り見る者でもある。そのような智慧によって解脱した者には、見解や伝承、観念や信条など、人を迷いの世界に縛り付ける諸々の迷妄は存在しない。しかしながら、無常の現実に背を向けて、安心できるものや永続するものを探し求めて、〔特定の〕表象やら見解やらを収め取った者たち――彼らは、〔互いに〕対立しながら、世を渡り歩く。ここに見られる両者のコントラストは、迷いのあり方を浮き彫りにし、ブッダの説く智慧の何たるかを垣間見させてくれもする。迷妄とは、そして、無明とは、あるがままをあるがままに知り見ない固定実体的な対象認知のあり方であり、これを逆に考えると、智慧とは、あるがままをあるがままに知り見るときに働く解き放ちの行為、となる。

「詩」という形で残されたブッダの教えは、コンパクトであるだけに、難解で意味を取りにくいが、Ｋの言葉と引き比べるとき、その真意がおのずと浮かび上がってくる。非力な者にとっては、文字どおり、目が覚める思いがするのである。のみならず、思いも寄らない盲点に気づかせてくれるところなど、その恩恵には計り知れないものがある。たとえば、いま問題にしている迷悟の違いについても、文字とは思えない直接の語りであるかのような迫力で目に飛び込んでくる。

お分かりのように、私たちは現実から、事実から、自分たちが考えていることややっていること、望んでいることから始めてはおりません。私たちは現実のものではない、思い込みや理想から始めるので、惑わされています。思い込みではなく、事実から始めるためには、細心の注意が必要です。そして現実に基づいていない思考形態はどれも雑念です。だからこそ、自分の内面と身の回りの双方において、実際何が起こっているのかを理解することが、極めて重要であるのです。（二三二ページ）

「無明とはこうで、智慧とはこうだ」みたいな説明とは雲泥の差があること、実感いただけたことと思う。あえて強調させていただくと、自分の内面と身の回りの双方において、実際何が起こっているのかを理解することが、極めて重要であるのです、とあるが、このような言葉を言えること自体が、迷いのあり方との決定的な差となっている。思い込みではなく、事実から始めるためには、細心の注意が必要です、という記述も、実際的なアドバイスとして読むとき、そのありがたさが、身に染みて実感できる。

以上で、貪・瞋・痴の三毒に関する参究は終了とし、以下においては、先祖代々守り継がれてきた無明のメカニズムを起動させている「条件づけ」について、そのあり方を探ることになる。

第一〇章　条件づけ

祖父は父を条件づけ、父は私を条件づける。私は子を条件づけ、子は孫を条件づける。このサイクルが始めなき過去から終わりなき未来に続くのが、人類の迷いのあり方であり、その起動メカニズムと考えられる。人類が続けてきた有史以来の愚行について、「DNA」や「魂」のような未検証のものを想定しなくても、心の働きとして考えれば、それなりに説明はつく。その淵源と終極は不明ながらも、先祖代々引き継がれてきた条件づけの結果にほかならない、と。それも、単に「悪しき心のあり方が引き継がれる」と見るのではなく、条件づけという心のあり方そのものに、問題の根を見る。そう見てこその、覚者のまなざしであり、そのスタンスとなる。

では、ブッダは、心という存在について、どのように見ていたのだろう。当然のことながら、良いものとして位置づけていたとは考えられない。引き継がれてきたのが迷いのあり方である以上、渡し手でもあれば受け手でもある心が、すばらしいものとして位置づけられるはずがない。論より証拠、テキストを見てみよう。

すなわち、敵が敵に、あるいは、また、怨みある者が怨みある者に、為すであろう、その〈悪しきこと〉

――それよりも、より悪しきことを、誤って向けられた心は、彼に為すであろう。（ダンマパダ33）

かつて、この心は、〈気ままに〉歩みさすらう者として歩んできた――求める所から、欲する所へと、安楽なるままに。わたしは、今日、それ（心）を、根源から制御するであろう――発情した象を、調教師が〈制御する〉ように。

不放逸を喜ぶ者たちと成れ。自らの心を守れ。難所から自己を引き抜け――汚泥にはまった象が、〈自らを引き抜く〉ように。（ダンマパダ326〜7）

自らの心のあり方を顧みるなら、このとおりと言うしかない。すくなくとも、ブッダが描写する心のあり方が、その身軽さ変わり身の早さが、条件づけという現象にとって最適のあり方であることは明らかである。たとえ、皆が皆、このような心の持ち主ではないとして、人類の歴史においては、言うことを聞かない頑固者は淘汰の対象となり、身を滅ぼすだけとなる。あるいは、求める所から求める所へと勝手気儘に歩む場合も、度を越して歩む者は悲惨な運命をたどることになる。つまるところ、条件づけの流れに身をまかす者だけが生き残り、後継者を世に残す。生き残ったところで、ロクなことはないのだが。

そこで、迷いのあり方からの脱却を説くブッダが、その第一歩として位置づけたのが、上記引用に言う、心の制御ということになる。「制御」という言葉はイメージ的に強い響きを持っており、かつまた、調教師のイメージもあって、強制的な支配・コントロールを意味するかに見えるところが厄介でもあれば、注意を要するところでもある。力づくで押さえつけるやり方は、解決策にならないどころか、逆効果になるだけであり、そうではなく、あるがままをあるがままに知り見ることで、すなわち、いまここの事実をあるがままに理解することで、問題はおのずと解決する、というのが、これまでに見たところだった。ここに「調教師」の喩えがある以上、ブッダは強制的な解決をも説いた、と解釈できなくもないのだが、これについては、それほどまでに心というものはわがままなのだ、ということで理解したい。そのタチの悪さに見合う形で、「制御」という強い言葉を用いた、と。

「それこそは自己に都合の良い解釈ではないか」と反論し非難する向きもあるだろうが、それは受け流させていただく。本稿は、自説の正しさを主張するものではなく、仏道実践に役立つ情報を提供することを目的に書いているので、ご批判は甘んじて受け止め、これ以上の弁明は控えたい。さらに、「自己に都合の良い解釈」と言われるのを覚悟で言ってしまえば、**不放逸を喜ぶ者たちと成れ。自らの心を守れ**、とあるのも、心のあり方に注意深く常に気づいていることで自心を守れ、と理解したい。いずれにしろ、心というものが、自分のものでありながら、思いどおりに行かない、厄介極まりない存在であることに間違いはない。弱いからこそ守るのであり、わかっていながらやめられない葛藤に思い悩むのが、心の持ち主である私たちの日常であるはず。それどころか、心をどうにかしようとすればするほど、どうにもならなくなってしまう。そこに、条件づけの怖さとタチの悪さが潜んでいる。変わり身の早さが条件づけのしやすさに直結する半面、ひとたび条件づけの洗礼を受けてしまえば、その呪縛を解くのは並大抵でないからだ（この難局を打開するのが気づきの力であるのは、お察しのとおり）。このように、仏教における心の位置づけは、かなり手厳しい。では、Kは、心のあり方について、どのように見ているのだろう。

観念は思考プロセスの結果であり、思考プロセスは記憶の応答であり、そして記憶は常に条件づけられています。記憶は常に過去の中にありますが、課題を突きつけられると、現在において蘇ります。記憶自体にはいかなる生命もないのですが、課題を突きつけられると、現在において息を吹き返すのです。そしてすべての記憶は、休眠中のそれであろうが活動中のそれであろうが、条件づけられています。違うでしょうか？　ですから全く異なった取り組みが必要です。自分が観念に基づいて行動しているかどうか、そして観念作用をはさまない行動はあり得るかどうか、あなたは自分自身の内面を覗いて見出さねばならないのです。（五三ページ）

心についてのKの見立ては、冒頭の言葉、観念は思考プロセスの結果であり、思考プロセスは記憶の応答であり、そして記憶は常に条件づけられています、に遺憾なく表明されている。くわえて、すべての記憶は（中略）条件づけられています、とダメを押して、ですから全く異なった取り組みが必要です、と提起するところに、心のあり方にたいする非妥協のスタンスが見て取れる。他者によって既存のものとして提供される観念や見解は、一つの例外もなく、そのすべてが条件づけの産物であり、かつまた、条件づけの道具でもあり、問題を解決する答えにはならない。それどころか、問題の持続に作用し貢献しているのであり、条件づけの呪縛から解放され、その圏外に身を置くためには、まったく新しいアプローチが必要なのだ、と。そして、それこそが、徹底した自己観察にもとづく理解なのだ、と。

ですから自分の思考が記憶の反応であり、記憶が機械的であるということを極めて明確に理解しなくてはなりません。知識はいつまでたっても不完全なままであり、知識から生じた思考はいかなるものであれ、限られています。そのような思考は部分的であり、決して自由ではありません。ですから、思考の自由などというものは全く存在しないのです。しかしながら、思考プロセスではない自由を発掘し始めることは可能です。そしてその自由の中では、精神はそれ自体が受けているあらゆる条件づけ、それ自体に作用するあらゆる影響に単に気づいているだけなのです。（二六七ページ）

「思考」と「知識」のコンビが登場することから、ここに言う、知識はいつまでたっても不完全なままであり、とは、条件づけられているから不完全なのだ、と読み取れるし、その論理的帰結として、ですから、思考の自由などというものは全く存在しないのです、と断言するところなど、私たちの心のあり方について、Kがどのような診断を下していたかが如実に見て取れる。一口に「条件づけの呪縛」と言っても、その深刻度は最高レベルのものであり、日常意識が考えるようなかわいいものであるはずもない。これが事実であるかどうかもまた、自らの心に問うしかないのだが、それにしても、衝撃的な言葉ではある。ただし、「それで終わり」ではない。この事実を明確に理解したときは、思考プロセスではない自由を発掘し始めることが可能になるからだ。しかも、ありがたいことに、最後の一文では、その自由について具体的に説明し、教えを実践するにあたり、その指針となるものを提示している。もはや再掲はしないが、興味のある方は再読してほしい。

このように、メカニズムを完全に理解してこその、呪縛の解除であり、外への脱出であり、かつまた、ここに救いの道を見たからこそ、ブッダも、Kも、心のあり方についての詳細な記述を世に残したのである。以下のブッダの言葉なども、これを条件づけと関連して理解するとき、より深い読解が可能となるのではないだろうか。

〔わたしは〕貪求〔の思い〕を、「大いなる激流」と説く。〔欲望の〕奔流を、渇望〔の思い〕を、〔「大いなる激流」と〕説く。〔欲望の〕対象〔所縁：欲望の対象として想い描かれた認識対象〕を、〔対象の〕妄想〔遍計：認識対象を欲望の対象として想い描く心の働き〕を、「超え難き欲望の汚泥」と〔説く〕。
（スッタニパータ945）

「大いなる激流」も、「超え難き欲望の汚泥」も、条件づけの呪縛を言い当てたものと考えられないだろうか。対象と妄想もまた、条件づけが成立するための必須条件と言えるだろう。もちろん、欲の思いあっての迷いのあり方の条件づけとなる。漢字ばかりの読みにくい和訳で申し訳ないのだが、このような見方をすれば、文意が取れなくもない。さらに、引用を続けよう。今度は具体的な話題が取り上げられているので、上記引用よりはわかりやすいと思う。「対象」と「妄想」という観点を加味して、以下のテキストに説示されている条件づけのプロセスを確認してほしい。

諸々の見解について、「〈これこそ〉最高である」と〈独善的に固執し〉固着しながら、世において、人が、それをより上と為すなら、それより他のものについては、〈その〉一切を、「劣る」と言う。それゆえに、〈人は〉諸々の論争を超克せずにいる。

見られたものについて、聞かれたものについて、戒や掟について、あるいは、思われたものについて、すなわち、自己〈の見解〉について〈のみ〉、福利を見るなら、彼は、そこにおいて、それ（自己の見解）だけに執持して、他の一切を「劣る」と見る。

あるいは、また、それを、智者たちは、「拘束」と説く——それに依存する者が、他を「劣る」と見るなら。それゆえに、まさに、あるいは、見られたものに、聞かれたものに、あるいは、思われたものに、戒や掟に、比丘は、依存しないように。（スッタニパータ796～8）

「見解」「見られたもの」「戒や掟」「思われたもの」が対象であるなら、「〈これこそ〉最高である」という判断は、そして、他者に下す「劣る」という判断もまた、妄想ということになる。自己の見解に福利を見るのも、対象に依存してしまうのも、まさしく、妄想のなせる業《わざ》となる。ちなみに、条件づけの強固さを、仏教では「業が深い」と言ったりもするが、たしかに、言い得て妙である。

人が何らかの対象物に優劣の価値意識を抱くのは、公明正大な判断を下した結果ではなく、迷いの条件づけの産物、単なる妄想でしかなく、だからこそ、他者とのあいだに争いが絶えない。このように見るとき、上記引用は、その意味するところが、より明瞭になるはず。この見立ては、Kもまた変わらない。ブッダの言葉において「対象」と「妄想」が担った役割を、以下のテキストでは、「心象《ビジョン》」という言葉が引き受けている。

心象《ビジョン》とは、たまたま精神の背景を形成している、特定の伝統が投影されたものです。この条件づけが現実であり、事実なのであって、条件づけが投影している心象《ビジョン》が現実なのではありません。事実を理解することは簡単なことです。しかし私たちの好き嫌いや事実に対する咎め立て、あるいは事実に対する見解や判定のせいで、それが難しくなっているのです。こういった様々な形の評価を持たないことが、現実、つまりあるがままを理解するということなのです。（二三一ページ）

ここに言う、この条件づけが現実であり、事実なのであって、条件づけが投影している心象《ビジョン》が現実なのではありません、という指摘は鋭く、意義深いものがある。私たちの日常意識がする誤解と錯視を、ものの見事に言い当てているではないか。私たちがいまここの事実と思い考えている心象は条件づけの投影であり、現に進行中の、まさにその条件づけこそが、いまここの事実なのだ、という指摘。無意識を意識化する、この指摘は、あるがままの現実を理解するための貴重な第一歩となる。この事実に気づいてはじめて、いまのいま、現に進行中の妄想をストップすることができるからだ。ただし、この事実は、他者の指摘で気づくものではなく、自身が自身の心を観察して気づくしかない。この事実に気づかないかぎり、そして、無意識のうちにやっている「好き嫌いや咎め立て」あるいは「見解や判定」をやめないかぎり、あるがままの理解は夢のまた夢となる。何度も言うように、しないこと、テキストの言葉では、こういった様々な形の評価を持たないことが、問題解決の決定打となるのだが、その存在に気づいてこその、しないこと、であるからだ。ここのところは、しっかりと押さえておきたい。条件づけ解除のプロセスについて、Kは、こうも言っている。

己の思考と感情が機能しているその瞬間を深く意識している時だけ、現に存在するものは見つかります。その時、そういったものの、とてつもない微妙さ、とらえがたき繊細さがお分かりになるでしょう。「しなくてはいけない」や「してはいけない」という強迫的な思いを持ち続ける限り、この強制の下で、取りとめのない思考と感情の素早い動きを見出すことは決してないでしょう。あなたは間違いなく学校で「べし・べからず集」を叩き込まれながら育てられてきたので、思考と感情を損なってしまったのです。方式や手段、それから担任の先生たちに、あなたは束縛され、台無しにされてきたのです。ですからこういった、「べし・べからず」の全てから離れてください。私は、あなたが放逸であるべきだ、と言っているのではありません。「自分はしなければならない」「してはならない」といつも言っている精神に気づく必要がある、という意味で言っているのです。すると朝、花が内から外に向かって開くように、英知が起こり、働き始め、理解力を生み出すのです。（一三〇ページ）

ここに見られるKの指摘、あなたは間違いなく学校で「べし・べからず集」を叩き込まれながら育てられてきたので、思考と感情を損なってしまったのです、については、これこそは自身の心に問い尋ねて、その真偽を確認してほしい。迎合もせず、反発もせず、事実だけを見つめながら自己の生い立ちを振り返るとき、答えはおのずと浮かび上がるだろう。

それはともかく、条件づけ解除のプロセスは、己の思考と感情が機能しているその瞬間を深く意識している時に始まる。かつまた、それは、「べし・べからず」の全てから離れてこその話となる。現に存在するものを見つけるためには、その邪魔をする「べし・べからず集」から離れる必要があるからだ。「べし・べからず集」は過去の条件づけの産物であり、その介入と支配を許しているかぎり、いまここのあるがままは視野に入らず、灯台下暗しの状態が継続する。現に存在するものを見つけることは、無意識のうちに働いている思考と感情の素早い動きを見出すことであり、そのためには、とてつもない注意深さが不可欠であり、その意味での「べし・べからず集」の放棄であり、つまりは、しないこと、にほかならない。ただし、これは、Kが注意しているように、放逸になることではない。「何もしなくて大丈夫」みたいな安直な理解が許されるはずもなく、しないこと、とは、いまここに注意深くあること、言葉を補えば、時々刻々の自己と世界のあり方に、無選択かつ受動的なまなざしで全的に気づいていることを言う。さらに言えば、そのときに発見するのが「自分はしなければならない」「してはならない」といつも言っている精神にほかならない、という、このことが、条件づけ解除の最大のポイントとなる。これは、ひとことで言えば、「無意識の意識化」となるが、現に存在する思考と感情の素早い動きに気づくとき、花が内から外に向かって開くように、英知が起こり、働き始め、理解力を生み出す、とKは言う。ここで、わざわざ、花が内から外に向かって開くように、とあるのは、このプロセスが、意図的になされるのではなく、無選択の気づきと連動して起こることを確認するため、と考えられる。放逸であるどころか、不断の自己観察こそが、つまりは、時々刻々の気づきが、英知を発火させ、解除の引き金を引くのである。

第一一章　快楽

条件づけとは、つまるところ、「べし・べからず集」の叩き込みにほかならない。そして、この「べし・べからず集」は、報酬と懲罰の二者をベースに作成される。やるべきことをやった者にはアメを、やらない者にはムチを、というように。そこで、以下は、この二者、報酬としての「快楽」と、懲罰としての「恐怖」について、検討を加えたい。まずは、快楽についてのブッダの言葉を見てみよう。

まさしく、まさに、花々を摘んでいる執着の意《おもい》ある人を、まさしく、諸々の欲望〔の対象〕に満足しない者を、死神は〔思いのままに〕支配を為す。（ダンマパダ48）

彼を、子供や家畜に夢中になり執着の意ある人を、死魔は取って去り行く――眠りについた村を、大激流が〔流し去ってしまう〕ように。（ダンマパダ287）

「快楽」という言葉の直接の登場はないのだが、快楽と条件づけの結び付きは、十二分に窺い知ることができる。花を摘むのも、子供や家畜に夢中になるのも、快楽を得るためであり、にもかかわらず、欲望の充足は無常の世においてはありえず、満足の思いを得ないまま、死神の支配に、つまりは条件づけの呪縛に陥り、死を迎えることになる。相も変わらずの手厳しさだが、せっかくなので、この厳しさに追い打ちをかけさせてもらおう。現に存在するものを発見するためである。

諸々の〔渇愛の〕流れがあり、かつまた、諸々の愛執〔の対象〕があり、人には、〔その原因となる〕諸々の悦意（満足の思い）が有る。彼らは、快楽に依存する者たちであり、安楽を探し求める者たちである。彼らは、まさに、生と老〔の輪廻〕へと近づき行く人たちである。（ダンマパダ341）

〔心の〕欲求という因縁ある者たち、生存の快楽に結縛された者たち、彼らは、解脱し難い。なぜなら、他のものによる解脱（他者・他物を依り所とする解脱）は、〔どこにも存在し〕ないからである。未来に、あるいは、また、過去について、〔あれこれと〕期待している者たちがいる。あるいは、〔現前する〕これらの欲望〔の対象〕を、あるいは、諸々の以前のものを、〔貪欲の思いで〕渇望しながら。（スッタニパータ773）

これが、はるか昔の遠い過去に、ひとりの覚者が見い出した、私たちの現にある「あり方」である。快楽を求めて生きるのが私たちの習性であるなら、その「あり方」が全面否定されている。「楽しく生きればそれでいい」と開き直るのも一つの手ではあるが、仏教者であるなら、事の重大さを思い知って、真摯に受け止めたい。

諸々の欲望〔の対象〕にたいし、貨幣の雨をもってしても、満足〔の思い〕は見い出されない。「諸々の欲望〔の対象〕は、悦楽少なく、苦しみである」と、かくのごとく識知して、賢者は――

彼は、天の諸々の欲望〔の対象〕にたいしてさえも、喜びには到達しない。渇愛の滅尽に喜びある者が、正自覚者の弟子と成る。（ダンマパダ186〜7）

ブッダの説く賢者のあり方は、あまりにハードルが高く、高嶺の花のように思いたくもなるが、欲望の満足を得られないのが現実であるなら、欲望の対象ではなく、渇愛の滅尽に真の喜びを見い出すべきなのだ。あえて繰り返すが、仏教者であるなら。では、快楽について、Kは、どのような言葉を残しているのだろう。

快楽がどういうものかはご存じですよね？　何かを見たり、何らかの感情を抱く時、その感情について考えたり、常にそれにこだわったりしていると、快楽を感じます。そこであなたはその快楽を欲し、何度も何度もそれを繰り返す。ギラギラと野心に燃えている時、あるいはあまり燃えていない時、人はそれに快楽を感じます。国の名のもとに、あるいは何らかの観念等々の名目において権力や地位、名声を追い求めている時、人はそれに快楽を覚えます。そういう人には何の愛もありません。だからこそ、そういう人が世界に不幸を作り出し、内外に戦争をもたらすのです。

ですから人はこのような情動や感傷、熱狂、自分は善良である、という気持ちを理解しなければいけません。そしてこのようなもの全ては本物の愛情、思いやりとは、まるっきり関係ないということをはっきり理解しなくてはなりません。感傷、情動は全て思考と関係があるもので、故に、快楽と苦しみをもたらします。これに対して、愛は苦痛や悲しみをもたらしません。なぜならば、愛は快楽や欲望の産物ではないからです。（一三八ページ）

上記引用において、快楽と愛（本物の愛情）は、両立不能のものとされるが、この場合の愛は、愛憎の愛ではなく、思いやりや慈しみの心、つまりは慈悲のことと考えられる。本物の愛情は、世界に不幸を作り出す一因である快楽とは何の関係もない、まったく次元の違うあり方をしている、とKは言う。快楽が条件づけの道具であるなら、その追求は不幸に終わるだけ、という認識は、明らかにブッダと共通する。私たちにとって、快楽は、幸せとして位置づけられていて、だからこそ、それを追求するのだが、その思いとは裏腹に、不幸という結果が待っている。自己がする「この錯誤」に気づかないかぎり、本当の幸福はやってこない。ではどうするのか、と言えば、やはりここでも、理解というあり方が打開策として示されている。日常意識が思い抱いている感情や情動のあるがままの理解。その偽善と欺瞞を明確に自覚し直視する。「何か」を目指して努力するのではなく、現在進行中の迷いのあり方を理解する。

自分は、とある喜びに浴したことがある。あるいはあなたも何かに、多少なりとも喜びを経験したことがある。そうすると私たちはそれが繰り返し起こることを望むのです。性的なものであろうと、芸術的なものであろうと、知的なものであろうと、あるいはそういうものとはかなり異質の何かであろうと、私たちはこのようなものが繰り返し起こることを願うのです。そして、まさにこのあたりから、快楽が精神を曇らせ、事実にそぐわない誤った価値を作り出し始めるのだ、と私は思うのです。

大切なのは快楽を理解することであって、それを取り除くことではありません。それはあまりにも愚かなことです。誰も快楽を取り除くことはできません。しかし快楽の性質と構造を理解することは、必要不可欠なことです。なぜなら、もし人生が快楽一色で、それがその人の望むところであったとしても、快楽には不幸や混乱、幻想、そして私たちの作り出す誤った価値観が付きまとうからです。そしてその結果、明晰さが全く存在しなくなるからです。（一〇〇ページ）

読んだとおり、理解についての同工異曲の記述が確認できる。快楽の除去が、「何かになる」作為的なアプローチであるなら、Kの言う、快楽の性質と構造を理解することは、まったく異質の新しいやり方、ということになる。問題解決に取り組んでいる者が結果を出せずにいるなら、それは、取り組み方に問題がある。やり方を変えずに旧来の取り組み方で努力を重ねたところで、同じ結果を生むだけであり、新しい結果を出すためには、新しい取り組み方が必要不可欠である、という、一見したところ明々白々の論理展開なのだが、「そうか、なるほど」程度の理解では、実効性を伴わない。なぜなら、旧来の取り組み方は、何の疑念もなく無意識のうちに遂行されているのであり、それに気づくのは、至難中の至難の業であるからだ。「また同じことを言っている」と思われるかもしれないが、言葉で何度繰り返しても、自分のこととなると、「私は違う」「私は大丈夫」という、知らず知らずの思い込みが働き、結局は元の木阿弥、相変わらずの結果を出し続けてしまう。だからこそ、しつこいくらいの不断の自己観察が必要であり、自分自身の迷いのあり方の理解が求められることになる。Kの快楽についての言葉も、すべて、自己観察の結果にほかならない。それも、私たちの日常意識がはるかに及ばない地点まで歩を進めての自己観察であることは、明記しておきたい。その言わんとするところを過不足なく受け取るには、生半可な受け止め方ではなく、全身全霊を挙げての傾聴があってこそ、と言える。そして、ほかでもない私がそのようなあり方を行為するとき、次元を超える新しい発見がある。いわゆる、ブレイクスルーである。いささか話が脱線してしまったが、ここにこうして文字に目を通しているときもまた、自己観察の瞬間なのだ。私自身も含めて、その読み方が問われている。以下の引用なども、いままでと違う新しいまなざしで接すると、まったく新しい発見があるかもしれない。

まず欲望が起こります。それは何かに対する反応であり、反応することは健全で正常なことです。さもなければ、私は死んだも同然でしょう。（中略）しかしそれをひっきりなしに追求していると、苦痛が起こります。これが問題なのです。快楽だけでなく、苦痛も存在するということが。（中略）では、その快楽に継続性を与えるものは何なのでしょう？　言うまでもなく思考です。それについて思いを巡らすことです。

私はそれについて考える。そうなると私はもはや対象と直接関わっていません。それは欲望です。思

考はそれについて考え、イメージや、像、観念を持ち、そのせいで今や欲望は膨らむ一方です。（一〇一ページ）

思考を伴わない感情などはありません。そして思考の背後には快楽があります。ですからこれらは一緒に起こります。快楽、言葉、思考、感情――これらは別々のものではないのです。思考、感情、言葉をはさまない観察はエネルギーです。エネルギーは言葉、連想、思考、快楽そして時間によって失われ、その結果、見るためのエネルギーがすっかりなくなってしまうのです。（一三五ページ）

快楽の性質と構造について、新しい発見があったのではないだろうか。まずは、ここに言及され指摘されている思考と快楽の関係に目が行く。快楽に継続性を与えるのは、思考である、という指摘。言われてみれば、そのとおりなのだが、この事実に何の前提もなく独力で気づくのは、並大抵のことではない。とてつもない注意深さが必要であること、了解いただけると思う。思考が働いているときは、言うまでもなく、快楽は感じていない。そのときは「快楽」についての思考が働いているのであり、快楽そのものは過去のものであるからだ。たとえ、思考すること自体が快楽になっているとしても、もともとの快楽は過去のものであるはず。もはや、対象との直接的な関わりを持たないので、思考はそれについて考え、イメージや、像、観念を持ち、そのせいで今や欲望は膨らむ一方です、ということになる。おそらくは、これが、私たちの日常意識のあるがままのあり方なのだろう。

過去のことは過去のことなのだから、ほっておいて現在のことに目を向ければいいのだが、それができない私たち。私たち人類が不幸であるのも、これが、その一因であるはず。さらに、道を歩む求道者である私たちにとって、貴重なアドバイスとなるのが、最後の言葉、エネルギーは言葉、連想、思考、快楽そして時間によって失われ、その結果、見るためのエネルギーがすっかりなくなってしまうのです、である。現にあるものを見るためのエネルギーを奪っているのが、この思考にほかならない、という指摘こそは、傾聴に値する。思考をはさまず、ただ見るしかないときに、どのように見るべきかと思考するのが迷いのあり方であるなら、このジレンマを打ち破るには、やはり、しないこと、妄想をやめて、ただ見るしかない。この事実を、あらためて教えてくれるのが、Kのこの言葉である。思考と快楽の関係については、ブッダもまた、言葉を残している。

愉悦が、束縛するものとして、世〔の人々〕にある。思考が、それ〔世の人々〕にとって、彷徨となる。渇愛を捨棄することで、「涅槃」と呼ばれる。（スッタニパータ1109）

内も、外も、感受〔の結果〕〔受：知覚〕を愉悦せずにいる者――このように、〔あるがままに〕行じおこなう、気づきある者の、識知〔作用〕〔識：認識作用〕は止滅する。（スッタニパータ1111）

無所有〔の境地〕の発生を知って、「愉悦は、〔人を〕束縛するものである」と〔知る〕。このように、このことを証知して、そののち、そこにおいて、〔あるがままの無常を〕観察する。〔梵行の〕完成者にして〔真の〕婆羅門たる彼には、この真実の知恵がある。（スッタニパータ1115）

　Kのような直接的な表現ではないが、思考が、それ〈世の人々〉にとって、彷徨となる、という言葉は、快楽と思考の関係を如実に言い表わしている。その趣旨については、うえに見たKの言葉が参考になるだろう。そして、何よりも注目したいのは、愉悦は、〈人を〉束縛するものである、という指摘である。このようなことを口にできるだけでも驚愕であるし、当時の人類として、ブッダが、人間心理についてのたぐいまれな観察眼の持ち主だったことがわかる。ブッダもまた、自分の心を観察して、このような発見に至ったはずなのだ。さらに、このように、〈あるがままに〉行じおこなう、気づきある者、とあり、このように、このことを証知して、そののち、そこにおいて、〈あるがままの無常を〉観察する、とあるが、これを、Kの言う理解の意味に解するとき、その趣旨がより明瞭になると思うのだが、いかがであろうか。最後に登場する真実の知恵についても、これを、思考、感情、言葉をはさまない観察に言い換えたとして、支障なく読めるはず。これらの指摘や発見が自己観察の結果であるなら、私たちもまた、自らの心を実験台にして、その検証に努めるべきではないだろうか。

第一二章　恐怖

快楽と方向性が違うとはいえ、恐怖もまた、条件づけを成り立たせる一大契機であることは、容易に納得できる。心に問えばわかるように、懲罰への恐怖は、人間の行動を形成する原動力としては、最高・最適と言えるからだ。エサで釣るのも効果的だが、恐怖で脅すほうが手っ取り早く事が成就する。独裁国家が典型例であり、たとえ、先進国でも、メディアを利用して恐怖をあおる手法は日常的に行なわれ、見事に成果を収めている。繁栄と自由を謳歌しているように見えるが、秘密裏に行なわれている洗脳には気づかない。ブッダの時代もまた事情に変わりはなく、行動形成における恐怖の役割は大きかった。まずは、経典の記述を確認しておこう。

恐怖に怯えた人間たちは、まさに、多くの帰依所（依存の対象）に行き着く――諸々の山に、さらには、諸々の林に、諸々の聖園や聖樹や塔廟に。（ダンマパダ188）

当時の風習として聖園や塔廟に赴くのはごく普通の出来事だったはずだが、あるがままをあるがままに知り見る覚者のまなざしは、そこに恐怖を見る。物見遊山の者もいるだろうから、そのような場所に赴く者のすべてが恐怖に駆られているわけではないが、事実を言い当てていることは間違いない。おそらくは、当時から今日に至るまで、人間行動の基本的動機は、見た目の進歩とは対照的に、少しも変わっていないのだろう。Kもまた言う。

私たちの多くは、満足感を与えてくれる依存状態の気楽さと心地よさ、揺るぎなき確かさや保証、安全な停泊の場の方を好んで、関係における緊張から逃げたり、それを無視したりします。そうすると、家庭や他の関係が避難所、すなわち、無思慮な人々にとっての避難所となるのです。

依存状態にはいやおうなしに不確かさが紛れ込むものですが、そうすると、その特定の関係は破棄され、いつまでも続く確かさや保証を期待して、新たなる関係が採択されます。しかし関係には何ら確かさや保証は存在せず、依存状態は恐怖を生むだけです。確かさや保証と恐怖のプロセスを理解しないと、関係は人を束縛し、妨げ、無知蒙昧にしてしまうようになってしまいます。そうなると存在すること全体が苦闘や苦痛と化し、そうなったら、自己知によってもたらされる正しい思考による以外、そこから逃れる手立てはありません。（七九ページ）

ここに言う「避難所」は、ブッダの言う「帰依所」と似たり寄ったりのものであり、Kに言わせれば、逃げ場所、つまりは「逃避の対象」であり、「依存の対象」ということになる。無常の世に身を置く私たちは、安心や満足感を与えてくれるものを求めて、「他者・他物」に依存する。しかしながら、その安定は長くは続かず、絶望と恐怖に心を悩ますことになる。そうならないためには、他者に依存することをやめればいいのだが、それができない。どうしても、また「次のもの」に手を出してしまう。依存することの無意味さ馬鹿らしさを身に染みてわかっていないからだが、そこで打ち出される打開策が理解であることは、読んだとおりである。自己知（自己観察）によって、自己の迷いのあり方を全的に知り、完全に理解することで、自己の愚行と縁を切る。「どこか別の場所に本物の避難所があるのではないか」という疑いを持っているかぎり、痛手が回復して恐怖を忘却したその時点で、また「新たな避難所探し」が始まる。きっぱりと縁を切るためには、骨身に染み通るまでの徹底した理解が必要となる。Kの厳しい指摘、家庭や他の関係が避難所、すなわち、無思慮な人々にとっての避難所となる、そして、関係には何ら確かさや保証は存在せず、依存状態は恐怖を生むだけ、もまた、私たちに徹底した理解を促すものであるはず。ブッダもまた言う。


愛しいものから、憂いが生まれ、愛しいものから、恐怖が生まれる。愛しいもの〔の拘束〕から解放された者に、憂いは存在しない。どうして、恐怖があろう。

愛情から、憂いが生まれ、愛情から、恐怖が生まれる。愛情〔の拘束〕から解放された者に、憂いは存在しない。どうして、恐怖があろう。

歓楽から、憂いが生まれ、歓楽から、恐怖が生まれる。歓楽〔の拘束〕から解放された者に、憂いは存在しない。どうして、恐怖があろう。

欲望から、憂いが生まれ、欲望から、恐怖が生まれる。欲望〔の拘束〕から解放された者に、憂いは存在しない。どうして、恐怖があろう。
渇愛から、憂いが生まれ、渇愛から、恐怖が生まれる。渇愛〔の拘束〕から解放された者に、憂いは存在しない。どうして、恐怖があろう。（ダンマパダ212〜6）

たしかに、厳しさでは、ブッダも負けてはいない。ここに列挙された憂いと恐怖の発生源は、私たちの日常意識が朝から晩まで慣れ親しんでいるものばかりである。これらの項目を列挙しただけで、すでにもう、迷いのあり方とそのプロセスが明確に示されているのであり、その理解を促すものとなっている。各段の後半部分に、それらの発生源から解放された者に、憂いと恐怖は存在しない、とあるが、注意したいのが、ここに言う解放の意味である。上記引用を読んだとき、「何らかの手段を用いて解放される」と見たなら、ブッダの意に反する解釈となる。そうではなく、解き放つことそのものが、まさにその、解き放ちの行為それ自体が、解放にほかならず、それは、「特別な手段」によってもたらされるのではなく、不断の自己観察によって、自己知による理解によって、おのずと行為する行為、いまここに全的に行為する自己のあり方を言うにすぎない。たとえば、以下に、Kが言うように。

いかなる形であれ、つまり、絵画であれ、音楽であれ、関係であれ、何であれ、自分の欲するものを介して充足感を追い求めると、必ず恐怖が起こります。そこで重要なのが、この自分自身の全プロセスを自覚するということ、それを観察し、それについて学ぶということなのです。ですから、どうやって恐怖を取り除いたらいいかなどと尋ねないでください。単に恐怖を取り除きたいだけなら、それから逃避する手段や方法は見つかるでしょうが、しかし恐怖から自由になることは決してできないでしょう。〔八五ページ〕

恐怖発生のプロセスについては、ブッダの見るところと完全に一致している。恐怖からの自由・解放についても、ブッダの言葉を補う説明がされていて、非常にありがたい。恐怖からの自由は、逃避のための手段や方法を探すのではなく、恐怖が起こる自分自身の全プロセスを自覚することにある。日常意識が慣れ親しんでいる旧来の取り組み方とはまったく違う、この視点が、新しい実を結果する。たとえば、下記のブッダの言葉なども、この視点で見るとき、奥行きを増した理解が可能となる。

〔一本の〕木ではなく、林を断て。〔欲の〕林からは、恐怖が生まれる。比丘たちよ、しかして、林を、さらには、〔その〕林の下生えを、〔両者ともに〕断って、〔欲の〕林なき者たちと成れ。〔ダンマパダ283〕

一本の木を切るやり方が旧来のそれであるなら、林そのものを断つのが、自己観察。しかも、念には念を入れて、林のみならず、林の下生えをも断て、とあるように、まったく新しいやり方で事態に取り組むべくダメを押している。上っ面の弥縫策では、恐怖の根は断てない、と。文字どおり、抜本的な取り組み方が必要なのだ。恐怖が発生する全プロセスを明るみに出し、そのうえで、そのメカニズムを理解してしまえば、「幽霊の正体見たり枯れ尾花」で、恐怖は恐怖でなくなる。このことを前提しての、ブッダの言葉であり、Kの言葉であるはず。恐怖の発生プロセスについての、さらなるKの言葉を見てみよう。

私たちは事実を恐れているのでしょうか？　それとも事実に関する観念を恐れているのでしょうか？　私たちはありのままの物事を恐れているのでしょうか？　それとも自分たちがそうだと思い込んでいることを恐れているのでしょうか？（中略）

恐怖を生み出すもの、それは事実に対する私的見解、経験、知識です。事実を言葉に置き換えたり、事実に名称を与えたりして、それを識別、非難している限り、そして思考が観察者として、事実に判断を下している限り、恐怖は必ず存在します。思考は過去の産物で、言語化、シンボル、イメージを介してのみ、存在し得ます。思考が事実を斟酌《しんしゃく》、解釈している限り、恐怖が存在せざるを得ないのです。

（八九ページ）

快楽がそうだったように、恐怖についても、思考との関係に照明が当てられ、探求のまなざしが注がれている。まずは、冒頭からのたたみかけるような問いかけが強烈で、これを受ける言葉、恐怖を生み出すもの、それは事実に対する私的見解、経験、知識です、もまた鋭く、脱帽するしかない。続く言葉も、その力強さに、ただひたすら傾聴するしかなく、最後の言葉、思考が事実を斟酌《しんしゃく》、解釈している限り、恐怖が存在せざるを得ないのです、については、自己観察のすごさに圧倒されるばかりで、もはや言うべき言葉はない。このような観察ができるのは、事実を斟酌し解釈する「観察者」としての思考が介入せずに観察しているから、と考えられるし、そうとしか考えられない。このことについては、別のテキストが言及しているので、以下に掲げよう。

恐怖を意識し、それと直接触れ合うようになると、観察者は観察されるものとなります。観察者と観察されるものの間に何ら違いがなくなるのです。観察者をはさまずに恐怖が観察されると、そこに行動が起こります。しかしながらそれは、観察者が恐怖に働きかけるという形での行動ではありません。

（二三七ページ）

そこに行動が起こります、とあるが、Kの場合、ここに言う行動は、自らの言葉を世に残すことだった。私たちが目にするその言葉に尋常ならざる力を見るのは、観察者をはさまずに恐怖が観察される、その結果と考えれば、納得もできるし、その実効性も確認できるというもの。ブッダもまた、事情は同じ。ブッダこそは、覚者の言葉を残した人類の先駆者だった。限られた詩の言葉からは、得られる情報も限定され、その背景を見通すことはできないが、Kのおかげで、背後の暗闇に明かりがともされたような気もするのである。恐怖の起源について、ブッダは、こうも言っている。

自己の棒〈暴力〉から、恐怖が生じた。見よ——確執ある人々を。〈まさに、その〉畏怖〈の思い〉を述べ伝えよう——わたしが、〈世の苦しみを〉畏怖した、そのとおりに。

水少なきところの魚たちのように震えおののいている人々を見て、互いに他の者たちと〈敵対し〉反目する者たちを見て、わたしを、恐怖〈の思い〉が侵した。（スッタニパータ935〜6）

暴力から恐怖が生まれるのは、当然と言えば当然である。しかしながら、その事実を見るときのまなざしの深さが、あとに続く言葉の重みを左右する。「わたしが、〈世の苦しみを〉畏怖した」「わたしを、恐怖〈の思い〉が侵した」という、単に心情を吐露しただけに見える言葉も、そのような軽いものであるはずがない。なぜなら、まさに、ブッダの言葉であるからだ。そこには、あるがままに知り見るブッダだからこその、言葉の重みがある。見て、という言葉が二回登場するが、これもまた、単なる「見て」ではなく、そこには言外の重みが、思考の介入をはさまずに知り見る覚者のまなざしが含意されているはず。では、震えおののいている人々を見て、ブッダは、何を悟ったのだろう。

〈わたしは〉見る——世において、震えおののいている〈人々〉を——諸々の生存にたいする渇愛に陥った、この人々を。下劣な人たちは、死魔の門にて泣き喚く——諸々の種々なる生存にたいする渇愛〈の思い〉から離れられずに。

見よ——わがものと〈錯視〉されたもの（執着の対象）のなかで、震えおののいている者たちを——

水少なく、涸れた流れのなかにいる、魚たちのような者たちを。また、このことを見て、我執なき者として、行じおこなうように――諸々の生存にたいし、執着〔の思い〕を為さずにいる者となり。（スッタニパータ776〜7）

ブッダの見るところ、恐怖の原因は、渇愛であり、執着であり、我執ということになる。断言的に言っているわけではないが、そう読める。ここに「見る」「見よ」「見て」とあるが、これもまた偶然ではない。見ることそれ自体に重きを置くスタンスの現われと考えられる。事実を事実のとおりに知り見ることで、渇愛を離れ、執着をなさずに、我執なき者となる。見ることそれ自体が問題を解決する、と言うか、解決そのものとなる。このことの重みをかみしめてほしい。私たちは見ることが解決に直結するとは夢にも思わず、解決策を探し出すことにエネルギーを費やす。自己のそのあり方が問題の解決を遠ざけているとしたら、事態は深刻と言うしかない。あらぬ解決策を妄想するのではなく、まずは、事実を直視する。全身全霊を挙げて知り見るとき、もはや、これまでどおりの私でいることはできない。事実の重みを痛感するからだ。「わたしが、〔世の苦しみを〕畏怖した」「わたしを、恐怖〔の思い〕が侵した」とは、このときの畏怖の思いを表明するものであり、自己の全存在を揺さぶる衝撃は、自己のあり方を変えずにはいられない。そして、そこには、渇愛も、執着も、我執も、しない私がいる。結果として、恐怖は、生じること自体がありえなくなっている。

大切なところなので、まとめておこう。恐怖のプロセスを明確に見るとき、事実の重みを骨身に染みて知るとき、もはや、恐怖を他人事として、外にあるものとして扱うことはできなくなる。恐怖は、外にあるのではなく、私自身が、恐怖そのものなのだ。私自身が恐怖であることを腹の底から納得し理解したなら、やるべきことはただ一つ、これまでしてきた行為をやめること、これしかない。その恐怖が本物であれば、そのとき、そこには、過去の行為を繰り返さない私がいる。恐怖の発生源もまた、おのずと涸渇する。

以上が、ブッダの説く救いのあり方となる。

恐怖をめぐる参究も、行き着くところまで行き着いた。恐怖の原因については、Kもまた語っているので、目を通しておこう。恐怖の解消についての言及もあるので、確認されたい。

何かになりたい、何かでありたい、何かを実現したいと切望することが恐怖を引き起こすのです。ですから、何かに依存することが恐怖を生み出すのです。恐怖なき状態とは、何かの打消しではありません。それは恐怖の反対にある状態でもなければ、勇敢であるということでもありません。恐怖の原因を理解することによって恐怖が消え失せるのであって、勇敢になるのではありません——何かになる過程には全て、恐怖の種子が宿っているからです。(中略)自己が全ての恐怖の根源なのです。(九四ページ)

自己を、恐怖の根源と見る最後の言葉は、たとえ、「永久」という事態がありえないとしても、永久保存に値する。いったい、どうして、これだけのことが言えるのだろう。いや、これだけではない。Kは、こうも言っている。

恐怖の原因は何かがもうお分かりになったのではありませんか？　それはあるがままを受け入れないことにあるのではないでしょうか？（九一ページ）

そうなのだ、だからこそ、あるがままに知り見ることが、問題解決に直結するのである。

第一三章　二元性

条件づけを成立させる契機として、快楽と恐怖の二者について学んできた。言うまでもなく、この二者は、字義的には対立関係にある。かつまた、この二者が対立関係にあるのは、けっして偶然ではない。すでに触れたことではあるが、ここに見られる二元性もまた、私たちの迷いのあり方と大いに関係があり、この問題を取り上げずにすますことはできない。そもそも、快楽と恐怖の二者を取り上げたのは、「べし・べからず集」の構成要件として着目したからだった。「べし・べからず」もまた、二元性の一つ。まずは、これについてのKの言葉を掲げよう。問題の所在が確認できるはず。

私たちはあらゆる点において、エネルギーを浪費しています。そしてそのエネルギーの浪費とは、つまるところ葛藤です。すなわち、「するべき」と「せざるべき」との間の葛藤、「しなくてはいけない」と「してはいけない」との間の葛藤です。一度二元性が作り出されてしまうと、葛藤が生じざるをえなくなるのです。ですから、私たちはこの二元性の全プロセスを理解しなくてはなりません。が、男と女、緑と赤、光と闇、高いと低い、そういったものが存在しない、と言っているのではありません。こういった諸々は全て事実です。しかし事実と観念の間にある分離に努力を注ぐと、エネルギーが浪費されてし

まうのです。(一六一ページ)

ここで、Kは、二元性について、二つの問題点を提起している。一度二元性が作り出されてしまうと、葛藤が生じざるをえなくなる、および、事実と観念の間にある分離に努力を注ぐと、エネルギーが浪費されてしまう、と。他にも問題点はあるのだろうが、さしあたりは、これで十分である。私たちの迷いのあり方を、十二分に言い当てているからだ。そこで、この問題点を受けての言葉、ですから、私たちはこの二元性の全プロセスを理解しなくてはなりません、に従い、ここに、二元性をテーマに据えた学びの場を設けた次第である。ブッダもまた言う。

〔まさに〕その、「快がある、不快がある」と、世において、〔人々が〕言うところの——その〔二者〕に依存して、欲〔の思い〕は発生する。諸々の形態のうちに、〔表象として顕現した〕虚無(非有：無)、もしくは、実体(有：存在)を見て、人は、世において、〔断定的〕判断を為す。(スッタニパータ867)

〔心の〕制止(瑜伽)あるがゆえに、まさに、英知は生まれる。〔心の〕制止なきがゆえに、英知の消滅がある。実体への〔道を〕、さらには、虚無への〔道を〕——この二種の道を〔あるがままに〕知って、英知が増え行くままに、そのように、自己を、確たるものとするがよい。(ダンマパダ282)

ここでは、「快と不快」および「実体と虚無」が、二項対立として登場する。二元性に依拠して欲が発生し、有る無しの判断を下す世の人々は、言うまでもなく、迷いの者たちとして位置づけられている。そして、ここでもまた、この二種の道を〈あるがままに〉知って、とあるように、知ることによる問題解決の道が説かれている。迷いのあり方をあるがままに知って理解することで、英知が育ち、確固たる自己となる、と。

このように、二元性にたいする問題意識は明確で、否定できないものがある。二元性について、ブッダは、上記以外にも、多くの言葉を残している。論より証拠、その一端を紹介しよう。

たとえば、一なる厚き巌《いわお》が、風に動かないように、このように、賢者たちは、諸々の非難と賞賛にたいし、〈心が〉動かない。（ダンマパダ８１）

勝者は、怨恨を生み、敗者は、苦痛に臥す。勝ち敗けを捨棄して、寂静となった者は、安楽に臥す。（ダンマパダ２０１）

それゆえに、愛しい者を作らないように。まさに、愛しい者を失うことは、悪しきこと（苦しみ）である。彼らに、愛しい者と愛しくない者（愛憎の対象）が存在しないなら、彼らに、諸々の拘束は見い出されない。（ダンマパダ２１１）

彼が、この〈世において〉、善も、悪も、両者ともに、執着〈の思い〉を超え行ったなら、憂いなく、〈世俗の〉塵を離れる、清浄の者であり、わたしは、彼を「婆羅門」と説く。（ダンマパダ４１２）

このように、二項対立「非難と賞賛」「勝者と敗者」「愛しい者と愛しくない者」「善と悪」が登場し、それらにたいし心を動かさないあり方が、あるべきあり方として説かれている。事実であるはずの二項対立、たとえば、Kの言う「男と女」「緑と赤」「光と闇」にたいしては、心を動かさないかもしれない。しかしながら、そこに価値意識がからんでくるときは、心が動いてしまう。価値があると思うものを引き寄せ、価値がないと思うものを遠ざける、迷いの心が発動し、意識を占拠する。そこに問題の根を見るのが、ブッダのまなざしだった。

ここで、とくに問題となるのが、「善と悪」の二項対立である。たとえば、「男と女」の二項対立であるなら、片側一方に価値を置くあり方は、これを「差別である」「えこひいきである」と糾弾できるのだが、「善と悪」の場合は、そうは行かない。善に価値を置くあり方は、言葉の意味からして理に適っているし、当然と思えるからだ。「善は引き寄せるべきであり、悪は遠ざけるべきである」とは、誰もが思うところである。そうすると、「善と悪」の二項対立に関しては、心を動かしてもいいことになってしまう。しかしながら、ブッダは、この〈世において〉、善も、悪も、両者ともに、執着〈の思い〉を超え行ったなら、と言っているのであり、これをどう理解するかが問題となる。ここに言う「善」は、明らかに、普通の意味合いのものではない。もちろん、ブッダもまた、他の箇所においては、ごく普通の意味合いで「善を為せ、悪を為すな」と説いているわけで、このように、一義的に捉えられないのが「善」という言葉であり、とくに、二元性の問題がからんでくるときは、要注意となる。では、Kは、この問題について、どのように見ているのだろう。

私たちは善と悪があると言います。嫉妬と愛があると言います。そして嫉妬は悪で、愛は善であると言います。なぜ私たちは、これは良くてあれは悪いと言うことによって人生を区別し、そうすることで相反するもの同士の対立を生み出すのでしょうか？（中略）実際にはただ一つのもの、すなわち、不注意な精神があるだけなのではありませんか？　全き注意がある時、つまり精神がすっかり目覚めていて、機敏で、注意深くしている時には、悪とか善とかいうものは全く存在しません。本当です。目覚めた状態があるだけなのです。（中略）

自分の精神を観察してみれば、精神が何かになるという観点から考えるのを止めた瞬間、行動が止むということに気がつくでしょう。しかしそれは停滞ではありません。それは全的注意の状態であり、それが本当の善性であるのです。（五五ページ）

Kは、善と善性という二語を使って、自らの言わんとするところを明確にする。前者が二項対立「善と悪」の片割れとしての善であり、後者こそが真の意味での善である、と。二項対立が存在するときは、実際にはただ一つのもの、すなわち、不注意な精神があるだけ、という指摘は、さすがと言うしかない。私たちの迷いのあり方を、ものの見事に言い当てている。そうではなく、注意があるときは、善も悪も存在せず、目覚めた状態があるだけ、というのが、Kの言う本当の善性であり、そのあり方となる。ちなみに、ここに言う善と善性の二者は、二項対立にはなりえない。両者は、まったくもって次元を異にするからだ。もし、勘違いして、この二者を「前者はダメ・後者はヨシ」と理解してしまったなら、それもまた、迷いのあり方、つまりは、相反するもの同士の対立となってしまう。気をつけたいところである。何かになるという観点から考えるのを止めた瞬間、行動が止むということ、および、全的注意の状態について、その意味するところを深くかみしめてほしい。価値意識に裏打ちされた善ではなく、本当の善性に目覚めるために。

善良であろうとする動機が自分にある時、それで善性がもたらされるでしょうか？　それとも善性とは、常に動機に基づいている、この善良になろうとする衝動を全く欠いた何かでしょうか？　善性とは悪の反対物でしょうか？　邪悪さの反対物でしょうか？　反対物はどれも、それ自体の反対にある物の種子を宿しているのではないでしょうか？　貪欲があり、それに対するものとして無欲という理想があります。精神が無欲を追い求める時、つまり、欲深くなろうと努力する時でも、精神はやはり何かになろうとしているわけですから、依然として欲深いままなのです。（中略）

明らかに、善性には動機がありません。あらゆる動機は自己に基づいているからです。動機とは精神の自己中心的な動きです。では、善性によって何が意味されているのでしょうか？　間違いなく、善性が存在するのは全き注意がある時だけです。注意には何の動機もありません。注意するのに動機があったら、注意は存在するでしょうか？　良いものであれ、良くないものであれ、何かを得るために注意を払うのであれば、それは注意ではなく、注意散漫であって、注意の分断です。何かになる、あるいはならないための努力が全く存在しない、全面的な注意がある時にのみ、善性は起こり得るのです。（五八ページ）

善性について、ここまで詳しく語ってくれるのだから、ありがたい。価値意識に裏打ちされた善と本当の善性の、かつまた、自我意識に裏打ちされた動機と全面的な注意の、両者の次元の違いが、平易な言葉でわかりやすく説明されている。このように、二元性を超えることとそれ自体が、本当の意味での善となる。そして、そのときは、そこに全き注意があり、その場にふさわしい正しい行為がおのずと行為する。もはや、迷いがないからである。不注意でいるときは迷いがあり、「Aであるか、Bであるか」と思い悩むのだが、全面的な注意があるときは、いまここのあるがままをあるがままに見ているので、もはや迷いはなく、即座に正しく行為する。

「善と悪」の二項対立を温存させたまま「悪」から「善」になろうとするスタンスは、自己のあり方として当然でもあれば普通でもあり、そこに落とし穴があるというのだから、恐ろしい。この落とし穴に落ちてしまうのも、自己のあり方に不注意であるからにほかならず、それも、落とし穴に落ちていること自体に気づかないほどの不注意なので、注意深くあると言っても、口で言うほど簡単なことではない。この盲点については、もちろん、ブッダも気づいていた。

彼に、この〈世において〉、〈種々に対立する〉両極について、〈自分勝手な〉誓願が存在しないなら——この〈世〉であろうと、あの〈世〉であろうと、種々なる生存のために、〈自分勝手な誓願が存在しないなら〉——彼に、諸々の〈妄執が〉固着する場は、何であれ、存在しない。諸々の法〈見解〉について、〈執着の対象として〉執持されたものを、〈執着の対象と〉判別して。（スッタニパータ801）

ここに言う「誓願」が、Kの言う「動機」に該当するのは、まず異論のないところ。あとに続く記述は、両極（つまりは二項対立）が脱落したあり方を描写したものと考えられる。自己本位の誓願が妄執の固着を引き起こすなら、それをやめて、執着を執着とあるがままに判別するとき、妄執の固着は起こらない、と。抽象的なところがあり、意味を取るのに苦労するテキストではあるが、「善か悪か」の二項対立を超えること自体が真の善である、という、これまでの学びの成果を適用すれば、意味が取れなくもない。ブッダは、両極について、こうも言っている。

〈種々に対立する〉両極について、欲〈の思い〉を取り除くように――〈感官とその対象の〉接触〈触：感覚・経験〉を遍く知って、貪求なき者となり。〈まさに〉その、自己を難じる者が〈為す〉こと、それを為さずにいる者は――慧者は、諸々の見られ聞かれたものに汚されない。
〈心中の〉表象を遍く知って、〈貪欲の〉激流を超え渡るように――諸々の執持〈の対象〉〈所有物〉に汚されない牟尼となり。〈貪欲の〉矢が引き抜かれた者は、〈気づきを〉怠ることなく行じおこなう者は、この世を、さらには、他〈の世〉を、〈両者ともに〉願い求めない。（スッタニパータ778〜9）

二度登場する「遍く知って」の存在によって、ここに言う、欲の取り除きや激流の超え渡りが、日常意識が想像するそれではなく、あるがままの理解によるそれであることが、別言すれば、二項対立という日常意識の次元そのものの超脱であることが見て取れる。同じく二度登場する「汚されない」も、二項対立に連動して働く価値意識が脱落したあり方と理解できる。その折々の見たことや聞いたこと、あるいは、心に生起する種々様々な表象に汚されないあり方。そのためには、Kの言う全面的な注意が必要不可欠であり、それを体現する者が、〈気づきを〉怠ることなく行じおこなう者。このように見て行くと、難解なテキストではあるが、それなりに意味はつかめる。さらに、価値意識（優劣意識）について、ブッダの言葉を見てみよう。

「等しい」「勝る」と、あるいは、また、「劣る」と、彼が、〈種々に〉思いなすなら、彼は、その〈思い〉によって、〈他者と〉論争するであろう。〈しかしながら、これらの〉三つの種類について〈心が〉動かずにいるなら、彼には、「等しい」「勝る」という〈思いは〉有りえない。
〈真の〉婆羅門たる彼は、「〈これこそ〉真理である」と、何によって、〈誰と〉論争するというのだろう。〈それは〉虚偽である」と、何によって、〈誰と〉論争するというのだろう。あるいは、彼は、「〈それは〉虚偽である」と、何を説くというのだろう。あるいは、また、彼のうちに、「等しい」「等しくない」〈という思い〉が存在しないなら、彼は、何によって、論に関わるというのだろう。
（スッタニパータ８４２～３）

ここでは、「等しい」「勝る」「劣る」とあるように、「二項対立」ならぬ「三項対立」となっているが、その趣旨に変わりはない。くわえて、「真理である」「虚偽である」および「等しい」「等しくない」の二項対立があるのは、見てのとおりである。上記引用が「価値意識の脱落」をテーマとしているのも、読んだとおりである。ブッダは宣言する。価値意識の脱落者は、他者と論争しない、と。これは、当時のインドにおいて、「論争」という事態が、人々に「当然のもの」として認知され横行していたことを踏まえての発言であり、ブッダは、それにたいし、真っ向から異を唱えたのだ。これは、発言者であるブッダ自身が、世の人々からすれば、まさに次元を超えた存在だったことを物語っている。論争に熱中する者たちの姿を、ブッダは、以下のように描写する。

「彼らが、これ〔自説〕より他の法〔見解〕を宣説するなら、彼らは、清浄に反する者たちであり、全一者たちではない」と、また、このように、異教の者たちは、個々〔それぞれ〕に〔自説を〕説く。まさに、彼らは、自らの見解にたいする貪欲〔の思い〕に染まった者たちである。

〔彼らは〕「まさしく、ここ〔自説〕に、清浄がある」と説く。他者の諸々の法〔見解〕について、清浄を言わない。また、このように、異教の者たちは、個々〔それぞれ〕に〔思いが〕固着し、自らの道において、そこにおいて、断固として〔自らの正しさを〕説いている。

あるいは、また、自らの道において、断固として〔自らの正しさを〕説いている者は、ここにおいて、誰かしら、他者を、「愚者である」と決め付けるであろう。彼は、まさしく、自ら、〔他者とのあいだに〕確執をもたらすであろう——他者を、清浄ならざる法〔見解〕の愚者と説きつつ。

〔断定的〕判断に立脚して、自ら、〔独善的に〕思量して、その上で、彼は、世において、〔無益な〕論争に至る。〔しかしながら〕一切の〔断定的〕判断を捨棄して、〔真の慧者たる〕人は、世において、

〈一切にたいし〉確執を為さない。（スッタニパータ891〜4）

このとおり、当時の論争者たちの姿が活写されている。ここに明示されてはいないが、その背景に「自他」および「賢愚」の二項対立があることは容易に見て取れる。もちろん、価値意識〈優劣意識〉に裏打ちされての論争でもあるわけだ。自説への固執ある者は、断固としてその正しさを主張する。のみならず、他説を虚偽と断定し、他者にたいする自己の優越を主張する。これでは、世に論争が絶えないのは当然と言うしかない。そもそも、無常の世において、「正しい説」などというものが存在するのだろうか。「説」として固定化したその時点で、時々刻々に変化する現実からの分離が始まっている。その言明が真理であるなら、誰もが認める自明の言明であり、特定の人間だけが信奉する「説」ではありえない。「仮説」としての「説」ならまだしも、「自説」となると、よほどの謙虚さをもって主張しないと、手痛い目に遭うのがオチとなる。そうならないためにも、ブッダの言葉、一切の〈断定的〉判断を捨棄して、〈真の慧者たる〉人は、世において、〈一切にたいし〉確執を為さない、を自戒としたい。

最後は、Kの言葉で締めくくろう。二元性の問題について、Kならではの超脱のあり方が示唆されている。参考にしてほしい。

善悪の問題、両者の対立の問題は、常に私たちに付きまとっています。私たちがそれを作り出しているからです。貪欲と無欲、愛と憎、渇望と放棄のせめぎ合いは、私たちの一部となってしまいました。

私たちは「思考‐感情」が捉われているこの二元性を、絶えず生み出しているのです。「思考‐感情」が善とその反対物を超越できるのは、「思考‐感情」がその原因、すなわち渇望を理解する時だけです。長所と短所の双方を理解すると、双方からの自由が起こります。相反するもの同士を融合させることはできません。それらはいずれも、渇望を解消させることによって、超越されるべきものなのです。相反するものはそれぞれ、可能な限り広く深く、意識のあらゆる層を貫くようにして、考え抜かれ、感じ抜かれなければなりません。このように徹底的に考え抜き、感じ抜くと、新たな理解力が喚起されます。しかしそれは渇望の産物でもなければ、時間の産物でもありません。（五六ページ）

渇望を理解する、とあるのは相変わらずだが、注目したいのは、これに続く言葉、長所と短所の双方を理解すると、双方からの自由が起こります、である。ここに、二元性超脱の鍵があるのではないだろうか。相反するものはそれぞれ、可能な限り広く深く、意識のあらゆる層を貫くようにして、考え抜かれ、感じ抜かれなければなりません、とあるのも、同様である。最初に、「思考‐感情」が捉われているこの二元性、と言っておきながら、最後に、徹底的に考え抜き、感じ抜く、と言うのは、理屈としては矛盾しているが、ここに言外の意味を読み取るのが、私たちの学びのあり方であるはず。次章では、二元性とは切っても切れない縁にある「思考」について取り上げ、理解を深めたく思う。二元性あっての思考、思考あっての二現性、であるからだ。

第一四章　思考

まずは、直前に登場した「思考 - 感情」について、確認しておこう。Kは、こうも言っている。

「思考 - 感情」プロセスは常に不完全で、憶測の域を出ない好奇心を抱きかねず、物事を定式化しかねないために、現実に対する気づきを妨げる障害物や錯覚を生み出す力を備えています。そういう訳で、それは自らの妨げとなり、敵となります。精神は錯覚を生みやすいので、まずこの力を理解しなければなりません。精神が自分で生み出した障害物から全面的に自由になれるのはその後です。精神は完全に押し黙り、静まり返っていなければなりません。あらゆる思考は注意を逸らすものとなるからです。
（二五七ページ）

予想どおり、厳しい言葉が続くが、Kは、ここでもまた、理解の必要性を強調する。精神は錯覚を生みやすいので、まずこの力を理解しなければなりません、と。精神が精神自身を理解するとき、そのときはじめて、精神は押し黙り、静まり返る。あるがままの理解を欠く思考は、何をどう考えても注意をそらすだけとなる、と。思考と条件づけの関係についても確認しておこう。

明らかに、思考は全て条件づけされています。自由な思考などというものは存在しません。思考は決して自由たり得ないのです。思考は私たちが受けている条件づけや背景、文化、風潮、社会的、経済的、政治的背景の産物です。（一五一ページ）

思考とは記憶が取る反応であり、記憶は経験の産物であるので、常に不完全です。ですから思考とは経験によって条件づけされている精神の反応なのです。あらゆる思考、あらゆる経験、あらゆる知識は当然のことながら不完全です。ですから思考では、私たちの抱える多くの問題は解決されません。

（二六七ページ）

見てのとおり、ここでもまた、厳しい言葉の連続となる。「条件づけ」の章で、それなりに学んだこととはいえ、衝撃的な言葉である。私たちの思考は、本当にそこまで不完全なのだろうか。これについてもまた、自分の心に問い尋ねて、その答えを得るしかない。そして、もし、正しく思考を働かせているなら、正しい答え、つまりは、Kの言うとおりであることが実感できるだろう。上記記述にじっくり目を通して吟味するとき、事の重大さに気づいて、心の底から震撼したとして、けっして、おかしな話ではない。

思考では、私たちの抱える多くの問題は解決されません、とあるが、人類の歴史を振り返ってみると、たしかに、多くの問題が未解決のまま次の世代に持ち越され、増え続けている。しかも、その問題の数は人口と比例しているかのように、現代社会において爆発的な伸びを示している。この状況について、キリスト教的な観点から、「神が人類に試練を与えているのです」みたいなコメントが返ってくるかもしれない。

そうではなく、仏教的な見方からすれば、「これが、人類のあるがままです」となる。確認できない存在である神を持ち出すのではなく、いまここのあるがままの事実から問題に取り組むのが仏教のスタンスであり、それはまた、Kのスタンスでもあるのだが、そのためには、問題に取り組む以前に、事実を事実としてあるがままに知り見ることが絶対条件となる。誰かに教えられるのではなく、自分自身の目で問題を見極める力が必要となるわけだ。つまるところ、自心に尋ねて、答えを得るしかない。では、次のテキストはどうだろう。その真偽のほどを、自心に尋ねつつ吟味してほしい。

思考とは言葉で表現された気持ちです。思考とは記憶や言葉、経験、イメージが取る反応です。思考は一時的なものであり、移り行くものであり、無常なるものでありながら、常住不変なるものを探し求めています。そこで思考は思考者を生み出しました。するとその思考者が恒久化するのです。（二三九ページ）

自己の思考のあり方を顧みるとき、この言明の正しさを痛感するしかない。「変わらないもの・安心できるもの」を追い求めるのが思考の習性であり、思考のそのあり方こそが、思考者を、つまりは自己を生み出している、という指摘。このような思考の習性については、ブッダもまた言及している。

転倒した思考の人に、強き貪欲の者に、浄美の随観者に、渇愛〈の思い〉は、より一層、増え行く。

この者は、まさに、結縛を堅固に作り為す。
しかしながら、彼が、思考の寂止に喜びある者であり、不浄〈の表象〉(不浄想)を修める、常に気づきある者であるなら、この者は、まさに、〈貪欲の〉終息を為すであろう。この者は、悪魔の結縛を断ち切るであろう。(ダンマパダ349~50)

転倒した思考の人とは、事物をさかさまに把握して認知する人。浄美の随観者とは、不浄のものを「美しく価値がある」と見る者。思考の寂止に喜びある者、および、不浄〈の表象〉を修める、常に気づきある者とは、妄想せず常に注意深くあり、事実を事実のとおりに知り見る者。思考にたいするブッダの位置づけは、思考の寂止を喜ぶ者が悪魔の結縛を断つ、とあるからには、迷いの内にあると見るしかない。「渇愛〈の思い〉は、より一層、増え行く」や「結縛を堅固に作り為す」という記述は、Kが言う「常住不変なるものを探し求めています」と通じるものがあり、思考を迷いのあり方の一つと見るスタンスは、両者共通のものと言っていいだろう。さらには、Kの指摘「思考は思考者を生み出し」「その思考者が恒久化する」とも、その趣旨を同じくするものであるはず。無常・苦・無我であるところに自己を虚構するのが「渇愛〈の思い〉」であり、そのあり方は、ブッダに言わせれば、「結縛」以外の何ものでもない。では、悪魔の結縛を断ち切るあり方について、Kは、どのように言っているのだろう。

悲しみの終結を理解したい人は、この思考する者と思考、経験する者と経験されるものという二分性を理解し、見出し、乗り超えて行かねばなりません。つまり、観察する者とされるものの間に分裂があると、時間が起こり、故に悲しみは終わらない、ということです。（中略）観察する者、思考する者とは言うまでもなく、思考の産物であります。思考がまず最初にくるのです。観察する者や思考する者ではありません。思考が全く存在しなければ、観察する者も思考する者も存在しないことでしょう。そうすると、完璧で全面的な注意だけが存在するのです。（二三八ページ）

思考者は存在せず、思考だけが存在する、とは、かつて無我について学んだときにKが指摘した事実だった。ここでは、その両者が二元性の一つとして位置づけられ、さらなる理解が促されている。両者の分裂があると、時間が起こり、故に悲しみは終わらない、と。のみならず、思考が存在しないあり方についても言及し、そのときは、観察する者も思考する者も存在せず、そうすると、完璧で全面的な注意だけが存在する、と言う。問題解決のために思考を使いまくる私たちのあり方とは、対照的どころか、まったくもって次元の違うあり方となる。人類が味わい続けてきた悲しみが終わるのであれば、それは、これまで何度も確認したように、まったく新しいやり方で取り組んでこその話であるはず。ブッダが言う思考の寂止や不浄〈の表象〉も、事情は同じで、自己のあり方を全面的に変えてこその、その実践となる。「やってるつもり」程度の取り組み方では、結果は出ない。実践のあり方について、ブッダは、こうも言っている。

諸々の言葉で叱責された者は、気づきある者となり、〈その言葉を〉喜ぶように。梵行を共にする者たちにたいする鬱積〈の思い〉を壊し去るように。限度を超えず、善の言葉を〈適時に〉放つように。〈世の〉人の論を法（対象）として、〈あれこれと〉思い考えないように。

しかして、他に、世における、五つの塵がある。それらを取り除くために、気づきある者となり、〈覚者の教えを〉学ぶように。諸々の形態、諸々の音声、さらには、諸々の臭香《におい》、諸々の味感、諸々の接触にたいする、貪欲〈の思い〉を打ち負かすように。

比丘は、気づきある者となり、心が善く解脱した者となり、これらの法（対象）にたいする、欲〈の思い〉を取り除くように。彼は、〈正しい〉時に正しく法を遍く考察している者、彼は、〈心が〉専一と成った者、〈世の〉闇を打破するであろう。（スッタニパータ973〜5）

〈世の〉人の論を法（対象）として、〈あれこれと〉思い考えないように、とは、世人が論じていることを材料に思考しないこと。五つの塵とは、色・声・香・味・触（形態・音声・臭香《におい》・味感・接触）であり、仏教では、これらに法を加えて、六つの認識対象（六塵・六境）とする。これらの認識対象にたいする欲の思いの打破を説く上記引用は、そのすべてが自己のあり方の刷新を説くものと考えられ、それは、心が善く解脱した者という言葉に端的に示されている。心が解脱したあり方とは、過去のあり方を払拭した新しいあり方にほかならないからだ。かつまた、新しいあり方であるからこその、闇の打破であるはず。世俗の事物をネタにあれこれ思考するのが私たちのあり方であるなら、そのあり方からきれいさっぱり足を洗うには、心の革命とでも言うべき一大転換があってしかるべきとなる。ただし、何度も言うように、その革命は強制的な手段によっては得られない。ここに見られる、気づきある者、〔正しい〕時に正しく法を遍く考察している者、〔心が〕専一と成った者、という言葉は、Kの言う全面的な注意の状態もそうなのだが、いずれも非強制的なあり方を言い示すものであり、恣意的に作り上げられるあり方ではない。波風のない穏やかな湖面のように、徹底して受動であってこその気づきであり、注意であるからだ。そうであるなら、なおのこと、〔正しい〕時に正しく法を遍く考察しているあり方が気になってくるのだが、正しい思考のあり方については、Kもまた言及している。

　正しい思考は自己知と共にやって来ます。あなた自身を理解しない限り、あなたは思考のためのいかなる基盤も持てません。自己知がなければ、あなたが考えることは真実ではないのです。（三一ページ）

　ブッダとKがまったく同じことを言っているとは思えないが、自己知あっての正しい思考と宣言するKの言葉は、ブッダと共通の基盤に立って言っているとしか考えられない。それだけに本質を突いているからだ。自己知とは、あるがままの自己観察であり、それは、自己の迷いのあり方を完全に理解することだった。これ以降も引き続き、迷いのあり方について、参究することになるだろう。

第一五章　妄想

思考に正しい思考があるとして、妄想となると、そうは行かない。迷える思考のあり方を「妄想」と呼ぶからだ。妄想とは、あるがままをあるがままに知り見ない認知のあり方。本章では、迷える思考のあり方である「妄想」に焦点を絞り、検討を加えたく思う。ブッダは、この迷いのあり方について、以下のように説き示す。

彼に、〈執着の対象として〉想い描かれ〈妄想によって〉形成された諸々の法（見解）が〈存在し〉、〈特別のものとして〉偏重された諸々の浄白ならざるものが存在するなら、すなわち、自己〈の見解〉について〈のみ〉、福利を見るなら、〈まさに〉その、動揺を縁とする〈虚妄の〉寂静に依存する者である。まさに、諸々の見解にたいする固着は、超克し易きものではない。諸々の法について、〈執着の対象として〉執持されたものを、〈執着の対象と〉判別して（特別視して）、それゆえに、人は、それらの〈妄執が〉固着する場において、法（見解）を放棄し、かつまた、執取する。（スッタニパータ７８４～５）

上記引用においては、「〈執着の対象として〉想い描かれ〈妄想によって〉形成された」および「〈特別のものとして〕偏重された」が、妄想のあり方の直接的な記述となる。そして、「自己〔の見解〕について〔のみ〕、福利を見る」が、その間接的な記述となるだろうか。いずれも、あるがままに知り見ない認知のあり方であり、事実と異なるものを妄想している状態と言える。もちろん、本人は、自分が妄想しているとは露ほども思わず、自己の見解に固着しているのだが、でありながら、法（見解）を放棄し、かつまた、執取するのは、それが「依存の対象」であるから、つまり、依存の対象にならないとわかったときは、心が動揺して、すぐさま「別の見解」に乗り換えるからだ。それはまた、流行に合わせて「好み」を変える私たちの姿でもある。そこで、このような事態を生む大元の原因が、妄想ということになる。では、Kは、この迷いのあり方について、どのように言っているのだろう。

一人の人に対してあなたが抱いているイメージ、政治家たち、首相、自分が信じている神、それから奥さんやお子さんに対して抱いているイメージがあります。あなたが見ているのは、そのイメージです。そしてそのイメージはあなたの持っている関係や恐怖、期待や希望を通して、作り上げられてきました。（中略）で、そのイメージを用いてあなたは相手を見る。そして同様にあなたの奥さんなりご主人も、あなたに対するイメージを持っています。そういう訳で、あなたと奥さん、あるいはご主人との関係、あるいはあなたと政治家との関係は、これら二つのイメージ同士の関係なのです。違いますか？　これは事実です。では、思考や快楽などの産物である二つのイメージが、一体どうやったら愛情あるいは愛を持てるというのでしょうか？（八〇ページ）

読んだとおりで、「イメージ」という言葉が、すべてを物語っている。「イメージを抱く」という何気ない行為が迷いのあり方とされているところを確認してほしい。なぜ、迷いのあり方なのか、と言えば、そのイメージはあなたの持っている関係や恐怖、期待や希望を通して、作り上げられてきました、とあるように、イメージ作成のプロセスからして恣意的であり不純であるから、となる。Kに言わせれば、人に限らず、事物についてイメージを持つこと自体が、迷いのあり方ということになる。迷いの者は迷いのままにイメージを持つのであり、公明正大で事実どおりのイメージなどありえず、愛憎の思いや損得感情を反映したものになってしまう。言われてみれば、そのとおりであるし、自心に尋ねてみれば、嫌でも納得するしかない。イメージこそは、ブッダが言う「〈妄執が〉固着する場」にほかならない。妄想の産物であり、まさに、妄想そのものと言える。当然のことながら、イメージ作りについては、ブッダもまた、これを戒める言葉を残している。

あるいは、知恵によって、あるいは、また、戒や掟によっても、世において、〈いかなる〉見解でさえも想い描かないように。自己を〈他者と〉「等しい」と見なさないように。あるいは、また、「劣る」「勝る」と思いなさないように。

自己を捨棄して、執取せずにいる者は——彼は、〈いかなる〉知恵でさえも、依存を為さない。彼は、まさに、相争う者たちのなかにいながら、〈特定の〉党派に走り行く者ではない。彼は、〈いかなる〉見解でさえも、何であれ、信受しない。（スッタニパータ799〜800）

ここでは、「イメージ」の代わりに「見解」が登場するが、想い描かないように、とあるように、何らかの見解を持つこと自体が妄想としてしりぞけられている。さらに、あるいは、知恵によって、あるいは、また、戒や掟によっても、とあることから、見解を所有するプロセスにおいて何らかの他者・他物が介在していることが指摘され、その虚妄性を暴いてもいる。後段に、自己を捨棄して、執取せずにいる者は――彼は、〈いかなる〉知恵でさえも、依存を為さない、とあるので、この場合の「知恵」が依存の対象であることがわかり、依存の対象を介在させて見解を持つあり方がまっとうなものであるはずがない、というのが、ブッダの説くところとなる。迷いのあり方から脱却した者は、特定の党派に属さず、〈いかなる〉見解でさえも、何であれ、信受しない、という、ブッダの言葉には驚嘆するしかない。イメージもそうだが、見解を持たないあり方となると、想像すらもできない。たとえ、想像できたとしても、それは妄想にすぎないのだが。

さらに指摘すれば、自己を〈他者と〉「等しい」と見なさないように。あるいは、また、「劣る」「勝る」と思いなさないように、とあるのも、妄想を戒める言葉であるはず。自他の比較は、世の習い。「Aが家を建てたからには俺も建てないと」「うちの子もB君のように百点をとらないと」みたいなことは、誰もが思い考えている。そうしたなかで、「比較をやめなさい」と説くのだから、これもまた、驚天動地の言葉と言える。価値意識もまた、妄想の一つということになる。自他の比較を問題視するのはKも同じで、Kの場合は、「何かになること」にその現われを見るところが、鋭くもあれば、特徴的でもある。

精神は観念を抱いています。それはおそらく快いものなので、精神はその観念のようになることを望むのですが、しかしそれはあなたの願望の投影物なのです。（中略）投影物は自らの意志から生じたものであり、ですからその投影物をめざしての奮闘努力は葛藤をもたらします。あなたは何かになろうと奮闘努力する。しかしその何かとはあなた自身の一部なのです。理想とはあなた自身が投影したものなのです。精神がいかに自らにトリックを仕掛け、自らを欺いてきたか、見てごらんなさい。（中略）
自分に仕掛け続けてきたこのトリックに気がつくと、偽りが偽りとして認識されます。錯覚にすぎないものをめざしての奮闘努力は、分裂を引き起こす要因となります。葛藤や何かになることは全て分裂をもたらすのです。精神が自らに仕掛けてきたこのトリックに気がつくと、その時にはあるがままだけが残ります。何かになること、理想、比較、非難の全てが精神から取り除かれ、精神それ自体の構造が崩壊する時、あるがままが全的な変容を遂げます。（三五ページ）

以前の引用では、「イメージ」が問題視されていたが、ここでは、「観念」が取り上げられている。どちらも、妄想の産物として似たり寄ったりと言えるだろう。何かの観念を抱くのは自他の比較あってのことであり、その何かは「願望の投影物」にほかならず、私たちが何かになろうと奮闘努力するのは、精神が自らに仕掛けてきた「トリック」にだまされているから、とKは言う。そして、ここでもまた、いつもの指摘、しかしその何かとはあなた自身の一部なのです、が登場する。私たちが自他を比較するとき、頭の中にある「自己」と「他者」は思考の産物であり、つまりは、ただの観念でしかなく、実は、思考だけが存在し現に行為している、という事実。この事実は、精神のトリックに気づいてこそ、見えてくる。それも、偽りが偽りとして認識され、あるがままに見られることで。Kは、錯覚にすぎないものをめざしての奮闘努力は、分裂を引き起こす要因となります、とも言っているが、ここに言う「錯覚」とは、妄想にほかならず、妄想が引き起こす分裂、つまりは、自他の観念が、実体のない妄想の産物であることを見抜くとき、はじめて、事態の打開が可能となる。

ここで明確にしておきたいのが、Kが説く変容のプロセスについてである。偽りが偽りであることを明確に知り見るとき、錯覚は解消され、その時にはあるがままだけが残ります、とKは言う。そう言いつつ、そのすぐあとで、あるがままが全的な変容を遂げます、とも言う。両者の言い分は論理的には矛盾し、相容れないものであるはず。一方では、あるがままが残り、もう一方では、全的な変容を遂げる、と言っているのだから。Kの文章を読むとき、途中までは「なるほど、なるほど」と納得しながら読み進めるのだが、最後のほうになると、なんだか腑に落ちず、消化不良のまま本を置くケースが多いのを、しばしば耳にする。そこで、上記のような矛盾的記述が、その一因になっているような気がするのである。Kの言う「あるがまま」とは、現にいまある迷いのあり方にほかならず、でありながら、何かになる努力を放棄して「あるがまま」に徹し切るときに変容が成就する、というのであれば、たしかに、これを疑問に思わないほうがおかしいと言える。そこで、この疑問を、この機会に解消しておきたいのである。疑問を説く鍵は、上に掲げた二つの引用の中間にある言葉、何かになること、理想、比較、非難の全てが精神から取り除かれ、精神それ自体の構造が崩壊する時、にある。これは、妄想をやめて「あるがまま」が「あるがまま」であるときの精神の状態を記したものであり、であるなら、その時点で、「あるがまま」は、まさにその迷いのあり方は、すでに変容を遂げているのである。何かになることをやめて「あるがまま」と直面している精神の状態は、妄想をやめている状態にほかならない、という指摘。言葉的な矛盾は依然として残っているが、変容のプロセスとしては、明瞭に理解できるはず。いかがであろうか。

妄想しないとき、思考と思考者の分裂は存在せず、あるがままの変容が成就する、という、この観点は、ブッダの言葉を読み解くうえでも、十二分に力を発揮する。以下のテキストに見られる「しない」の連続使用も、この観点から見るとき、その深みと重みが実感できるはず。

　彼には、この〔世において〕、あるいは、見られたものについて、聞かれたものについて、あるいは、思われたものについて、〔執着の対象として〕想い描かれた〔特定の〕表象は、微塵でさえも存在しない。〔特定の〕見解に執取しない、その婆羅門を、ここに、〔この〕世において、〔いったい、誰が〕何によって、想い描くというのだろう〔執着の対象を想い描くことがない者は、執着の対象として想い描かれることもない〕。

　〔煩悩の滅尽者たちは、特定の何かを〕想い描かず、〔特定の何かを〕偏重せず、諸々の法〔見解〕もまた、彼らには受容されない。〔真の〕婆羅門は、戒や掟によって導かれない。彼岸に至った如《にょ》なる者は、〔特定の見解を〕信受しない。（スッタニパータ８０２〜３）

余計な妄想を加えず、見たものは見たまま、聞いたことは聞いたままに、執着も偏重もしないあり方。いかなる見解も受容されず、他者・他物に導かれないあり方。「このような見解の持ち主である」という判断を、他者にも下さず、自己にも下されないあり方。既知のものである「見られたもの」や「聞かれたもの」があるままを知り見る妨げとなっているのが迷いのあり方であるなら、想い描きの妄想を離れ彼岸に至った如《にょ》なる者は、自己自身があるがままに知り見るのみならず、想い描きの材料となる見解を有していないので、他者の想い描きの対象にもならない。自他の分裂はなく、葛藤も生まれない。何やら雲を掴む話のように聞こえるかもしれない。話の要点を掴み取っていただくために、そのヒントになりそうなKの言葉を紹介しよう。妄想しないあり方が問題解決のあり方でもあるあり方、あるがままがあるがままでありながら変容を遂げるあり方、論理を超えたその微妙なあり方が、より明確に実感できるかもしれない。

突然何かを知覚して、しかもその知覚の瞬間には、何の問題も存在しない。今までこのようなことが皆さんの身に起こったことがありますか？　きっとおありでしょう。問題を知覚したまさにその瞬間、その問題がすっかり止んでしまうのです。お分かりですか、皆さん？　あなたは問題を抱えている。で、それについて考え、文句を言い、気を揉む。それを理解するために、思考の範囲内でありとあらゆる手段を講じる。そして最後に言うのです。「もうこれ以上はできない。」と。あなたの理解を助けてくれる人など、誰もいません。そんなグルもいなければ、そんな本もありません。あなたは問題を抱え続け、どこにも逃げられません。自分の能力の及ぶ限り、その問題を調べあげた挙句、あなたはそれをほったらかしにします。そうすると、あなたの精神はもはや思い煩うことも、問題を引き裂こうとすることもなく、「答えを見つけなければいけない。」と言うこともありません。ですから静まります。違いますか？　そしてその静寂の中に、答えが見つかるのです。（中略）答えを見出すためにできること全てをなすと、精神は自ずと静かになるのです。そこには選択なき気づき、いかなる要求をも持たない気づき、不安を全く持たない気づきが存在し、そのような精神状態には知覚が存在します。そして私たちの抱えるありとあらゆる問題を解決してくれるのは、この知覚だけなのです。（二九六ページ）

ここに言及されていることはかなり微妙なことなので、コメントを加えるのに躊躇する。ただそれでも、静寂の中に、答えが見つかる、という記述に注意を促したい。さらには、答えを見出すためにできること全てをなすと、精神は自ずと静かになるのです、という言葉にも。実践上の貴重なヒントと言えるのではないだろうか。ここに言う選択なき気づきは、Kの教えの中で重要な位置を占めるものとして、つとに有名であるが、これについても、その理解を助けてくれるテキストであるはず。問題をほったらかしにする状態、妄想をしない静寂の状態は、中途半端にやってくるのではなく（もちろん、怠惰なまま何もしないで実現するはずもなく）、自分の能力の及ぶ限り、その問題を調べあげた挙句、あなたはそれをほったらかしにします、とあるのが、その押さえ所となる。「二元性」の章の最後に指摘した問題、カッコつきの「思考-感情」と徹底的に考え抜き、感じ抜くあり方の矛盾もまた、この記述によって解消される。たとえば、「実体のない妄想」という言葉を見たとき、普通に考えると「妄想はダメで実体はヨシ」みたいに理解するが、これこそは「実体的なものの見方」に裏打ちされた妄想的理解であり、「確固たる実体」を求める安全志向の表われでしかない。ありもしない「実体」に逃げ込むのではなく、実体のない妄想という事実を、いまここに息づく妄想の現実を、まさにその迷いのあり方を、徹底的に吟味する（考え抜き、感じ抜く）。そして、そのとき、静寂の中に、答えが見つかる、というのが、Kの説くところとなる。

ちなみに、静寂（精神は自ずと静かになる）については、のちほど、あらためて見ることになるので深入りせず、ここは、Kの言葉に対応すると思われるブッダの言葉を提示して、この章の区切りとしたい。

虚構の名称の根元を、「〈わたしは〉存在する」という〈我執の〉一切を、明慧によって破却するように。それらが何であれ、内に、諸々の渇愛〈の思い〉があるなら、それらを取り除くために、常に気づきある者として、〈怠ることなく〉学ぶように。

内に、しかして、あるいは、また、外に、それが何であれ、法（事象）を〈あるがままに〉証知するように。〈ただし〉それによって、〈心の〉強靭（固着・強制）を為さないように。なぜなら、正しくある者たちの説く、〈まさに〉その、寂滅〈の境処〉（涅槃）ではないのだから。

それによって、〈他者より〉「より勝る」と思わないように。「より劣る」と、しかして、あるいは、また、「等しい」と〈思わないように〉。無数なる形態〈の特質〉を体得したとして、自己を〈あれこれと〉想い描きながら、〈世に〉止住しないように。（スッタニパータ916〜8）

ここに言う寂滅とKの言う静寂に相通じるものがあることは、想像に難くない。このあり方を実際に理解するとなると、話はまた別になってくるが、ここに、これまでの学びの成果である、妄想しない、という観点を加味して上記テキストを読むなら、より深い読解が可能となるはず。各自それぞれに試みていただきたい。

さて、ここまでくると、私たちの学びも、かなり煮詰まってきたと言えるだろう。迷いのあり方についての参究も、かなりの紙幅を費やしてきた。そろそろ救いのあり方に目を転じてもかまわないのだろうが、それでも、念には念を入れて、いましばらく、迷いのあり方について、参究のまなざしを注ぎたい。迷いのあり方を直視してこその、変容であり、救いであるからだ。項目として、本章に登場した「依存・見解・既知」を立てるので、ここに至るまでの学びの成果を確認してほしい。

第一六章　依存

「依存」という心理状態が迷いのあり方であることは、論を待たない。苦しみの起源を尋ねられたブッダが、「依存」と答えるテキストがあるので、紹介しよう。

かくのごとく、尊者メッタグーが〔尋ねた〕「世尊よ、〔わたしは〕あなたに尋ねます。それを、わたしに説いてください。〔わたしは〕思います——あなたのことを、〔真の〕知に至る方と、自己を修めた方と。それらが何であれ、世における、無数なる形態あるものとしての、これらの苦しみは、いったい、どこから、生まれ来たのですか」と。

かくのごとく、世尊は〔答えた〕「メッタグーさん、まさに、苦しみの起源を、〔あなたは〕わたしに尋ねました。それを、あなたに言示しましょう——〔わたしが〕覚知している、そのとおりに。それらが何であれ、世において無数なる形態ある諸々の苦しみは、〔心の〕依り所（依存の対象）という因縁から発生します。

彼が、まさに、〔あるがままに〕知ることなく、〔心の〕依り所を作るなら、〔彼は〕愚か者であり、繰り返し、苦しみへと近づき行きます。それゆえに、〔心の〕依り所を作らないように——〔あ

るがままに〉覚知している者となり、苦しみの出生の起源を随観する者となり」と。〈スッタニパータ1049〜51〉

この問答を読んで、物足りなく思われた方がおられるかもしれない。ブッダの言っていることは、「何かに依存する者は愚者であり、それゆえに、依存しないように」という、このことに尽きるからだ。たしかに、第一印象として、そう思えなくもない。しかしながら、ブッダの真意を別のところに見るとき、その物足りなさは氷解する。「〈わたしが〉覚知している、そのとおりに」「〈あるがままに〉知ることなく、〈心の〉依り所を作るなら」「〈あるがままに〉覚知している者となり」「苦しみの出生の起源を随観する者となり」という記述に注目すると、実のところ、ブッダは、あるがままに知り見ることを説いていることがわかる。悩み苦しみの発生プロセスをそのとおりに覚知することで悩み苦しみから解き放たれる、という、この事実こそを、ブッダは伝えたかったのだ。「依存」という心のあり方をあるがままに知り見るとき、依存することの愚を悟り、自らの手で自らの苦しみを作っていたこれまでのあり方から離れ去る。それも、強制的に引き離すのではなく、自然に手が出なくなってしまう。馬鹿らしくて、その気になれないからだ。
さらに例を挙げよう。

人は、自ら〈自分勝手に〉、諸々の掟を受持して、〈特定の〉表象に執着し、〈迷いのままに〉高下に赴く。しかしながら、知ある者は、諸々の知によって法〈真理〉を行知して、広き智慧ある者となり、

高下に赴かない。（スッタニパータ792）

歓楽も、不満も、〔両者ともに〕捨棄して、〔心が〕清涼と成った者を、〔心の〕依り所なき者を、一切の世を征服する勇者を――わたしは、彼を「婆羅門」と説く。（ダンマパダ418）

ここでは、知ある者は、諸々の知によって法（真理）を行知して、とあるのが、上記スタンスに該当する。時々刻々の気づきが諸々の知であるなら、ここに言う法は、秘密にされた特別の真理ではなく、いまここのあるがままの事実を言うのであり、それだけのことでしかない。人は、それを行知して、広き智慧ある者となる。あるがままの事実をあるがままに知って、執着の無意味さを覚知するのが、ブッダの説く智慧であり、そのあり方となる。高下に赴かないとは、諸々の掟や特定の表象などの「依存の対象」に心が向かわないあり方。「歓楽と不満」の二項対立を捨棄して心が清涼となり、依存の思いから解放された依り所なき者が、世の征服者なのだ、とする記述も、上記スタンスに基づくものであるはず。Kもまた、同じスタンスで「依存」について言及し、その問題点を指摘する。

あなたは今まで、心理的な依存の問題を深く吟味したことがありますか？　その問題に非常に深く入って行くならば、私たちのほとんどがおそろしく孤独であることに気がつくでしょう。私たちのほとんどは、あまりにも浅薄で虚しい精神の持ち主なのです。私たちのほとんどは愛の意味合いを知りません。そしてその淋しさから、その内面的貧困や欠乏から、私たちは何かに、家族にしがみつき、それに依存してしまうのです。そこで妻なり夫なりが私たちに背を向けると、嫉妬し始めるのです。嫉妬は愛ではありません。ところが世間は家庭の中にみられるような愛を愛と認めて、それをまとも扱いしています。が、それは別の形の自己防衛であり、自分自身からの別の形の逃避なのです。このような訳で、あらゆる類の抵抗は依存を生み出します。そして何かに依存している精神は決して自由たり得ません。

（六四ページ）

Kもまた、事実を事実として提示するだけなのだが、事実の重みが説得力となって、心理的に依存することの愚を思い知らされる。世間一般の「愛」を、別の形の自己防衛であり、自分自身からの別の形の逃避なのです、と喝破するところは、これを「渇愛」とするブッダの見立てと完全に一致している。あらゆる類の抵抗は依存を生み出します、とあるが、ここに言う抵抗とは、あるがままへの抵抗であり、現にある事実を認めないとき、「依存の対象」を虚構して、それに依存する。そこには、分裂があり、葛藤があり、つまるところ、何かに依存している精神は決して自由たり得ません、となる。Kに言わせれば、私たちの「愛」は、自作自演・自縄自縛の拘束ということになる。さらに、依存について、その迷いのあり方を明るみに出すべく、こうも言っている。

なぜ私たちは誰もが、ある種の依存を求めるのでしょうか？　私たちは一度もこの問題全体を正面から取り上げたことがありません。それはつまり、心の奥深いところで、実は私たちは安全や永久不変なるものを求めている、ということなのではないでしょうか？　混乱した状態にあるので、私たちはこの混乱から自分たちを抜け出させてくれる誰かを必要としているのです。ですから私たちは常に自分たちが陥っている状態から逃れたり、それを避けたりする仕方に関心を抱いているのです。その状態から逃れる過程で、いやおうなしにある種の依存を招いてしまい、そしてその依存の相手が私たちにとっての権威となるのです。（六五ページ）

安心安全を求める心理は、無常の現実からの逃避でもあれば、それへの抵抗でもあり、安心できる依存の対象を求めるのは、理に適っている。ただし、その対象は、死ぬまで見つからないのだが。そして、おそらくは、死んでも見つからないのだろう。探しても無駄なことが、どこをどう探したところで安心安全などありえないことが、骨身に染みて実感できたなら、無駄な抵抗はやめるのだが、骨身に染み込む以前の段階で、事実から目をそらしてしまう。無常・苦・無我の現実から救い出してくれる「権威」にすがりついてしまう。

権威は自己理解を妨げます。違いますか？　権威やガイドの庇護の下、あなたは一時的に安心感、幸福安寧感を持つかもしれません。しかしそれは自分というプロセス全体を理解することではありません。権威は本質的に、自分自身についての十分な気づきを妨げるものであり、それが故に、最終的には自由を破壊してしまいます。しかし創造性が存在し得るのは、自由においてだけです。創造性は自己知

によってのみ、起こり得るのです。（二七ページ）

権威者は「他者」である。他者の権威を受け入れるとき、自己は他者の奴隷となる。安心の追求を動機とし、不安から逃避するための権威の受け入れであるなら、それは、自己を他者の支配下に置くことであり、自分自身の目で見る能力を放棄するに等しい。「情報」という名の権威に踊らされるのが常態化している私たち現代人にとっては、なおのこと、この事実をかみしめたい。権威は本質的に、自分自身についての十分な気づきを妨げるものであり、それが故に、最終的には自由を破壊してしまいます、という指摘は、値千金のものであり、心に止め置きたいところ。

ただし、これはK自身が言っていることなのだが、Kのこの言葉を「権威」として受け止めてしまっては、元も子もなくなってしまう。事実であるかどうかを自ら吟味し納得してこその話であることは、明記しておきたい。Kは、自分自身が権威とされることを繰り返し否定し戒めた。自分のことはどうでもいい、話していることが大事なのであり、あなた自身がその意味を見い出してください、と。たしかに、依存の害毒を説く教師が聞き手にとって依存の対象になる事態は、あってはならないことであり、読み手である私たちもまた、気をつけたいところである。

当然のことではあるが、自己確立を説く言葉は、ブッダも残している。まずは、有名なものを掲げよう。どこかで耳にしたことがあるかもしれない。

まさに、自己は、自己の主《あるじ》。まさに、他の誰が、主として存するというのだろう。まさに、自己は、自己の赴く所。それゆえに、自己を自制せよ――商人が、賢馬を〔調御する〕ように。（ダンマパダ380）

〔まさに〕その〔あなた〕は、自己の洲（依り所）を作るのだ。すみやかに努めよ。賢者と成れ。〔世俗の〕垢を取り払った〔あなた〕は、穢れなき者となり、天の聖なる境地へと近づき行くであろう。（ダンマパダ236）

ここに言う「自己」と無我の教えとの整合性が問題にされ、多々に論じられてきたのだが、これを他者への依存を戒める言葉と理解するなら、自己があるどころか、無我であれ、と言っていることがわかる。他者の権威を認めることは、他者にあやかって自己の権威を虚構することでもあるはず。自己を奴隷として差し出す、その見返りは、安心安全の保障であり、それはまた、自己に「権威」を与えてくれるのみならず、まさにその時点において、「自己自身」を捏造しているのである。無常・苦・無我の世界において安心安全を保障された「自己」という虚構を、である。そうすると、「自己を自制せよ」も、「〔世俗の〕垢を取り払った〔あなた〕は、穢れなき者となり」も、他者・他物への依存を戒める言葉と理解できるし、「自己は、自己の主《あるじ》」も、「自己の洲（依り所）を作るのだ」も、見た目とは裏腹に、無常・苦・無我としての自己を説くものであることがわかる。このような意味合いで「洲」という言葉が使われているのは、ここだけではない。論より証拠、実際に見てみよう。

かくのごとく、尊者カッパが〈言った〉「大いなる恐怖を生む激流の流れの中で立ちすくんでいる者たちのために、老と死魔に打ち負かされた者たちのために、敬愛なる方よ、〈依り所となる〉洲を説いてください。しかして、あなたは、わたしに、洲を告げ知らせてください。他のものが存在するべくもない、このとおりのものとして」と。

かくのごとく、世尊は〈答えた〉「カッパさん、大いなる恐怖を生む激流の流れの中で立ちすくんでいる者たちのために、老と死魔に打ち負かされた者たちのために、〈依り所となる〉洲を、カッパさん、あなたに説きましょう。

無一物にして無執取であること――これが、他のものが〈存在するべくも〉ない、〈このとおりの〉洲です。それを、『涅槃である』と、〈わたしは〉説きます――『老と死魔の完全なる滅尽である』と。

このことを了知して、彼らは、気づきある者たちとなり、〈現に見られる〉所見の法〈現世〉において涅槃に到達した者たちとなります。彼らは、悪魔の支配に従い行く者たちではありません。彼らは、悪魔の従僕たちではありません」と。〈スッタニパータ1092～5〉

ここで、ブッダは、洲について、このように明言する。無一物にして無執取であること――これが、他のものが〈存在するべくも〉ない、〈このとおりの〉洲です、と。洲というものがこのようなあり方をしたものであるなら、世間一般の常識からすると、もはや、依り所ではありえない。依り所とは、確固たるものであり、無一物にして無執取というあり方は、不確定極まりないものであるからだ。しかしながら、ブッダにしてみれば、これこそが確固たるものであり、依り所となるにふさわしいあり方となる。すべてが無常であるなかで、無常でないものを求めるとき、目標とするものには到達できず、分裂と葛藤が心を悩ますことになる。しかしながら、すべてが無常であることを心の底から納得するなら、ありもしないものを求めて心が動くことはなくなり、無常である自己が無常なるままに確固たるものとなる。他者・他物を「依存の対象」にするのが迷いのあり方であるなら、他のものが〈存在するべくも〉ないのが、ブッダの説く洲のあり方であり、自己確立のあり方となる。

くわえて、このあり方を涅槃とするところも見逃せない。涅槃については、いずれまた見ることになるが、ここではっきりと、現世において到達するものと明言している。これは、流れの中にいながら外にあるあり方、悪魔と同居しながら支配されないあり方、と言えなくもない。現世において涅槃に到達するのだから、そう考えるしかない。この微妙なあり方については、これまで何度も言及してきた。ブッダの説く依り所もまた、同じあり方をしていたわけだ。

第一七章　見解

見解も、「依存の対象」として、うってつけの存在であり、その害毒についても、すでに幾度となく触れてきた。ここで、さらなる検討を加え、問題点を浮き彫りにしたい。そのタチの悪さを思い知り、正しく取り扱えるようにするためである。

見解を持つことの害毒を重く見たのか、ブッダは、論争を戒める言葉を随所に残している。そのうちのいくつかは、すでに紹介したところ。では、このようなものはどうだろう。

また、或る者たちは、まさに、〔憎しみや怒りなどの〕汚れた意《おもい》で、〔自己の論を〕説く。しかして、また、まさに、〔自説こそが〕真理である〔という、高慢と我執の〕意で、〔自己の論を〕説く。しかしながら、牟尼は、〔論敵への憎悪と自説への固執から〕生じた〔悪意ある〕論に近づかない。それゆえに、牟尼には、鬱積〔の思い〕が、どこにも存在しない。

まさに、どのようにして、自らの見解を超え行くというのだろう――欲〔の思い〕に導かれ、好みによって〔思いが〕固着した者が。〔諸々の特定の見解について〕「〔それらは〕完全である」と、自ら、〔執着の思いを〕作り為している者は、まさに、〔限定された自己の観点から〕知るであろう、そのとおりに、

そのように、〈自説を独善的に〉説くであろう。（スッタニパータ780～1）

ここで、ブッダは、論争者の心理状態について分析している。ある者は、論敵への憎悪を動機に論を説き、ある者は、自説の正しさを盲信して論を説く、と。もし、このとおりだとしたら、たとえ、内容的に「正しい論」を主張したところで、自他に益ある結果にはならない。それどころか、分裂と葛藤を引き起こすだけとなる。残念なことに、私たちの多くが、この錯誤に陥っている（そうではないだろうか）。それどころか、陥ったその時点で、自己がしているその錯誤のあり方が見えなくなってしまうのだから、恐ろしい。自説を主張する人は、正しいと思って主張しているのであり、「私は間違うこともあります。この説は仮説にすぎません」と言いながら自説を示す論客は皆無であるはず。論争の場において、謙虚さは、美徳どころか、邪魔者扱いされている。

「欲〈の思い〉に導かれ、好みによって〈思いが〉固着した者」「〈諸々の特定の見解について〉「〈それらは〉完全である」と、自ら、〈執着の思いを〉作り為している者」という言い方は、言葉として厳しいものがあるが、そこまで言うほどに、私たちの妄信の度は深く、自己の錯誤を自覚できない状態にあるのだろう。言葉を続けて、「まさに、〈限定された自己の観点から〉知るであろう、そのとおりに、そのように、〈自説を独善的に〉説くであろう」とあるように、一度はまった水路から脱け出すのは、並大抵のことではない。「水路にはまっている」という自覚が、まったくないからだ。自己の見解が、実は偏見であることに気づくには、自己のあり方に常日頃から注意深くあり、見解という現象それ自体を観察しながら、そのあるがままを理解するしかない。その意味での学びであることを、ここに、あらためて確認しておきたい。ブッダやKの「見解」を学んでいるわけではない、ということである。では、Kは、見解について、どのような理解を示したのだろう。

私たちは、人生が醜悪であること、苦痛と悲しみに満ちていることに気づいて、それについて説明してくれる何らかの理論や見解、あるいは満足のいく何らかの答えや教義を求めます。そこで説明や言葉や理論に捉われ、信仰が徐々に深く根づいていき、揺るぎないものとなっていきます。なぜなら、このような信仰や独断的な考えの裏には、未知のものに対する絶えざる恐怖が存在しているからです。しかるに、私たちは決してその恐怖を正視しようとせず、それから目を背けてしまうのです。信仰が強固になればなるほど、それだけ独断的な考えも強固になります。（四四ページ）

私たちが心の依り所として求める見解や教義の裏には、未知のものに対する絶えざる恐怖が存在している、という指摘が、すべてを物語っている。面と向かって未知のものと向き合う恐怖に負けて、安心できる既知のものにすがりつく。そして、それが手放せなくなってしまう。信仰が強固になればなるほど、それだけ独断的な考えも強固になります、という言葉も手厳しい。信仰心は、強ければ強いほど賞賛されるのが、世間一般のならわしであるからだ。手厳しさでは、次の引用も負けてはいない。

私たちの多くは知的能力――いわゆる知的能力――を伸ばしてきました。しかしそれは実際には知的能力などでは全くありません。私たちは実に多くの書物を読み、他人が言ったこととか、他人の様々な理論、観念で頭が一杯になっています。数限りない著者によって著された数限りない書物から引用できたり、多岐に亘る書物を沢山読み、相互に関連付け、説明する能力があったりすると、私たちは自分のことを非常に知的であると考えます。しかし私たちには誰にも、あるいは極僅かを除いたほとんどには、独創的な知的構想力がありません。（二五六ページ）

ここでもまた、世間一般の価値評価に真っ向から異を唱えるスタンスが表明されている。「君、頭がいいね」と言われて悦に入るのが私たちであるなら、それは、Kに言わせれば、迷いのあり方以外の何ものでもない。複数の書物から引用し、相互に関連付ける作業を、まさにいま、ここにこうして遂行しているのだが、この言葉を謙虚に受け止め、自戒したく思う。それにしても、私たちには誰にも、あるいは極僅かを除いたほとんどには、独創的な知的構想力がありません、という指摘には恐れ入るしかない。しかしながら、これを事実として認めてしまえば、すくなくとも、問題が問題となることはなくなる。知的でないのに知的であると思うことで問題を生じさせているのであり、自己のあり方を自覚して正直に認めるときは、不備を指摘されても素直に耳を傾けるし、事実を事実として受け入れるだけなので、心が動揺することもないからだ。とはいえ、いざ、自己のあるがままを認めるとなると、無意識の抵抗もあってか、見ようとして見られないところがある。見解とは、「信念」という名の偏見にほかならず、目に優しいコンタクトレンズでもあるので、一人でいるときはまだしも、相手と論争の最中であるなら、その存在に気づくのは、一苦労どころの話ではない。事実と見解の関係について、Kは、こうも言っている。

一つの事実について見解を述べる精神は狭くて、制限された、有害な精神です。同じ事実でも、あなたはあなたなりに解釈し、私は私なりに解釈する可能性があります。事実の解釈は、私たちが実際の事実を見たり、事実に対して何かしたりすることを妨げている元凶です。あなたと私で、自分たちの事実に対する意見を論じ合っている時、事実に対しては何もなされていません。あなたはひょっとするとその事実に何かを付け足すかもしれません。事実に対して、より多くのニュアンスや含み、意味を認めるかもしれません。しかし私の方はその事実にさほど意味を見出していないかもしれません。しかし事実とは解釈できないものです。事実に関しては、一つも意見を述べることができないのです。（二三二ページ）

ここでもまた、私たちの盲点を突く指摘が炸裂する。事実の解釈は、私たちが実際の事実を見たり、事実に対して何かしたりすることを妨げている元凶です、という言葉は、言葉でありながら、言葉を超えた学びを示唆するものであり、私たちにその実践を促している。言葉で解釈するな、と。

一つ、例を挙げてみよう。「バッテリー」という言葉がある。この言葉を見たとき、何を想像するであろうか。おそらくは、二つの答えが返ってくるはず。蓄電池のバッテリーと、投手と捕手のバッテリーである。答えが違ってくるのは、言葉から想起されるものが、その人の個性なり生活環境に依拠しているからである。この言葉を口に出して言う場合は、現場の状況が判断の助けとなり、かつまた、アクセントの違いもあるので、二つの解釈のどちらを取るかで迷うことはなく、コミュニケーションはスムーズに進むであろう。しかしながら、ここであらためて問いたいのだが、では、両者が同じ語であることを明確に意識している日本人は、いったい、どれだけいるのだろう。あまりいないのではないだろうか。むしろ、別個の言葉として理解しているのが、日本人の実状なのではないだろうか。アメリカ人の場合は、一つの言葉でありながら複数の意味を持つ語として「バッテリー」を理解し、現に使用しているはずなので、語の意味を問われたときは、あえて意味を断定せず、曖昧なままに多義語として受け止める人がいるかもしれない。一義的に意味を断定するよりは、こちらのほうが、事実に近い認知のあり方と言えるだろう。事実を確認したあとで、意味を確定させるからだ。もし、そうであるなら、答えない、という答えこそが、正しい答えとなる。

あるいは、「ホーム」については、どうだろう。まずは、家や家庭の意味が思い浮かぶであろうし、つづいて、野球のホームベース、駅のプラットホームが思い浮かぶ。ところが、プラットホームの「ホーム」が、家のホームではなく、形の「フォーム」であることを知っている日本人は、あまりいないはず。「ホームは、英語ではなく、日本語なのだ」と開き直ってしまえば、この違いを無視できるのだが、事実に近い認知のあり方、ということでは、問題の解決にはならない。逆の例を挙げてみよう。「日清」という漢字を見て、これをどう読むか。平均的日本人なら、間違いなく「ニッシン」と読むだろう。学校で「日清戦争」という単語を教わり、さらには、有名企業の名前でもあるからだ。「ニッセイ」とも読めるのだが、それでも「ニッシン」と読んでしまうのは、そのように条件づけされた結果にほかならない。何の疑問もなく「ニッシン」

と読むあり方は、一事が万事で、よくよく考えてみれば、恐ろしいものがある。語についての全面的な理解があるかないか。たかが一単語ですら、これだけの問題をはらんでいるのだから、見解となると、思い込みの度もグレードアップし、その弊害も大きくなる。事実に関しては、一つも意見を述べることができないのです、という、Kの言葉の、その重みをかみしめたい。最後に、見解を離れた汚れなき者のあり方について見ておこう。ブッダは、このように描写している。

まさに、清き者には、諸々の種々なる生存にたいし、〈あらかじめ断定的に〉想い描かれた〈特定の〉見解は、世において、どこにも存在しない。〈欺瞞の〉幻想も、〈我想の〉思量も、〈両者ともに〉捨棄して、清き者は、彼は、何によって、〈迷いの生存に〉赴くというのだろう。彼は、〈特定の見解や迷いの生存に〉近づかない者である。

まさに、〈執着の対象に〉近づく者は、諸々の法（見解）のうち、〈特定の〉論に近づく。〈しかしながら、特定の見解や迷いの生存に〉近づかない者を、何によって、どのように説くというのだろう〈彼は、論争の相手にはならない〉。なぜなら、彼には、自己と自己ではないものが、〈両者ともに〉存在しないのだから。彼は、まさしく、この〈世において〉、一切の見解を払い落としたのだ。（スッタニパータ786〜7）

上記言明は、そのほとんどが否定の言葉に終始している。清き者について、ポジティブに「これこれこういう者である」と規定するのではなく、彼は～しない、という形で説明するのは、そうとしか言い様がないからである。ようするに、迷いのあり方を否定することでしか描写できないのが、清き者のあり方となる。たしかに、言葉を超えているあり方なのだから、そうするしかないのだろう。見解を妄想しないあり方、自我意識が存在しないあり方、論に近づかないあり方、二項対立を超脱したあり方、彼は、まさしく、この〈世において〉、一切の見解を払い落としたのだ、と。

第一八章　既知

見解と比較して作為性が少ないはずの「見たこと」や「聞いたこと」もまた、依り所として心に固着するとき、迷いのあり方を持続させる契機となって、その出番を待つことになる。既知のものが心理的な記憶として沈殿するとき、その記憶は人生の折々に再生され、いまここの事実から目をそらす役割を果たす。極端な例としては、いわゆる「フラッシュバック現象」を挙げることができるが、似たような経験を持たない人間は、現代社会においては皆無と言っていいだろう。そして、おそらくは、ブッダの時代もまた、事情は似たり寄ったりだったはず。

もし、見られたものによって、人の清浄が有るなら、あるいは、知恵によって、彼が苦しみを捨棄するなら、彼は、依り所を有する者であり、〔自己ではない〕他のものによって清まる〔ことになる〕。なぜなら、〔他のものである、彼の〕見解は、彼のことを、そのように〔形だけで〕説いている者と、〔自ら〕説くからである。（スッタニパータ789）

ここに言う「見られたもの」「知恵」「見解」が既知のものであり、それは、依り所でもあれば、他のものでもあり、それらによっては、清浄になることも、苦しみを捨棄することも、ありえない。たとえ、知恵であろうが、「によって」とあるからには、自己とは別個の「他者・他物」であり、自己が頼るべき「依存の対象」としてある。過去のものを使い回しているだけであり、迷いのあり方からは未来永劫に脱却できない。自らの目で見てこその事実であり、過去の記憶と比較参照したところで、その真実には迫れない。既知のものが心に影を落としているなら、影を落としているその状態こそが、いまここのあるがままであり、自己のその状態に気づかず、既知のものを通して「正しい見解の持ち主である」と思い込んでいる論者は、流される小舟にしがみつく者のように、その「見解（知恵）」から離れられない。が、そのすべてに気づいている者は、まったく違ったあり方で世にあることが可能となる。無意識のまま繰り返していた行為を、その負のサイクルを、終息させる道が見えてくる。～しない、という、まったく新しい自己のあり方が。

見られたものについて、聞かれたものについて、戒や掟について、あるいは、思われたものについて、〈真の〉婆羅門は、「〈事実ならざる〉他のものである」と〈見て〉、清浄を言わない。善〈功徳〉についても、悪〈功徳なき〉についても、〈何であれ〉汚されない者は、自己を捨棄する者であり、この〈世において〉、〈執着の思いを〉作り為さずにいる。（スッタニパータ790）

「全ての沙門や婆羅門たちが、生と老に覆われている」と、わたしは説かない。彼らが、まさに、この〈世において〉、あるいは、見られたものを〈捨棄して〉、聞かれたものを〈捨棄して〉、あるいは、思われたものを〈捨棄して〉、あるいは、また、一切の戒や掟を捨棄して、一切の無数なる形態をもまた捨棄して、渇愛を遍く知って、煩悩なき者たちとなるなら、「彼らは、まさに、人として、激流を超えた者たちである」と、〈わたしは〉説く。（スッタニパータ1082）

既知のものは清浄ではない。それどころか汚れであり、一切の無数なる形態をもまた捨棄して、とあるように、既知のものを捨ててこその清浄であるはず。それはまた、未来に、何かになることではなく、あるいは、どこかに到達することでもなく、他のものとしてある過去を捨てることで、善にも悪にも汚されない自己のあり方であるはず。もちろん、捨てるのは、いまここしかない。この〈世において〉、〈執着の思いを〉作り為さずにいる、あるいは、渇愛を遍く知って、煩悩なき者たちとなる、とあるのも、そのあり方が、過去でもなく、未来でもない、まさに、いまここにあることを明示している。とはいえ、いざ捨てるとなると、簡単には手放せないのが既知であることもまた、事実。無意識のまま繰り返してきた自己の行為に気づき、それをしない私になるのだから、簡単であるわけがない。その事情については、Kが遺憾なく語っているので、確認しておこう。

私たちは新しい社会や政治のあり方を模索しますが、平和を模索しようとはしません。私たちは戦争の結果を調停することには関心を持ちますが、戦争の原因を取り除くことには関心を持ちません。このような模索は、過去によって条件づけられた答えしかもたらしてくれないことでしょう。そしてこの条件づけは私たちが知識、経験と呼んでいるものに基づいており、常に変化している新たなる事実は、この知識に従って私たちの言葉へと翻訳され、解釈されてしまいます。こうして、あるがままと過去のものである経験との間に軋轢が生じます。過去、すなわち知識は、常に現在にある事実とは、いつまで経っても対立したままであらざるを得ません。これでは問題は解決しないどころか、問題を引き起こした状態をいつまでも長らえさせるだけです。（五二ページ）

上記記述は、悲しくなるほどに人類の実情を言い示している。戦争の結果を調停することには関心を持ちますが、戦争の原因を取り除くことには関心を持ちません、という指摘は、人類の歴史に戦争が絶えない理由を、ものの見事に言い当てている。常に変化している新たなる事実、つまりは無常の現実と、過去のものである知識や経験とのあいだの溝は埋まることがなく、いつまで経っても対立したまま、と言う。そうすると、問題の核心は、答えではなく、問題の取り組み方にあることになる。Kが、このような模索は、過去によって条件づけられた答えしかもたらしてくれないことでしょう、と言っているのも、このことを裏付けている。何度も言うように、新しい結果を出すためには、新しい取り組み方が必要不可欠であるからだ。既知のものを持ち出したところで、近似的な結果は出ても、根本的かつ決定的な解決には至らない。過去の愚行が繰り返されるだけとなる（現にいまある私たちのように）。そもそもの話、「解決」などという事態があるのだろうか。解決を前提として取り組む姿勢もまた、いまここから目をそらすあり方と言えるのではないだろうか。なぜなら、あらかじめ設定された「結果」を目指して問題解決に取り組む姿勢こそが、過去のものであるからだ。「解決」という言葉は、魅力的な響きを持っているが、言葉の響きにだまされてはいけない。真の解決は、言葉を超えたところにあるはず。既知のものを言い表わす言葉や概念には、細心の注意を払うべきなのだ。方向違いのところに心が行かないためにも。

あなたが知っていることは過去であり、現在ではありません。そして過去とは感覚であり、反応であり、記憶でありあます。あなたは自分が幸せだったことを思い出します。では、過去は幸せの何たるかを教えてくれるでしょうか？　過去は幸せを思い出すことはできますが、幸せそのものではあり得ません。見聞きした覚えは幸せではないのです。幸せであるということがどういうことであるかを知ることは、幸せそのものではありません。見覚え聞き覚えとは、過去の反応です。では過去や経験の寄せ集めである精神は、そもそも幸せになれるのでしょうか？　他ならぬ見聞きした覚えが、経験することを妨げるのです。（一九五ページ）

「幸せとは何なのか」と尋ねられたなら、普通は「Aを達成できたとき」もしくは「Bを手に入れたとき」と答えるはず。あるいは、もっと単純に「Cであるとき」と答えるかもしれない。いずれにしろ、いま現在はその状況にないことでは共通している。これらはすべて、未来に実現してこそのものであり、Kに言わせれば、単なる過去の投影物、ということになる。過去に経験したこと、過去に見聞きしたこと、その記憶を未来に投影して実現を夢見ているだけであり、それでは、いつまでたっても幸せにはなれない、と。たとえ、思いどおりになって幸せを感じたとして、その幸せは長続きしない。最高の結婚式を挙げても、そのときの幸せは日々の営みに忘れ去られて、記憶の中に残るか、完全忘却の道をたどるか、別の幸せを望んでいる自分がいるだけとなる。

では、本当の幸せとは、どういうことを言うのだろう。すでに検討ずみではあるが、再確認しておこう。幸せとは、未来に実現するものではなく、いまここで悩み苦しまないこと、不満なく満ち足りていることを言う。いま悩み苦しまない私であるなら、そのあり方それ自体が幸せであり、どこかしらの場所に「幸せ」があるわけではない。ただし、Kが、幸せであるということがどういうことであるかを知ることは、幸せそのものではありません、と言っているように、知識として知った答えが私を幸せにしてくれるはずもなく、かつまた、あなたが知っていることは過去であり、現在ではありません、と言っているように、ほかでもない、いまのいま、現に悩み苦しまない私であってこその、本当の幸せとなる。悩み苦しみのただなかにあって悩み苦しまない私。言葉を超えた、このあり方が行為するとき、そこに幸せがある。では、幸せの対極に位置する、悲しみについて、Kは、どのように言っているのだろう。

体の痛みは神経反応ですが、心の痛みは自分に満足を与えてくれるものにしがみつく時、起こります。そうすると、何であれ、誰であれ、それを自分から奪い去ってしまう可能性のあるものが怖くなるからです。そっとしておいておかれる限り、心理的な蓄積物は心の痛みを防いでくれます。つまり、私とは積もり重なった集積物であり、経験の塊であり、そういったものがありとあらゆる深刻な動揺を防いでくれるのです。だから私は煩わされたくない。その結果、私は誰であれ、それらをかき乱す人を恐れるのです。という訳で、わたしの恐怖とは既知によるものです。私は痛みを避け、悲しみを防ぐ手段として自分が集めてきた、物理的、心理的蓄積物のことに心を砕いています。しかし心の痛みをかわすために積み上げるそのプロセスの中にこそ、悲しみは存在するのです。（二〇一ページ）

悲しみと恐怖の関係が明示され、という訳で、わたしの恐怖とは既知によるものです、と宣告が下される。心の痛みを防いでくれる特効薬を過去の記憶に求めるあり方が、ここでも問題とされている。自分に満足を与えてくれるものにしがみつくあり方は、幸せを求めてバラ色の未来を夢見るあり方と何の違いもなく、そこに恐怖の根があるとしたら、その根を掘り崩すのは容易ではない。「心ここにあらず」と言うが、既知のものに目が行って、根のある場所を発見できないからだ。心の痛みを防いでくれる「心理的な蓄積物」が私であり、その私を守るために侵略者を恐れ、恐怖の思いが生まれる、という指摘は、どこに恐怖の根があるかを教えてくれる、貴重な指摘と言える。自分のしていることが、効果があるどころか、そのプロセスの中にこそ、悲しみは存在する、というのだ。この指摘の意味するところを思い知るなら、いまや、本当にするべきことが見えてくる。本当にするべきこと、つまり、しないことである。既知のものにたいし、ブッダが取った態度は、徹底否定、それも、敵として撲滅するのではなく、しないことによって問題そのものが生じないあり方だった。幸せになるために、悲しまないために、既知のものを材料にして心を砕くことが問題であるなら、それをやめて、種をまかずにいれば、たしかに、問題は生じようもないのである。

〈慧者は〉見解によって〈清浄を言わ〉ず、伝承によって〈清浄を言わ〉ず、戒や掟によってもまた、清浄を言わない。〈あるいは〉見解なきによって、伝承なきによって、知恵なきによって、戒なきによって、掟なきによって、〈清浄を言わ〉ない。しかして、これらを放棄して、執持せずして、〈心が〉寂静となり、〈何ものにも〉依存せずして、〈もはや、迷いの〉生存を渇望しない。（スッタニパータ839）

〈真の〉知に至る者は、見解に至る者ではない。彼は、思想によって〈我想の〉思量に至ることがない。なぜなら、彼は、それに関わらないからである。〈特定の宗教〉行為によって〈導かれ〉ず、また、〈他者からの伝え聞きでしかない〉聞かれたものによっても導かれない。彼は、諸々の〈妄執が〉固着する場に連れて行かれない。（スッタニパータ846）

相変わらずの否定づくしであり、「見解」と「見解なき」の両者をともに否定するところが、その徹底ぶりを如実に示している。ここに言う「見解」「伝承」「知恵」「戒や掟」「見解なき」「伝承なき」「知恵なき」「戒なき」「掟なき」「思想」「行為」「聞かれたもの」は、すべてみな既知のものであり、ブッダにしてみれば、依存するどころか、何の未練もなく放棄され、心が動くことはない。ということで、諸々の〈妄執が〉固着する場に連れて行かれないあり方、つまりは、妄想しないあり方が、ブッダの説く救いのあり方となる。

第一九章　無執着

迷いのあり方についての参究に区切りがついたこともあり、本章からは救いのあり方を正面に取り上げての参究となる。そのトップバッターは、無執着。救いのあり方の第一歩として、申し分なくもあれば、必要不可欠のあり方と言えるだろう。実は、最初の一歩でもあれば最後の一歩でもあるのだが、そこのところは追々見て行くとして、まずは、テキストを掲げよう。

渇愛〈の思い〉で〈特定のものを〉偏重する人々は、捕縛された兎のように這い回る。束縛するものに執着〈の思い〉ある有情たちは、長きにわたり、繰り返し、苦しみへと近づき行く。

渇愛〈の思い〉で〈特定のものを〉偏重する人々は、捕縛された兎のように這い回る。自己の離貪を望んでいる者よ、それゆえに、渇愛〈の思い〉を取り除くがよい。（ダンマパダ３４２～３）

無執着について学ぶには、執着について学ぶのが順序となる。とはいえ、「迷いのあり方についての参究に区切りがついた」ことでもあり、ここは深入りせず、「執着している者は、対象に執着することで、自分自身を捕縛し束縛している」という、このことを確認して十分としよう。人は、何かに執着することで自身の迷いのあり方を持続させ、悩み苦しみを自己生産している、と。では、Kの言葉を見てみよう。

自分が所有しているもの、それが自分です。自分が執着しているもの、それが自分です。執着には気高さなど、これっぽちもありません。知識に対する執着も、満足を与えてくれる他のあらゆる耽溺と何ら変わりがありません。執着は、最も低いレベルにあろうと、最も高いレベルにあろうと、自己陶酔であることに変わりはありません。執着とは自己欺瞞であり、それは自分自身の虚しさからの逃避なのです。財産、人、観念といった、自分の執着しているものが極めて重要になってしまうのは、その虚しさを埋めてくれる様々な事物がないと、自己がなくなってしまうからです。（七二ページ）

Kもまた、執着というあり方の自己回帰性に言及する。執着とは自己欺瞞であり、それは自分自身の虚しさからの逃避なのです、と。上記引用の趣旨については、すでに、「無我」の章で見たところ。執着の対象は人それぞれで、「何でこんなものに」と首をかしげたくなるが、本人してみれば、自分の中の空虚感を埋めてくれる「かけがえのない存在」なのだから、手放すことなど思いも寄らない。そこに恐怖の思いがからんでいるのは、お察しのとおり。人間心理のこのあり方は、ブッダもまた、よく心得ていた。以下のテキストでは、「戒や掟」に執着する修行者の姿が活写され、その眼光の鋭さを今日に伝えている。

〈与えられた〉戒を最上とする者たちは、自制によって、清浄を言う――〈守るべき〉掟を受持して、

〔特定の宗教行為に〕奉仕している者たちとして。「まさしく、ここに、〔わたしたちは〕学ぶべきだ。しかして、清浄は、〔ここに〕存するべきだ」と――〔迷いの〕生存に導かれた者たちは、〔自らについて〕「智者である」と説く。

彼が、もし、戒や掟から死滅した者〔喪失者〕と成るなら、〔為すべき宗教〕行為を失って、動揺する。〔彼は〕清浄を渇望し、かつまた、切望する――家から離れて旅する者が、〔共に旅する〕隊商から捨棄されたかのように。（スッタニパータ898〜9）

宗教行為に熱をあげるのも、それが執着心の裏返しであるなら、信仰心に燃えているときは良いのだが、その熱がいつまで続くかは保証の限りではない。一時の酔いが醒め、手ごたえを感じられないまま時間だけが過ぎて行く、そのときは、上記引用のような末路となる。「これが清浄なのだ」と自分に言い聞かせながら宗教行為に身を捧げる、そのあり方は、自己の「清浄の欠乏状態」を持続させ、妄想された「未来の清浄」を求め続けることになる。何度も言うように、汚れたあり方をしている者が、汚れたあり方のままに清浄を求めたところで、自己の汚れが払拭される事態はやってこない。そこで、新しいやり方が、すなわち、自己の汚れを全面的に理解するやり方が、提示されたのだった。

私たちが依存したり、執着したりするのは、それには悲しみや恐怖が付きものであっても、それが私たちに快楽や安心感、力や幸福感を与えてくれるからです。そして快楽を得るため、傷つけられないようにするため、内面的な深手を負わないようにするために、私たちはまた無執着を求めるのです。私たちが追求しているのは快楽であり、満足なのです。私たちは、非難したり正当化したりせずに、このプロセスを理解するようにしなければなりません。なぜなら、それを理解しない限り、自分が抱えている混乱や矛盾から抜け出ることはできないからです。（七六ページ）

迷いのあり方が、よりダイレクトに「無執着を求める」と示されているところに注目したい。つまり、無執着の理想を求めるあり方が、不純な動機に基づくものとされ、その欺瞞性が暴かれている。これは、うえに見た清浄を求める修行者のあり方とまったく同じ事情にあり、これについてのKの言葉は、その内実をより明らかにえぐり出し、読む者に「なるほど」と言わせる説明となっている。ただし、その「なるほど」は、上っ面の表面的なものであってはならない。このプロセスを理解するようにしなければなりません、と強調するように、全身全霊を挙げての理解が必要であり、それなしでは、自分が抱えている混乱や矛盾から抜け出ることはできないからである。逆に言えば、これこそが、真に問題を解決する新しいやり方であるわけだ。

では、この新しいやり方について、ブッダの言葉を見てみよう。以下に登場する知と法について、その意味するところを、全身全霊を挙げて吟味してほしい。表面的な言葉の意味を超えた、奥行きある読みができるはず。

それらが何であれ、これらの凡俗なる諸々の主義は――まさしく、これらの全てに、知ある者は近づかない。〈特定の見解に〉近づかない彼が、どうして、〈特定の見解に〉近づく者のところに行くというのだろう――見られたものについて、聞かれたものについて、愛着〈の思い〉を為さずにいる者が。（スッタニパータ897）

彼は、まさに、知ある者。彼は、〈真の〉知に至る者。法（真理）を知って、依存なき者となる。彼は、世において、正しく振る舞う者。この〈世において〉、誰をも羨まない。

彼は、この〈世において〉、諸々の欲望〈の対象〉を超え渡ったのであり、世における超え難き執着〈の思い〉を〈超え渡ったのであり〉、彼は、〈もはや、何ものにも〉憂い悲しまず、悩まない――〈渇愛の〉流れを断ち切った、結縛なき者となり。（スッタニパータ947〜8）

知とは、Kの言う理解。法（真理）を知って、とは、あるがままの事実をあるがままに知り見て。ここに言う知ある者が、「特別な知識の所有者」を意味するはずもなく、彼が世の主義主張に近づかないのも、「自分こそが正しい知識を所有しているから」ではなく、それらのあるがままのあり方を遍知しているから、完全に理解しているからであり、それだけのことでしかない。無常・苦・無我の現実から逃避して、依り所となる答えを探し求めたところで、その答えが自身の願望を投影したものであるなら、満足の行く答えには到達できない。世の一切が無常・苦・無我なのであり、それが事実であるなら、何らかの対象物に執着したところで、その安心も暫時のものでしかない。このあるがままの事実を腹の底から理解するとき、依存なき者となり、世において、正しく振る舞う者となる。超え難き執着〔の思い〕を超え渡った彼に、悩み苦しみは無縁のものとなる。以上のように見て取ってこそ、ブッダの真意に寄り添った解釈と言えるのではないだろうか。

ただし、そうは言うものの、このやり方で問題が解決するとは思えないのが、私たちの迷いのあり方であり、その根深さでもある。「こちらから積極的に働きかけずに、単に知り見るだけで、事実を理解するだけで、本当に問題が解消するのだろうか」という疑問は、いくら振り払っても離れないかもしれない。「そんな都合の良い話があるわけないじゃないか」と。「苦労して撃退し、撲滅してこその、執着であるはず」みたいな思いもあるだろう。以下のテキストにおいて、Kは、問題が解消するプロセスについてかなり詳しく語っているので、この疑問を抱く方は、参考にしてほしい。

依存と共に、よそよそしさや執着、訳も分からなければ、救いようもない、絶え間なき葛藤が起こり始めます。あなたはこの執着と依存のプロセスに気づかなければなりません。非難や判断を交えずに気づかなければなりません。そうすれば、この対立するもの同士が引き起こす葛藤の意味が分かってくるでしょう。深い気づきを持ちつつ、意識的に思考を働かせて、欲求や依存の意味をまるごと理解するようにすれば、あなたの意識は開かれ、それらの意味をはっきりと掴むことでしょう。そうすると潜在意識が、その中に隠れている動機や追求や意思と共に、自らを意識の中に投影してくるでしょう。こうなったら、無意識が暗示してくることを一つ一つ受けとめて、理解しなければなりません。もしあなたがこの作業を何度も行い、意識で可能な限り明確に問題を考え抜いた末、潜在意識が投影してくる様々なものに気づけるようになると、たとえあなたが他の事柄に注意を向けていても、意識と潜在意識が勝手に力を合わせて、依存を初めとする他のあらゆる問題を何とか解決してくれるようになるでしょう。このようにして不断の気づきが確立され、その気づきは辛抱強くかつ穏やかに統合をもたらしてくれるようになります。そしてあなたの健康と食生活に何ら問題がなかったら、回りまわってそれが存在の豊かさをもたらしてくれるのです。（六七ページ）

まずは、あなたはこの執着と依存のプロセスに気づかなければなりません、とあり、さらには、非難や判断を交えずに気づかなければなりません、とあるように、ここに、気づきが登場するのが目を引く。気づきについては、次章で見ることになるので、ひとまず置いておいて、注目すべきは、「欲求や依存の意味をまるごと理解するようにすれば」以降の後半部である。さきに予告したように、理解による問題解決のプロセスが、いつになく詳細に語られているからだ。意識は開かれ、それらの意味をはっきりと掴む、とあるが、これは、「視界が開けることで事態を明確に把握し、あれこれ考える以前に、おのずと打つ手が見えてくる」みたいに考えられる。物事に暗中模索状態で対処したところで結果は知れている。的確な現状把握あってこその正しい応対となる。このことについては、これまで何度も指摘してきた。では、何が見えてくるのか、と言えば、潜在意識が、その中に隠れている動機や追求や意思と共に、自らを意識の中に投影してくる、ということになる。そして、その「無意識が暗示してくること」を理解する。ここで確認しておくべきは、この作業について、何度も行い、意識で可能な限り明確に問題を考え抜いた末、とあるところである。つまり、理解と言っても、実際問題として、いきなり「はい、わかりました」で話が終了するはずもなく、地道な作業をやり続けてこその話なのである。

Kは、よく「即座の理解」みたいな言い方をするので、これを勘違いして「それができれば、一挙に問題解決」みたいに考えがちだが、それは早合点と言うしかない。気づくとき、理解するときは、時間をかけず、妄想せずに、まさしく、瞬時に知り見るのだが、さすがに「一回で終了」みたいなわけにはいかない。これまでは思いも寄らなかった新しい見方に目覚めた、という意味では、とてつもなく意義深く、人生の一大転機とも言えるのだが、そのあとに地道な作業が続くこともまた、事実。長い時間をかけて身につけた悪しき習性は根深く、これをきれいさっぱり片付けるとなると、人それぞれではあるが、それなりの手間ひまが必要となってくる。相手は「潜在意識（無意識）」である。意識の圏外にあるものを一つ一つ意識化するのだから、どうしても根気の要る作業となる。それでも、かつての「妄想に裏打ちされた奮闘努力」とはまったく質の違う作業なので、手ごたえもあれば、確信もあり、その点では平坦な道と言えるだろう。かつまた、問題解決に向かう着実な道でもあるのだ。Kは請け負っている。このようにして不断の気づきが確立され、その気づきは辛抱強くかつ穏やかに統合をもたらしてくれるようになります、と。

ということで、単に知り見るだけで、事実を理解するだけで、問題が解消することになる。ご納得いただけたであろうか。そこで、気になる気づきであるが、検討を加える前に、本章のテーマである無執着について、経典の記述を確認しておこう。問題が「問題」として生じないあり方、これこそが、ブッダの説く無執着のあり方なのだから。

家を捨棄して、家なくして行く者――牟尼は、村において、諸々の親愛〈の情〉〈愛着の思い〉を為さずにいる。諸々の欲望〈の対象〉から遠ざかった者は、〈何ものも〉偏重せずにいる。〈特定の見解に〉執持して、人に〈論争の〉言説を為すことはない。

それら〈の見解〉から遠離した者として、世を渡り歩くべきであるなら、龍たる者〈牟尼〉は、それらに執持して、〈自説を〉説くことはない。たとえば、汚水に生える、棘《とげ》ある水蓮が、水に〈汚されず〉、さらには、泥に汚されないように、このように、〈内なる〉寂静を説く牟尼は、貪求なき者であり、欲望〈の対象〉にも、世〈の人々〉にも、汚されない。（スッタニパータ８４４～５）

またしても、否定の連続である。ただし、嫌悪の思いで遠ざけるのではなく、おのずと近づかないだけであり、そこのところは誤解なくありたい。単に執着しないだけのことであり、それはまた、寂静のあり方でもある。嫌悪の思いで遠ざける場合、心が寂静であるはずもなく、ここに言う遠離とは、邪魔にせず相手にせずの中庸のあり方であるはず。もちろん、事実をあるがままに知り見ることで遠離するのだが。ようするに、関心も、興味も、なくなってしまったのである。もうおわかりのように、意図的に遠ざけようとする場合は、「無執着」の理想を目指して、そうしているのであり、単に遠ざかる場合は、「無執着」という概念すらもなく、単に遠ざかるのである。さらに、このあり方を具体的に示唆するものとして、水蓮が登場する。汚水に生える水蓮は、執着する迷いの者たちの中にいながら執着しない牟尼のあり方を喩えるのに最適のものと言える。さらに引用を続けよう。

まさに、〈汚れを払った〉清き者は、すなわち、この、見られ聞かれたものに〈依存せず〉、あるいは、諸々の思われたものについて〈汚されず〉、それ（見られ聞かれたもの）によって思い考えない。〈彼は〉他のものによって、清浄を求めない。なぜなら、彼は、〈欲に〉染まらず、離貪もしないのだから。（スッタニパータ８１３）

一切の束縛するものを断ち切って、彼が、まさに、思い悩まないなら、執着を超え行く者であり、束縛を離れた者であり、わたしは、彼を「婆羅門」と説く。（ダンマパダ３９７）

以前にも登場した清き者であるが、既知のものに汚されない〈彼は〉他のものによって、清浄を求めない、と言う。この記述からもわかるように、既知のものによって清浄を求めるのが、旧来の迷いのあり方であるなら、清き者は、そうではない、まったく新しいあり方の行為者となる。彼は、〈欲に〉染まらず、離貪もしない、と。清き者のあり方として、「離貪もしない」とは、言葉的にはありえない話なのだが、さすがにここまでくれば、あえて説明を加えなくても、その意味するところは明瞭であろう。「する・しない」の二項対立もまた束縛であり、それをも超脱しているのが、真の意味での、しないあり方、執着を超え行く清き者のあり方となる。

　このように、無執着というあり方は、これだけで話が完結しているあり方でもあるわけで、それはまた、救いのあり方そのものと言なくもない。いきなり終着点に到達するのは、話として具合が悪いので、救いに至るプロセスについて、略説しておこう。まずは、迷っている状態があり、自己の迷いの状態に気づく。そして、自己の迷いの状態を観察して理解する。この気づきから理解に至る自己知が全身全霊を挙げてのものであるなら、その時点で無執着の状態になっているのであり、すでにもう、問題は解決状態にある。なぜなら、そのときは、心が静かになり、欲の思いを手放しているので、もはや、問題の種をまくことはなく、たとえ、問題が発生する場面に出くわしても、あるがままの事実認知ができているので、問題が発生するその瞬間に智慧が働き、即座に問題を解決するからだ。「プロセス」ということで、いかにも時間の経過を前提とした説明であるかのようになっているが、自己の迷いに気づいてから以降は、心理的な時間の観点は払拭され、妄想もまた無縁のものとなっている。つまり、「何かから何かになる」という話ではなく、いまここにおいて、するべきことをするだけとなる。ここのところは、くれぐれも注意してほしい。話の順序として、上記のような書き方をしたのであり、現に実践するときは、このような説明を「プラン」として想い描く必要もなく、それどころか、心理的な時間の観点にほかならない「プラン」は、実践の妨げとなりかねない。迷いのあり方は、理解して手放してこそ、救いのあり方となる。この事実を肝に銘じたい。画竜点睛を欠かないためにも、である。

第二〇章　気づき

かくのごとく、尊者アジタが〔尋ねた〕「諸々の〔欲望の〕流れは、一切所に流れ行きます。何が、〔それらの〕流れの防護となり、〔それらの〕流れの統御となるのかを、〔わたしに〕説いてください。何によって、諸々の〔欲望の〕流れは塞がれるのですか」と

かくのごとく、世尊は〔答えた〕「アジタさん、世において、それらの〔欲望の〕流れがあるとして、気づき〔念〕が、それら〔の流れ〕の防護となり、〔それらの〕流れの統御となると、〔わたしは〕説きます。智慧〔般若・慧〕によって、これら〔の流れ〕は塞がれます」と。（スッタニパータ１０３４〜５）

欲望の流れについて問う対話者にたいし、ブッダは答える。気づきが、それらの流れの防護となり統御となる、そして、智慧が、それらの流れを塞ぎ止める、と。上記引用において、気づきと智慧がどのようなものであるかは、いまだ語られてはいない。とはいえ、気づきと智慧の重要性は、この記述だけでも明らかだ。私たちもまた、以下において、この二者に参究のまなざしを注ぐことになる。まずは、気づきについてのブッダの言葉を確認しておこう。その重要性が、より具体的に見て取れるはず。

奮起あり、気づきあり、清らかな行為あり、〔物事を〕真摯に為し、自制し、法〔教え〕によって生き、〔気づきを〕怠らない者であるなら、〔彼の〕福徳は〔自ずと〕増え行く。

奮起によって、〔気づきを〕怠らないことによって、自制によって、さらには、調御によって、思慮ある者は、洲を作るがよい——それを、激流が押し流さないものとして。〔ダンマパダ24〜5〕

自己によって自己を叱咤せよ。自己によって〔自己を〕反省せよ。比丘よ、〔まさに〕その〔あなた〕は、自己が守られた、気づきある者となり、安楽に住むであろう。〔ダンマパダ379〕

このように、いまここのあるがままに意識的で気づいている心のあり方、つまりは、気づきが、ブッダによって推奨されている。ただし、いまここに気づいているのは、それも、不断のあり方で気づいているのは、あまりにもむずかしく、ここに奮起を促しているのは、単なる励ましの言葉ではない。私たちもまた、真剣かつ真摯に、この言葉の重みを知るべきなのだ。自己が守られた、気づきある者となり、とあるが、ここで、Kの言う自己知を想起したとして、自然の流れであるはず（牽強付会ではなく）。読解のヒントとなるテキストを、以下に掲げよう。

私たち一人一人が抱えている、数限りない問題を理解するためには、自己知がなくてはならないのではないでしょうか？　しかし自分に対する気づき（自己認識）は、最も難しいことの一つです。が、そのためには孤立したり、引きこもることが必要だと言っているのではありません。言うまでもなく、自分を知ることは必要不可欠なことですが、そのために人間関係から身を引く必要はないのです。（中略）自分を知るためには、行為をしている最中、関係し合っている最中の自分に気づかなければなりません。孤立や引きこもりの中ではなく、関係の中で、あなたは自分自身を発見するのです――社会との関係、奥さんやご主人、兄弟や人々との関係の中で。しかし自分がどのように反応しているか、どんな態度を取っているかを見出すには、並外れた精神の注意深さと知覚の鋭さが必要なのです。（二一四ページ）

まず確認しておくべきは、気づきのむずかしさである。ここでは、最も難しいことの一つと明言されている。なぜ、むずかしいのか、と言えば、行為をしている最中、関係し合っている最中の自分に気づかなければならないからである。たしかに、これはむずかしい。気づきの修行として、部屋の中で独り静かに誰にも邪魔されずにやる場合は、これはこれで妄想が邪魔をして困難を極めるのだが、やってやれないことはない。それを、日常の人間関係のただなかでやるのだから、そのむずかしさは、より一層のものとなる。しかしながら、私たちが悩み苦しみの種をまくのは、そのほとんどが無意識状態においてのことであり、かつまた、他者と関係し合っている最中にまかれるケースが多く、そう考えると、自己知としての気づきは、たとえ、実行に困難が伴うとしても、そのメリットには計り知れないものがある。不用意な発言や不注意の事故が、未然防止できるからだ。

たとえば、他者から厳しい言葉を言われたとする。普通は、それにたいして怒りの反応で応酬しトラブルになるのだが、自身のその反応に気づいているなら、怒りの連鎖反応がストップするかもしれない。そして、他者にその言葉を言わせた背景や動機が見えてくるかもしれない。もしかしたら、昨日の自分の失言が今日のその言葉になって返ってきたのかもしれない。あるいは、未熟な私のことを案じての叱責だったかもしれない。この気づきがあるかないかで、人生のあり方にどれだけ差がつくことか。この気づきがあるとき、それが心底のものなら、そこには、いつもどおりの反応がストップし、これまでと違う応対をする、まったく新しい私がいる。事態の深刻さが、その自覚が、自己に変容をもたらすからだ。

ここまで、当然のことのように前提して書いてきたが、あらためて明記すると、人間関係の中で気づきの対象となるのは、醜い自己であり、そのあり方となる。これは、「醜い自己」を目標として気づきを行なった結果ではなく、自己のあるがままに気づきのまなざしを向けるときは否応なしに醜い自己と遭遇する、という事実を言っているにすぎない。「気づきの修行を実践したら、自己のすばらしい姿を発見した」みたいなことは、まずありえない。さすがに、「百パーセントありえない」と断言するのは控えるが、あるがままの事実として、そうであるはず。なぜなら、無意識が隠蔽する自己のあり方は、見たくないもの、「ナシ」にしておきたいもの、それこそは目を背けたくなる醜いあり方であるからだ。あとで「何であんなウソをついたのだろう」と思うだけでも上出来で、ウソをついたこと自体を忘れてしまうのが、実状であるはず。気づきとは、無意識のうちに行なわれる隠蔽作業の化けの皮を剥がす作業にほかならない。自己欺瞞の罠にはまらず、真剣かつ真摯な実践者であるなら、そのときに出会うのは、隠しておきたい自己の姿であり、だからこそ、その実践には、並外れた精神の注意深さと知覚の鋭さが必要となる。

では、ブッダの言葉に目を転じてみよう。いま見た「気づきのむずかしさ」を加味して読んでみると、また違った味わいが得られるかもしれない。

田畑、地所、黄金、あるいは、牛や馬、奴隷や下僕、婦女たち、眷属たちを、多々なる欲望〔の対象〕を、その人が貪り求めるなら――

彼を、諸々の力なきものが押しつぶす。彼を、諸々の危難が踏みにじる。そののち、彼に、苦しみが従い行く――壊れた舟に、水が〔浸み入る〕ように。

それゆえに、人は、常に気づきある者となり、諸々の欲望〔の対象〕を遍く避けるがよい。それら〔欲望の対象〕を捨棄して、〔貪欲の〕激流を超え渡るがよい。舟〔に浸み入る水〕を汲み出してこそ、彼岸に至る者となる。（スッタニパータ769～771）

まず確認したいのは、ここに言う、人は、常に気づきある者となりが、激流を超える手段として位置づけられていることである。気づきによって舟に浸み入る水を汲み出し、彼岸に至る者となる、とある以上、そういうことになる。壊れた舟に、水が〔浸み入る〕ように、という喩えが示唆するように、この場合の気づきの対象は、誰の目にも止まる顕著なものではなく、知らず知らずに侵入を許す「気づいたときは手遅れ」的なものと考えられる。手遅れになる前に気づいてこその、水の汲み出しであり、気づきの効力であるはず。通常であれば意識化されない微妙な侵入物に気づくのだから、並外れた精神の注意深さと知覚の鋭さが必要となるわけだ。私たちは何の気なしに欲望の対象を貪り求めるが、その貪りの最中に自己のあり方に気づくのは、文字の世界であれこれ言うのとは段違いのむずかしさがある、という、このことを、あらためて指摘させていただく。著名人の話を聞いて、その場で「なるほど」と思っても、家に帰ってみれば、たとえ、その話を「知識」として伝えることができても、やっていることは元のまま、みたいなことが日常茶飯事であるはず。たしかに、これでは彼岸に至ることは望めない。自己の変容も夢の夢でしかなく、輪廻転生を繰り返すのも至極当然の成り行きとなる。厳しい言い方ではあるが、覚醒を促すための言辞とご理解いただきたい。日常生活における気づきは、それほどまでにむずかしい、ということである。

そもそも、気づきとは、いまここにおいて自己と世界のあるがままに気づいていることを言う。特定の対象物に気づくことではない。その場合は、あらかじめ目標を設定したうえでの作為的行為になるからだ。一見したところ、いまここに気づいているよりは、「問題解決の特効薬」や「神様」を対象とする探索行為のほうが、はるかにむずかしいように思える。しかしながら、あるかないかわからないものを探し出すよりは、いまここにあるものに気づいているほうが間違いなく簡単で、即座に実行可能な行為であるはず。でありながら、実際問題として、こちらのほうがむずかしいのだから、驚いてしまう。くわえて、自らのふがいなさも思い知ることになる。その意味で、ブッダが説いた気づきの教えは、ありがたくもあれば、貴重でもある。これを実践することで、常日頃は思いも寄らない事実に目を向けさせ、その意味するところに気づかせてくれるからだ。仏教者であるなら、先行き不透明の神様探しよりは、即座に効果が現われる気づきの実践に励むべきなのだ。

しかして、彼らに、善く努め励み、常に、身体のあり方についての気づき〔身至念：時々刻々の身体の状態についての気づき〕があるなら、彼らは、為すべきではないことに慣れ親しまず、諸々の為すべきことを常に為す者たちとなる。気づきと正知の者たちの、諸々の煩悩は〔自ずと〕滅却に至る。（ダンマパダ293）

身体のあり方に常に気づいているなら、それだけで正しい行為者となり、煩悩が消滅する、と言う。信じられない話に聞こえるが、ここまでくれば、その真実に納得するしかない。以上で、気づきについては、おおよその理解が得られたと思う。以下、その中身について、少々詳しく見て行くことにしよう。それには、Kの言葉が助けとなる。

理解、突き進む方法、非常に奥深く進んで行く方法は、気づき、すなわちただ自分たちの思考と感情に気づいていること、つまり非難したり、比較したりせずに、ただ観察することにあると思います。試してみれば、それがいかに難しいかがお分かりになるでしょう。なぜかと言うと、私たちは全て、非難したり容認したり比較したりするように訓練されているからです。（一五四ページ）

ここでは、気づきについて、ただ自分たちの思考と感情に気づいていること、つまり非難したり、比較したりせずに、ただ観察すること、と説明されている。そのむずかしさについては、私たちは全て、非難したり容認したり比較したりするように訓練されているから、と指摘する。試してみれば、とあるように、このことは、まさしく、気づきを実践してわかることであり、先取り的な話に聞こえなくもないが、そのような詮索はさておいて、ただ観察する、というあり方が、気づきの肝とも言えるポイントであることを、まずは確認したい。

気づきとは、非難したり容認したりせずに、何かを観察しているあの精神状態、あるがままの物事と単に向き合っているだけの、あの精神状態のことです。植物学的見地から花を見ているのではない時、あなたは一つの全体としての花を見ています。しかし花の植物学的知識を得ることに精神がすっかり夢中になっていたら、あなたは一つの全体としての花を見そこなってしまいます。（一七四ページ）

ここでは、ただ観察する、というあり方が、あるがままの物事と単に向き合っているだけ、という言葉で、より明確に説明されている。さらに、一つの全体として、という言葉にも注目したい。ものごとを全体として見ることが、気づきを実践するうえでの第二ポイントとなる。逆に言えば、普段の私たちは、特定の対象物に的を絞った局所的な見方でしか、ものを見ていないことになる。これが事実であるかどうかは、自分自身に尋ねるしかないが、自身について、ほんの少しでも客観的に見ることができたなら、その答えはおのずと出るだろう。道を歩くときの視線が、あらかじめ関心を持っている「特定のもの」だけに反応するように、私たちの行為は、無意識の行為も含めて、そのほとんどが特定の対象物を志向してのものであり、ここに言う一つの全体とは程遠いあり方をしている、と。

　気づきには現在があるだけです。つまり、気づいている時には、現在を支配し、未来を修正する、過去の一連の影響のプロセスが見えるということです。気づきは統合のプロセスであって、分離のプロセスではありません。（中略）気づきがあるならば、この過去の一連のプロセス全体並びに現在と未来に及ぼす作用が、一つの全体として一体的に分かります。（一七五ページ）

一つの全体として見えるのは、空間ばかりではない。時間についてもまた、過去の一連のプロセス全体並びに現在と未来に及ぼす作用が、一つの全体として一体的にわかる、と言う。いまここに全的に気づいているなら、現在を支配し、未来を修正する、過去の一連の影響のプロセスが見える、という指摘。私たちが普通に思い考えるところは、「思考を用いて過去の出来事を比較検討し、未来を予測することで、一連のプロセスを把握する」みたいなことであるはず。このようなアプローチは、思考を用いている段階で、すでにもう、ただ観察するあり方から外れている。統合のプロセスである気づきとは無縁の、分離のプロセスということになる。思考を道具として使う自覚があれば問題はないのだろうが、思考に使われる奴隷状態が続くかぎり、分離と対立の迷妄からは逃れられない。いっぽう、気づきがあるときは全体的把握が可能となる、というのであれば、「見よう」「見よう」と身構えた時点であるがままは見えなくなる、という、逆説的事実が見えてくる（思考の限界を物語るものとして）。受動的な気づきのまなざしで、いまここに注意深くあるとき、そこには、私のあるがままがある。作為のない無人カメラの前では、さすがの野生動物も、あるがままでいるしかない。ここに、ただ観察するあり方の極意がある。

自分の精神の働きを見ているあの状態、あの気づきの状態には、自分が抱えている非難感、容認感、否定感、苦悶感、無益感、絶望感、希望感、欲求不満感が存在します。気づきはそれらのどれか一部にだけ及ぶものではなく、全てに及ぶものです。それは一枚の絵全体を眺めるようなものです。絵の片隅を見て、「誰の描いた絵だろう?」と言うことではありません。（一七六ページ）

ここに列挙されている、非難感、容認感、否定感、苦悶感、無益感、絶望感、希望感、欲求不満感こそは、私のあるがままである。それらの全体が見えるのが、気づきの状態である、とKは言う。絵の喩えがわかりやすく、その趣旨は明らかだ。作家の名前を確認してからでないと、安心して鑑賞できない私たち。気づきの実践がむずかしいのも、当然と言うしかない。以上で、Kの説く気づきのあり方について、それなりの了解が得られたと思う。ふたたび、ブッダの言葉に目を転じてみよう。

執取〈の対象〉への渇愛を、〈その〉一切を、取り除くように。上に、下に、さらには、また、横に、〈その〉中間において、まさに、〈一切の〉世において、そのもの、そのものに、〈彼らが〉執取するなら、まさしく、その〈一つ一つ〉によって、人に、悪魔が従い行く。

それゆえに、〔このことを〕覚知している、気づきある比丘は、一切の世において、何ものも執取しないように――死魔の領域において執着するこの人々を、「執取〔の対象〕に執着する者たちである」と〔あるがままに〕見ながら。（スッタニパータ1103～4）

Kほど明確ではないが、ここでも、一切というあり方が強調されている。中途半端な気づきでは意味がない、ということである。心が対象に向かうあり方に細大漏らさず気づいていないかぎり、悪魔の支配からは逃れられない。なぜなら、絵の片隅に目が行く鑑賞者のように、対象に心が向かうこと自体が、悪魔の支配下にあることを暴露し、向かわない私であってはじめて、支配を脱したと言えるからだ。かつまた、対象に向かうあり方に気づいていれば、それでもう向かわなくなる、というのだから、不思議である。これまでもそうだったが、上記引用もまた、覚知している、気づきある、見ながら、などの受動的なあり方が、それがそのまま救いのあり方に直結する、と文意を取るしかない。事実を事実のとおりに知り見ることで救われる、あるいは、事実のとおりに知り見ることが救いそのものにほかならない、と。Kの言うように、何かになることでは、未来永劫に救われないからだ。

気づきには何かになるということがありません。達するべき目的などないのです。選択も非難も交えることのない、沈黙裡の観察があるだけで、そこから理解が生じます。このプロセスにおいて思考と感情が花開くと――それは獲得したり受け入れたりしない時にのみ起こり得ることですが――、広く様々なものに対する気づきが起こり、諸々の隠れた層と、その意義が明らかになります。そしてこの気づきによって、あの想像もつかなければ、定式的に言い表すこともできない創造的な空《くう》が明らかにされるのです。この広く様々なものに対する気づきと創造的な空《くう》は、一連の総合的な過程であり、相異なる段階ではありません。非難したり、正当化したりせずに、黙って一つの問題を観察すると、受動的な気づきが起こります。そしてこの受動的な気づきの中で、問題は理解され、消滅するのです。（一七九ページ）

以上が、気づきによる問題解決のプロセス、ということになる。これについて、一連の総合的な過程であり、相異なる段階ではありません、とあるのは、このプロセスが、何かから何かになる段階的なものではなく、時間の観念を払拭した、プロセスならぬプロセスであることを、ようするに、ひとつづきの行為であることを、如実に示している。気になる言葉である「創造的な空《くう》」については、「からっぽ」の章で見た。ここは、Kの説く救いのあり方として、受動的な気づきの中で、問題は理解され、消滅するのです、という、この言葉を確認してほしい。旧来の取り組み方を放棄する、一つのきっかけとなるかもしれない。

第二一章　智慧

欲望の流れの防護となり統御となるのが気づきであるなら、それらの流れを塞ぎ止めるのが智慧だった。ブッダが救いのあり方を説くとき、否定形（〜しない）で叙述するのを常とするが、気づきと智慧は、その例外と言える。では、ブッダの説く智慧とは、心のどのようなあり方を指して、そう呼ぶのだろう。

賢者が、〈気づきを〉怠らないことによって、怠ることを除く、そのとき、智慧の高楼に登って、憂いなき者となり、憂いある人々を〈見る〉。山に立つ者が、地に立つ者たちを〈見る〉ように、慧者は、愚者たちを、〈智慧の眼で〉注視する。（ダンマパダ28）

〈脆く儚い〉水瓶の如きこの身体を〈あるがままに〉知って――〈騒がしく雑然とした〉城市の如きこの心を〈外壁堅固に〉据え置いて――智慧を武器に、悪魔を討つがよい。しかして、勝ち得たものを守るがよい。〈なおかつ、勝ち得たものに〉固着なく存するがよい。（ダンマパダ40）

読んだとおりで、智慧に関する具体的な記述は存在せず、智慧がどのようなものであるかを、ブッダの直接の言葉で示すことはできない。本来のあり方からして、智慧については、「これこれこういうものである」と積極的に示すこと自体が的外れであり、その何たるかを消去法的にあぶり出す、否定的なアプローチを取るしかない。とはいえ、全体的な文意から、その何たるかを推察できないこともない。くわえて、注視する、および、知って、という言葉の存在も、その姿を浮かび上がらせるに十分の役割を果たしている。

そこで、文意によって推断するなら、ブッダの説く智慧とは、あるがままをあるがままに知り見る認知のあり方、となる。あるがままに知り見る智慧のまなざしによって、憂いなき者となり、悪魔を打破する。これは、「智慧」という対象物が存在して、それを装着して悪魔を討つ、みたいな話ではない。このような解釈をしりぞけるのが、注視する、および、知って、の存在である。愚者たちの迷いのあり方を、あるいは、身体という存在のあるがままを、智慧にほかならない。注意深く観察し、如実に知って、悪魔の領域を超え渡る。そのときに働く心のあり方が、智慧にほかならない。あくまでも、心のあり方であり、外在的な装着物と見ること自体が、迷いのあり方となる。かつて見た「無明」が、やはり、対象物（実体）としてあるのではなく、あるがままに知り見ていない状態を言うにすぎないのと、事情は同じ。無明もまた、これを外的付着物と見ること自体が、迷いのあり方となる。「Aが智慧で、Bが無明」という話ではなく、あるがままに知り見ているか否かが、両者の分水嶺となる。ブッダの説く智慧が「これこれこういうものである」と積極的な形で規定できないのも、このような事情がからんでいるからだ。このことは、以下のテキストにおいても同様で、智慧については、むしろ、このように非実体的に理解してこそ、深い読解が可能となることを、確認してほしい。

諸々の〈渇愛の〉流れは、一切所に流れ行く。〈貪欲の〉蔓草は、芽生えては止住する。しかして、

その蔓草が生じたのを見て、智慧によって、〔その〕根を断て。（ダンマパダ340）

一見したところ、智慧が「特別な知のあり方」を意味しているかのように思えなくもないが、やはり、あるがままに知り見る認知のあり方として理解したほうが、ブッダの教えに合致する読みと言える。かつまた、そのように非実体的に理解したとして、読解上の問題が生じるわけでもない。あるがままに知り見ることで貪欲の根を断つ問題解決のアプローチは、いまに始まったことではなく、これまでに何度も見てきた。「特殊かつ特異な智慧」を用いて根を断つのではない。貪欲を遍知し、その害毒を実感して、根を断つのである。ブッダの説く智慧を「神秘的で特別なもの」と理解する必要はまったくない、ということである。

智慧なき者に、瞑想（禅・静慮：禅定の境地）は存在しない。瞑想なき者に、智慧は存在しない。彼において、しかして、瞑想があり、かつまた、智慧があるなら、彼は、まさに、涅槃の現前にある。（ダンマパダ372）

瞑想（禅定の境地）とは、心が静まった状態を言い、そのような状態のときに働くのが、あるがままをあるがままに知り見る智慧であるなら、ここに言う智慧と瞑想の不離一体性は、極めて理に適っている。心が波立っている状態では、智慧は働かず、妄想が収まって静寂の状態にあるとき、はじめて智慧は働く。摩訶不思議な「超人の智慧」を求めて頑張ったところで、対象物を求めて頑張るそのあり方自体が、欲の思いに裏打ちされた「迷いのあり方」なのだから、いつまでたっても智慧は身につかない。まったく新しいやり方が、すなわち、妄想しないあり方こそが、智慧をもたらすのであり、求めることをやめて、いまここに全的にあるとき、そのときにおのずと働くのが、ブッダの説く智慧であり、そのあり方となる。

言ってみれば、智慧とは、無色透明の心のあり方にほかならず、それだけのことでしかない。無色透明だからこそ、あるがままをあるがままに知り見るのであり、かつまた、結果として、迷いと無縁のあり方をしているのであり、超常的な「神秘の智慧」である必要はない。無色透明でありさえすれば、それで十分である。心の奥底にダイヤモンドのような「不滅の智慧」があって、それを探し出す作業を修行と勘違いしている方が多いのだが、見当違いと言うしかない。仏道修行とは、妄想という心の汚れを落として心が無色透明になる作業を言うにすぎない。汚れを落とせば落とすほど智慧が働き、時々刻々に変化する事態にたいし適宜的確に対処できるようになる。これが、智慧の本質であり、有する価値であり、その効能となる。けっして、実体的な価値があるわけではない。あくまでも、そのときそのときの働きであり、そこのところは、誤解のないように注意してほしい。修行と称して、無駄に時間を費やすことほど、無意味なことはないのだから。

では、Kの言葉を見てみよう。Kもまた、積極的に「これこれこういうものである」と規定するのではなく、「これこれではない」といった否定的なアプローチを取っている。

知恵は、一人一人によって発見されるべきものであり、知識から生ずるものではありません。知識と知恵は両立しないのです。自己知が成熟すると、知恵が生じます。自分を知らずして、秩序はあり得ません。したがって徳も存在しません。（一四ページ）

知識の追求の中で、貪欲の中で、私たちは愛を失いつつあり、美に対する感性や残酷さに対する感度を鈍らせつつあります。私たちはどんどん分化していき、どんどんバラバラになってきています。知恵を知識で置き換えることはできません。そしてどんなに説明をしようとも、どんなに事実を積み上げようとも、それで人間が苦しみから解放されることはありません。（二七二ページ）

智慧と知恵の違いについては、気にしないでいただきたい。むずかしい漢字の「智慧」が仏教用語としてのものであるなら、ここに言う知恵は、ごく普通に使われる日常用語としてのものであり、Kは、その日常用語を使って、ブッダの言う智慧に該当するあり方を言い示しているにすぎない。よく言われるように、「月」という言葉は、月を指す指でしかなく、月そのものではない。言葉の違いにはこだわらず、中身の探求を優先させたい。

見てのとおり、知恵と知識は、両立不能のあり方をしているものとして位置づけられている。これは、予想の範囲内と言えるだろう。さらには、自己知が成熟すると、知恵が生じます、という記述も。どこかに知恵があって、それを獲得するのではなく、自己知があるときに知恵が働くのであれば、それは、いまここにおいて働く、非実体的なあり方のものであるはず。なぜなら、知識は過去のものであり、過去にあったとおりに再生して使用しないのであれば、知識として役には立たない。「1＋1＝2」が、今日は「1＋

1＝3」になるとしたら、それは知識ではない。知識は不変であり、その不変の知識を無常の現実の中で役立たせるのが、知恵の働きとなる。時々刻々に移り変わる現実の中で過去の知識を使いこなすのが知恵であるなら、それは、いまここ以外には働きようがない。かつまた、いまここのあるがままを観察する自己知がないのであれば、知識を使いこなすのは至難の業であるはず。自己知がない状態で知識を手段に問題を解決しようとしても、その取り組み方自体が迷いのあり方であり、結果は伴わない。自己知があれば、そこには秩序と徳があり、そのときは知恵が働き、知識を使いこなす。

英知は知性よりも格段に優れています。英知とは理性と愛が融合したものだからです。しかし英知が存在し得るのは、自己知、すなわち自分という全体的なプロセスに対する深い理解がある時だけです。（二七二ページ）

あなたは敏感でなければなりません。それは、特定の方向に偏ることのない、強烈な感受性を持つということです。それは、現れては消えていく情動ではなく、神経や目、体や耳や声を研ぎ澄ませているということです。いつ何時であれ、あなたは徹底的に鋭敏でなければなりません。このように徹底的に鋭敏でない限り、英知は現われません。英知は感性と観察とともに起こるのです。（一一八ページ）

ここでは、英知という言葉が使われているが、うえに見た知恵を言い換えたものと見て、話を進めよう。

英知が存在し得るのは、自己知、すなわち自分という全体的なプロセスに対する深い理解がある時だけです、とあるので、知恵と英知の同義性が了解できるからだ。ちなみに、自分という全体的なプロセスとは、自己の内界のみならず、自己と関わり合う外界の出来事をも含めた、全体的なプロセスと考えられる。と言うのも、後半のテキストにおいて、このように徹底的に鋭敏でない限り、英知は現われません。英知は感性と観察とともに起こるのです、とあるからだ。さらに、特定の方向に偏ることのない、強烈な感受性、ということであるなら、内界のみならず外界をも視野に入れた感受性であるはず。ここに、英知が現われる条件として、鋭敏であることが挙げられているが、見逃せない重要ポイントと言えるだろう。鋭敏であるのは、いまここ以外にはありえないからだ。未来がどうこうではなく、いまここにおいて鋭敏であるべきであり、つまりは、いまここのあるがままに注意深く鋭敏であってこその、英知となる。英知のあり方について、知的な検討を重ねたところで、絵に描いた餅を増やすだけでは意味がない。現に働いてこその、英知でもあるのだ。話の順序が逆になってしまったが、このテキストでは、英知について、理性と愛が融合したもの、というように、ポジティブな形で言及されている。これもまた、見逃せないポイントの一つとなるだろう。

知性を鍛えたところで、英知はもたらされません。そうではなく、英知は、人が知性と感情の完璧な調和のうちに行動する時、生じるのです。知性と英知には大きな違いがあります。知性とは、単に、感情とは関係なく、独立して機能する思考のことです。感情から独立したこの知性を、いかなる方向であれ、特定の方向に向けて鍛えると、人は大いなる知力を持つようになるかもしれません。が、英知を持つようにはなりません。英知には、元々、理路整然と思考する能力とともに、感じる能力も備わっているからです。英知にはこの二つの能力が深くかつ調和を保って、斉しく存在しているのです。(一三一ページ)

ここでも、英知は、一定の条件下において生じるものとされている。英知とは、人が知性と感情の完璧な調和のうちに行動する時に体験するものであり、知性でわかるものではない、と。だからこそ、「これこれこういうものである」という形でポジティブに規定できないのだが、それでも、英知には、元々、理路整然と思考する能力とともに、感じる能力も備わっている、とある。余計な心配をする必要はない、ということである。知性磨きを優先しているかぎり、英知は生まれようがない。英知が生まれるときは、健全な思考能力を伴って生まれるのであり、知性の欠如を心配する必要はない、と。

以上のKの言葉が、ブッダの説いた智慧を理解するにあたり、大いに役立つことは、よほどの偏見の持ち主でないかぎり、異論はないはず。さっそく、その有効性を実地検分していただきたいのだが、それに見合う素材として、今回は、問答形式のテキストを掲げよう。物事を知的に考える質問者と、智慧で答えるブッダ。両者のあり方の違いを味わってほしい。智慧とはこういうものか、と実感できるはず。

かくのごとく、尊者トーデイヤが〈尋ねた〉「彼のうちに、諸々の欲望が住みつくことなく、彼に、渇愛が見い出されることなく、かつまた、彼が、諸々の懐疑を超えた者であるなら、彼には、どのような解脱が〈存在するのですか〉」と。

かくのごとく、世尊は〈答えた〉『トーデイヤさん、彼のうちに、諸々の欲望が住みつくことなく、彼に、渇愛が見い出されることなく、かつまた、彼が、諸々の懐疑を超えた者であるなら、彼には、他の解脱は〈存在し〉ません」と。

〈尊者トーデイヤが尋ねた〉「彼は、依存なき者ですか。それとも、願い求める者ですか。智慧ある者ですか。それとも、智慧によって想い描く者ですか。釈迦族の方よ、わたしが、牟尼を識知できるように、一切に眼ある方よ、それを、わたしに説明してください」と。

〈世尊は答えた〉「彼は、依存なき者です。しかしながら、願い求める者ではありません。彼は、智慧ある者です。しかしながら、智慧によって想い描く者ではありません。トーデイヤさん、また、このように、牟尼を識知しなさい――無一物で、欲望〈の対象〉と〈迷いの〉生存にたいする執着なき者と」と。

（スッタニパータ1088～91）

上記テキストには、二つの問答が登場する。一つは解脱をテーマとし、もう一つが智慧をテーマとしている。最初の問答では、対話者の実体的なものの見方が、素っ気なく切り捨てられている。「解脱」なるものが実体的に存在すると思い込んでいる対話者にたいし、ブッダは、彼には、他の解脱は〈存在し〉ません、と答える。これは、裏を返せば、彼のうちに、諸々の欲望が住みつくことなく、彼に、渇愛が見い出されることなく、かつまた、彼が、諸々の懐疑を超えた者であるなら、彼は、まさに、解脱者として、いまここにあることになる。であるなら、彼には、どのような解脱が〈存在するのですか〉、と尋ねること自体がおかしな話であり、迷いのあり方を自ら暴露していることになる。ブッダの答えが素っ気ないのも、当然である。

もう一つの問答こそは、ブッダの説く智慧がどのようなものであるかを教えてくれる、貴重なテキストと言える。彼は、智慧ある者です。しかしながら、智慧によって想い描く者ではありません、という言葉が、それである。智慧ある者は、いまここにおいて智慧ある者であり、つまり、智慧と一体化したあり方で時々刻々に行為するのであり、対象物として「智慧」があるわけではない。さらに、これまでの学びの成果を加味して言い添えるなら、依存なく願望なく、無一物で無執着であるとき、彼は、智慧ある者として世にある。実体的に存在する「智慧」を獲得して、智慧ある者に変身するのではない。「依存・願望・所有・執着」といった迷いのあり方をやめるとき、「やめる」と言うよりは、ただしないときに、そのとき、そこに行為するのが、智慧であり、ブッダの説く救いのあり方となる。

第二三章　解脱

本論も残すところ、あと三章となった。各章のタイトルは、「解脱・遠離独存・涅槃寂静」。これをわかりやすく言い換えると、「手放すこと・独りあること・心が乱れないこと」となる。あらためて確認しておこう。これらのあり方は、救いのあり方としてあるのだが、未来に実現するものではない。「何か」になるための目標でもない。いまここにおいて現に行為するあり方であり、このことは、しっかりと押さえておきたい。ただし、「いまここ」と言っても、それは、頭の中の概念化された「いまここ」ではなく、ただ行為するあり方であることも、押さえておくべきポイントとなる。かつまた、それは、しないこと、無意識のうちに踏襲している過去のパターンを意識化してストップすることであり、作為的に、恣意的に、積極的に、能動的に、対象的に、実体的に、固定的に、志向的に、加算的に、打算的に、強制的に、抑圧的に、無理やり成し遂げるものではない。ほかでもない、いまのいま、妄想しない私であるときに現成する、全的な行為のあり方を言う。このことを念頭に置きつつ、本題に入りたい。

旅に赴き憂いを離れる者に、一切所に解脱した者に、一切の拘束を捨棄した者に、苦悶は見い出されない。（ダンマパダ９０）

彼の意は、寂静と成る——言葉も、行為も、寂静と〈成る〉——正しい了知による解脱者にして寂静なる者、そのような者であるなら。（ダンマパダ96）

ブッダは言う。解脱者には、苦悶は見い出されない、かつまた、彼の意は、寂静と成る——言葉も、行為も、寂静と〈成る〉、と。解脱と寂静のあいだに時間差はなく、一挙に、同時に、救いのあり方として成就する。そのときはそうなっているのであり、そのあり方は、そうなる以前には思いも寄らないあり方でそこにある。そうなってはじめて実感でき、その何たるかが腑に落ちる。そうなる以前の段階であれこれ詮索したところで意味はなく、それどころか、その詮索が邪魔をして、ますます道から外れてしまう。そこで気になるのが、正しい了知による解脱者、という言葉である。これまでの学びと直結するあり方として、この言葉に目が止まるのは、私だけではないはず。これについて、もう少し詳しく説明しているテキストがあるので、以下に掲げよう。

諸々の欲望〈の対象〉にたいする欲〈の思い〉を捨棄し、しかして、諸々の失意〈の思い〉を〈捨棄し〉、両者ともに〈捨棄すること〉、さらには、〈心の〉沈滞を除き去ること、諸々の悔い〈の思い〉を防ぎ護ること——

放捨と気づきという清浄なる〈境地〉、〈あるがままの〉法（真理）という〈正しい〉考え方を先導とする〈解脱の境地〉——〈これらを〉了知による解脱と、無明の破壊と、〈わたしは〉説く。（スッタニパー

（タ1106〜7）

まずは、了知による解脱と無明の破壊が同義とされているところに着目したい。これはまた、了知と無明の対義関係を示唆するものとなっている。了知による解脱についての具体的説明に目を転じてみると、前段においては、〜しない心のあり方がいつものように列記され、後段においては、そのあり方が、否定形ではなく、肯定形で示されている。なかでも注目すべきは、法（真理）という〔正しい〕考え方を先導とする、という言葉であろう。正しい思考が存在するのは、すでに確認したところ。そうすると、ここに言う法がどのようなものであるかが、全体の意味を左右する分岐点となる。これまでの学びの見地からすると、ここは、あるがままの事実、と理解したいところではある。あるがままの事実確認という正しい思考に基づく解脱の境地、それが、了知による解脱である、と。ただし、断言的に「この解釈しかない」とは言えず、上記理解は、解釈の可能性として提示するにとどめたい。ブッダの説く解脱のあり方が、あるがままの事実確認によって成就するかどうかは、各人が教えを実践して、そのうえで確かめてほしい。責任放棄の言い方に聞こえなくもないが、本稿は自説の正当性を主張するための参究ではないので、ご了解いただきたい。できるかぎりの論考を試みはするが、言葉上の探求は、ほどほどのところで切り上げるのが、ブッダの教えそのものに適うスタンスと言えるからだ。とはいえ、上記記述から、ここに言う了知による解脱が、〜しないあり方を言うものであることは、あらためて確認できるだろう。ならば、了知を、妄想しないあり方、つまりは、あるがままに知り見る認知のあり方と理解したとして、あながち的外れではないはず。

では、Kは、解脱について、どのように語っているのだろう。Kの場合、「解放」もしくは「自由」が、解脱に該当する言葉として使用されている。

正しいだの間違っているだのと言わずに、ただ気づくことができますか？ 単に見るということは、非常に困難な課題であるので、そうすることは無理だ、と私たちは言ってしまいます。よろしいですか、何の反応もせずに、このあなたという存在の全体性に気づいている時にのみ、条件づけはすっかり、徹底的に去っていくのです。そしてそれが自己からの真の解放なのです。（一五〇ページ）

このように、ただ気づくこと、そして、単に見るということが、それがそのまま、解放の行為として位置づけられている。何の反応もせずに、このあなたという存在の全体性に気づいている、という、高めのハードルがあるとはいえ、それでも、ただ気づくことによって条件づけの呪縛が解き放たれる事実が、ここに指摘されている。

誰かがあなたに何か言う。あなたはそれに耳を傾ける。そして他ならぬその耳を傾ける行為が解放する行為なのです。事実を見る時、まさにその事実を知覚することが事実の解放であるのです。（中略）もし私たちが耳を傾けるならば、つまり評価や反応、判断を交えないという意味で、傾聴するのであれば、その時、間違いなくその事実からエネルギー——すなわち、葛藤を引き起こす野心を破壊し、拭い

去り、一掃してくれるエネルギー――が生まれるのです。（一六六ページ）

　ここでは明確に、他ならぬその耳を傾ける行為が解放する行為なのです、および、事実を見る時、まさにその事実を知覚することが事実の解放であるのです、とあるので、Kにとって、事実の知覚と解放の行為の両者は、まさしくイコール関係にあることが見て取れる。ここにもまた、評価や反応、判断を交えない、という付帯条件があるが、上記見立てを変えるものではないはず。エネルギーについては、たびたび言及してきた。事実の知覚は、エネルギーを浪費する愚行をストップさせ、変容のためのエネルギーをもたらすのだった。さらに、引用を続けよう。

　自分自身と交われば、なぜ自分が何かに属するのか、身を委ねてきたのかがお分かりになるでしょう。そして更に突き詰めていけば、自分が隷属的な立場に置かれていること、自由が狭められていること、そして身を委ねた結果引き起こされる、人間としての尊厳の欠如が見えてくることでしょう。このようなこと全てを瞬時に知覚する時、あなたは自由であります。自由になるために努力する必要などありません。だからこそ知覚が極めて必要なのです。（二六九ページ）

　前半部分では、明らかに自己知のことが言われているので、ここでは、自己についての事実の知覚が、自由の境地ということになる。このようなこと全てを瞬時に知覚する時、あなたは自由であります、とあるが、瞬時とは、その知覚がいまここの行為であることを示すものでもあれば、未来に自由になることの錯誤を指摘するものでもあり、これもまた、自由であるための付帯条件と考えられなくもない。いずれにしろ、うえに見たテキストと同趣旨のものであることは、容易に見て取れる。ここで一つの示唆を提示するなら、ブッダの言う了知と、Kの言う知覚は、同義のものとして理解できるのではないだろうか。ただし、これは、あくまでも実践上の観点からの話であり、言葉的な話ではないので、そこのところは誤解のないよう、お願いしたい。あらためて、ブッダの説く解脱の境地について見てみよう。

彼らに、蓄積が存在せず、彼らが、食のことを遍知しているなら——彼らの、解脱の境涯が、空にして、かつまた、相なきものであるなら——彼らの境遇〈死後に赴く所〉は、虚空における鳥たちの〈行方〉のように、捉えどころがない。

彼の、諸々の煩悩が完全に滅尽し、しかして、〈彼が〉食に依存なき者であるなら——彼の、解脱の境涯が、空にして、かつまた、相なきものであるなら——彼の境処〈境地・歩み〉は、虚空における鳥たちの〈足跡〉のように、捉えどころがない。〈ダンマパダ92〜3〉

あえて手前味噌的に指摘すると、解脱の境地が、空にして、かつまた、相なきものでありながら、遍知している状態でもあるのは、ここでもまた、了知による解脱を説いているのであり、Kの言う、全的な気づきや事実の知覚と相通じるものがあるのではないだろうか。虚空における鳥の喩えがすばらしく、文意が明瞭に取れるので、「そんな細かいことを」と言われかねないのだが、一つの着目点として言及させていただいた。空にして、かつまた、相なきものとは、観念の固着物や残留物を心に残さない、あるがままに知り見る認知のあり方であり、それがそのまま、解脱のあり方となる。文意に沿った解釈の可能性として、このように読めるはず。いかがであろうか。

わたしは、一切を征服する者として、一切を知る者として、一切の諸法〔事象〕に汚されない者として、〔世に〕存している。一切を捨棄する者は、渇愛の滅尽〔涅槃の境処〕において解脱した者は、自ら証知して、誰を、〔師と〕定めよう。（ダンマパダ３５３）

ここでは、一切を知るが、了知との関連性を想起させる。一切を征服するは、煩悩の克服を、一切の諸法〔事象〕に汚されないは、あるがままの事実認知を、一切を捨棄するは、～しないあり方を、それぞれ意味すると考えられる。さらには、渇愛の滅尽〔涅槃の境処〕が解脱の境地とイコール関係にあることがわかり、自ら証知して、という言葉もまた、自己知を想起させるに十分な存在感を示している。誰を、〔師と〕定めよう、という宣言からは、条件づけから解放された自己の依存なきあり方が見て取れる。さらに、引用を続けよう。

諸々の過去の煩悩を捨棄して、諸々の新しい〔煩悩〕を作らずにいる者は、欲〔の思い〕に至る者ではない——また、〔特定の見解に〕固着して説く者でもない。彼は、諸々の悪しき見解から解脱した者、〔真の〕慧者である。自己を難じることなき者は、世において、〔何ものにも〕汚されない。

あるいは、見られたもの、聞かれたもの、あるいは、思われたもの、それが何であれ、彼は、一切の諸法（事象）にたいし、敵対という有り方を離れている。彼は、〔生の〕重荷を降ろした者、牟尼であり、解脱者である。〔時間の〕妄想ある者ではなく、〔作為の〕止息ある者ではなく、〔未来の〕切望ある者ではない。（スッタニパータ913〜4）

ここでは、時間の観念が解き放ちの対象としてクローズアップされ、それに付随する見解や既知のものからの解脱が説かれている。冒頭の、諸々の過去の煩悩を捨棄して、諸々の新しい〔煩悩〕を作らずにいる、とは、条件づけの毒牙にかからない解脱者のあり方を描写したものにほかならない。あらためて自己に問い尋ねたいのだが、そもそも、私たちは時間の観念を「心の汚れ」と見ているだろうか。すなわち、条件づけの道具となる「心の汚れ」として。こうして意識的に学んでいるときは、そのように見ているかもしれない。しかしながら、日常意識としては、どうだろう。そうは行かないのが実状ではないだろうか。事実としての時空概念、ここからあそこまでの距離や移動に要する時間は、物理的事実と合致しているかぎり、問題はない。問題はないはずなのだが、そこに心理的要素を知らず知らずに持ち込んで主観的な価値意識を潜ませるのが、迷いのあり方であり、条件づけの恐ろしさでもある。

話がここまで煮詰まったからには、もはや再論するつもりはないが、一切の諸法（事象）にたいし、敵対という有り方を離れている、解脱者のあり方は、無意識も含めてのものであり、このことは押さえておきたい。取りこぼしあっての解脱が存在するはずもなく、〔生の〕重荷を降ろした者として世にあるには、意識の暗がりに潜んでいる汚れにも照明を当て、クリーンアップするしかない。過去のことであれやこれや自己を難じることがないなら、汚れを落とした状態になっているのだろうが、自己を振り返るとき、そのような私でいられるだろうか。〈時間の〉妄想ある者ではなく、〈作為の〉止息ある者ではなく、〈未来の〉切望ある者ではない、というあり方も、無意識の妄想の手ごわさを考慮した、念には念を入れてのダメ押しと考えられる。単に気づいている、と言っても、思いのほかにむずかしいのが、無意識の怖さであり、条件づけの根深さでもある。ここは、Kの言葉に助けを仰ぎ、遺漏のないように努めたい。

条件づけから自分を解放したいという願望は、条件づけを助長するにすぎません。しかしもし願望を押さえつける代わりに、願望の全プロセスを理解するならば、他ならぬその理解によって、条件づけからの自由がもたらされます。しかしながら条件づけからの解放は、直接もたらされる結果ではありません。お分かりですか？　仮に私が意図的に、自らを条件づけから解放しようとし始めるとしましょう。すると、その願望がそれ独特の条件づけを生み出してしまいます。一つの条件づけは打破されるかもしれませんが、私は別の条件づけに捉われてしまうのです。これに対して、解放されたいという願望も含んだ、願望そのものに対する理解があると、他ならぬその理解が全ての条件づけを打破するのです。
（一五三ページ）

ここでは、二つの重要なことが指摘されている。一つは、「条件づけから解放されたい」という願望は、その願望自体の条件づけを促進する、という指摘。もう一つは、「解放されたい」という願望も含めた願望そのものにたいする理解があれば、条件づけは打破される、という指摘。心が自らに仕掛けるトリックを見破り、それを理解することで、トリックそのものが無効化するとき、まったく新しい心のあり方が行為する。これが、Kにとっての、真の解脱ということになる。私たちが普通に取り組んでいる「条件づけからの解放・自由」は、実は、条件づけの一つでしかない、という指摘は、思考者と思考の二元性の虚妄を指摘するスタンスと同一線上にあり、Kの教えの革新性を如実に示すものと言えるだろう。この事実の重みを真正面から受け止め、自らのものとして了知し実得するのが、解脱の道であり、解脱者のあり方となる。

習慣に抵抗したり、それと戦ったり、それを否定したりすることは、単に習慣を継続させるだけです。特定の習慣と戦う時、あなたはそれに勢いを与えているのです。そしてそうすると、他ならぬその習慣との戦いが更なる習慣となるのです。しかし習慣に抵抗せず、単にその構造全体に気づいているだけであるならば、その時、習慣からの自由が起こることを発見するでしょう。そしてその自由の中から、新たなる物事が生じるのです。（中略）一瞬一瞬注意深くある精神、すなわち自分が言っていることに注意を払っている精神、自分の手、思考、感情の動きに注意を払っている精神は、もはやこれ以上習慣が形成されることがないことを悟るでしょう。（一五八ページ）

全的な気づきと理解があるとき、条件づけは過去のものとなり、百パーセントいまここに行為する自己がいる。もちろん、条件づけの結果として、そうなるのではない。するべき行為を時々刻々に行為する自己。自由とは、そして、解脱とは、自己のそのあり方を言うにすぎない。

第二三章　遠離独存

遠離（独りあること）についての話となる。ここで、話の順番として、解脱と涅槃寂静のあいだに遠離独存をもってくることに、疑念を抱く方がおられるかもしれない。遠離独存して解脱し、涅槃寂静となるのではないか、と。ここに言う遠離独存は、解脱のための手段というよりは、解脱している状態、もっと言ってしまえば、涅槃の境地を言い換えたものであり、つまるところ、解脱と遠離と涅槃の三者は、三位一体として理解するべきであり、そうしたほうが教えの趣旨にも適っている。いま一度、繰り返そう。遠離して解脱するのではなく、遠離している状態が、それがそのまま解脱のあり方であり、涅槃の境地にほかならない。それも、目に見える物理的な遠離状態のみならず、心のあり方としての遠離こそを、問うべきなのだ。「形を整えて、心はそのまま」というのでは、話にならない。物心両面にわたってこそ、真の遠離と言えるのであり、順序としては、「形あっての心」ではなく、「心あっての形」であるはず。そこのところは、十二分に留意したい。では、テキストを見てみよう。

〔道を〕歩んでいる者が、もし、自己と同等か、より勝る者に到達しないなら、独り歩むこと（独行）を、断固として為すように。愚者のうちに、道友たることは存在しない。（ダンマパダ６１）

独りある者の歩みのほうが、より勝《まさ》っている。愚者のうちに、道友たることは存在しない。しかして、諸々の悪しきことを為さず、〔俗事に〕思い入れ少なく、林のなかのマータンガ象のように、独り、歩むがよい。（ダンマパダ３３０）

独り坐し、独り臥し、独り、休みなく歩み、独り、自己を調御しながら、林の外れで喜びある者として存するがよい。（ダンマパダ３０５）

ここに言う、歩んでいる者は、物理的に道を歩んでいる者でもあれば、教えの道を歩んでいる者でもある。文意としては両義に意味を取るべきだが、実践的な観点からすると、うえに述べたように、心のあり方として読むべきであろう。それにしても、愚者のうちに、道友たることは存在しない、とあるのは、手厳しい。朱に交われば赤くなる、ということなのだろうが、友達を多く作れば作るほど満足度が高くなる私たち現代人にしてみれば、実行困難な教えであることは間違いない。現代社会においては、人間だけではなく、機械を介しての情報までもが、ここに言う愚者に含まれるのだから、なおのこと、ハードルの高い教えであるはず。しかしながら、条件づけからの解脱、という観点に立つなら、心理的に影響を受けない、独りある者の歩みのほうが、より勝《まさ》っている、と言わざるをえない。とくに、知らず知らずに行なわれるマスメディアの洗脳は、恐ろしくもあればタチも悪く、その毒牙にかからないためには、〔俗事に〕思い入れ少なく、独り、自己を調御しながら、世にあるべきなのだ。

手によって自制され、足によって自制され、言葉によって自制された、最上の自制者――内に喜び、〈心が〉定められた者――〈常に〉満ち足りている、独りある者――彼を、〈賢者たちは〉「比丘」と言う。（ダンマパダ３６２）

〈欲望の対象から〉退去して行じおこなう比丘が、遠離の坐所に親しんでいるなら――〈彼のことを、賢者たちは〉「彼にとって、それ〈遠離の坐所〉は、〈比丘として〉ふさわしいことである」と言う――彼が、〈迷いの〉生存域において、〈彼の〉自己を見せないなら。（スッタニパータ８１０）

付言しておくと、〈欲望の対象から〉退去して行じおこなう比丘は、独りあるあり方を、やせ我慢してやっているわけではない。内に喜び、〈常に〉満ち足りている、とあるように、あくまでも、救いのあり方として示されるのが、遠離である。私たちの日常意識が「価値ある」と思い込んでいるものが、実は、価値あるどころではなく、悩み苦しみの元であることを悟り、それらを手放したときの解放感は、実際に手放した者にしかわからない。そこのところが、その実行を困難にしている一因なのだが、安心安全志向に裏打ちされた心の抵抗を振り払って遠離の道を歩むのが、独りある比丘のあり方となる。ただし、ここで、ブッダが、彼が、〈迷いの〉生存域において、〈彼の〉自己を見せないなら、と念を押しているところが、何とも意味深く、考えさせられる。人間関係の中で、ほんの少しでも自我意識が顔を出したなら、それだけでもう、遠離ではないのだから、ハードルの高さは規格外と言うしかない。もちろん、だからと言って、チャレンジそのものを放棄して世俗に逆戻り、というのであれば、仏教者として情けない話となる。解脱も、遠離も、

「歯を食いしばってやりぬく」みたいな話ではなく、あくまでも、いまここの心のあり方の問題なので、自分が作り出したハードルの高さに怖気づく必要はない。いまここという足元をしっかり固めておけば、おのずと道は開けてくる。ここら辺の消息は、Kが詳しく語っているので、その言葉を足場にして、遠離の何たるかを、さらに掘り下げて探ってみよう。

独りあることには美があります。（中略）そしてあなたは独りあらなくてはなりません。貪欲さや羨望、野心や傲慢さ、功績やステータスといった、社会の心理構造を成している諸々のものから脱却すると、人は完全に独りになります。これは極めて特別なことです。すると、そこに大いなる美、大いなるエネルギーの感覚が起こります。（三五二ページ）

Kの場合、遠離の対象については、「社会の心理構造を成している諸々のもの」と、明確に規定している。もちろん、過度の贅沢や華美は論外で、少欲知足であるべきだが、遠離は、基本的には、心のあり方とされる。ここで、あらためて確認したいのが、すると、そこに大いなる美、大いなるエネルギーの感覚が起こります、という、Kの指摘である。迷いの心にとっては、心理的な依存の対象を手放すことは、不安と恐怖以外の何ものでもないのだが、実はそうではなく、そのときは大いなるエネルギーが生まれる、と。さらに、Kは言う。

宗教的な精神状態が理解され得るのは、私たちが美とは何であるかを理解し始める時だけです。そして美の理解は、全面的に独りあることによって、取り組まれなければなりません。精神は全く独りある時にのみ、美の何たるかを知ることができるのであり、他のいかなる状態においても、それを知ることはできません。（三五三ページ）

ここでは、独りあることの大切さと、そのハードルの高さが示唆されている。全面的に、という付帯条件と、他のいかなる状態においても、それを知ることはできません、という念押しが、それである。ブッダの場合もそうだったが、一切の妥協を許さないのが、遠離独存である。ただし、これは、心理的な意味でのことであり、「すべてを捨ててホームレスになれ」という話ではない。心のあり方として、独りあること。何度も繰り返すが、このことを忘れてはならない。

全く独りあることには、精神にいかなる類の感化影響もなく、したがって精神が社会によって汚されていないという意味が含まれています。そして宗教を理解するためには、すなわち時間を超越したもの、不滅のものが存在するのかどうか、自分自身で見出すためには、精神は独りあらなくてはならないのです。（三五三ページ）

社会によって汚されていない、とあるので、遠離は、Kにとってもまた、世俗の汚れからの解脱を意味し、だからこそ、完全に、全く独りあることが、必要不可欠の要件となる。ここに言う、時間を超越したもの、不滅のものとは、涅槃のことと考えられるので、私たち仏教者の最終目標が成就するのも、この独りあることとあっての話となる。ただし、涅槃は、いまここの心のあり方として問われるべきであり、それは、独りあることの結果として実現するものではない。かつまた、前もって「目標」とするべきものでもない。上述のように、解脱と遠離と涅槃の三者は、三位一体として見るべきであり、過去のあり方とは質を異にする、まったく新しいあり方、すなわち、〜しないあり方を言う。「目標」を設定して「それ」に向かって努力するあり方と、〜しないあり方の違いは、何度もしつこく言及してきたが、私たちの無意識は自己の保身に巧みなので、通り一遍の理解では、単なる「わかっているつもり」で終わってしまう。実のある結果を出すには、一切の妥協を排除して、汚れの侵入を注意深く阻止するしかない。

孤独は、独りあることとは全く違います。独りあるためには、この孤独を超越しなくてはなりません。孤独は独りあることと同じではありません。孤独を味わっている人は、独りあるものを絶対に味わえません。あなたはこのような独りある状態にありますか？　私たちの精神は、統合されておらず、独りあることがありません。精神の作用自体が分離する傾向にあり、そして分離するものは孤独を味わうのです。（三五四ページ）

ここに言う、孤独と独りあることの違いは微妙だが、ここでは、分離するものは孤独を味わう、という言葉が理解を助けてくれるので、ありがたい。ざっくり言ってしまえば、自我意識があるのが孤独で、ないのが独りあること、となる。分離とは、自他の分離であるからだ。ここに、統合という言葉があるのも、その理解を助けている。私たちは孤独であるとき、その空虚感を埋めようとする。可能であるなら、他者とのコミュニケーションを試み、それができないときは、自分の心の中でおしゃべりを始める。これにたいし、独りあるときは、統合の状態にあり、孤独を味わうことはなく、虚しさを埋めようとしないので、そこにはエネルギーがある。ただし、孤独と独りあることが「互いに没交渉の断絶したあり方」をしているのか、と言えば、以下の引用に見るように、そうではないところが、私たちにとっては救いとなる。

精神は独りある統一体ではありません。それは何世紀にも亘って、寄せ集められ、接合され、加工されているのです。精神は決して独りあることができません。決して独りあることを味わえません。しかし孤独を味わっている最中、それに気がつくと、このような独りあることが起こります。そしてそのような時においてのみ、計り知れないものが存在し得るのです。（三五四ページ）

孤独と独りあることが、没交渉の断絶したものであるなら、いまのいま、孤独に悩み苦しんでいる私たちに打つ手はなく、未来に希望を託すしかない。もちろん、未来を保証してくれる者は誰もいない。私たちが独りあるのは、いまここ以外にはありえない。まさに、いまここで孤独に悩み苦しんでいるとしても、である。しかしながら、孤独についても、気づきによる理解が救いのあり方として威力を発揮し、このジレンマは解消されることになる。しかし孤独を味わっている最中、それに気がつくと、このような独りあることが起こります、とあるように。もうおわかりのことと思うが、孤独から逃避するとき、自他の分離が生まれ、孤独とともにとどまり理解するとき、統合された統一体として、独りある状態がそこにある。そしてそのような時においてのみ、計り知れないものが存在し得る。仏教的に言えば、まさに、涅槃の現前にあるわけだ。

いかなる国家にも、いかなる文化にも、いかなる特定のしがらみにも属さず、全く独りあると、アウトサイダーであるという感覚が起こります。いかなる種類の思想、行動、家庭、国家の枠にもはまらないという感覚です。純真無垢なる人は全く独りある人だけです。そして悲しみから精神を解放してくれるのは、この純真無垢さなのです。（三五六ページ）

純真無垢という言葉の存在によって、世俗を汚れたものとするスタンスが、あらためて確認できる。独りあることとは、汚れなき自己のあり方を言う、と。ただし、ここで注意しなければならないのは、社会を「嫌悪の対象」としてしまう錯誤である。社会をそのような目で見るなら、それもまた自他分離のあり方であり、独りあることにはならない。前にも言ったように、遠離とは、邪魔にせず相手にせずの中庸のあり方であり、アウトサイダーと言っても、社会を拒絶する者ではなく、もちろん、破壊する者でもなく、あるいは、脱落者でもなく、逃亡者でもないのだから、そこのところは誤解のないよう、お願いしたい。汚水に生える蓮のような存在であるのが、真のアウトサイダーなのだ。

真理への探求は個人的なものであり、集団で行うものではありません。真実なるものと親密に心を通わせるためには、独りあらなければならないのです。孤立するのではなく、あらゆる影響感化並びに意見や見解から自由でなくてはなりません。組織化された思考は必然的に柔軟な思考を妨げます。（三六五ページ）

心が弱い私たちは、独りでやるよりは大船に乗ってその他大勢とともに事に当たるのが好ましく、そのほうが楽であるように思えてしまう。世俗のことならまだしも、真理への探求となると、そうは行かない。真理の探求を集団でやるときは、どうしても、条件づけの洗礼を受けてしまうからだ。何らかの目標を設定して一丸となって取り組む場合、組織の事業であるなら大いに効果を上げるのだろうが、その過程においてあらゆる影響感化並びに意見や見解から自由でいられる可能性は、皆無と言っていい。もたれあいの弊害も、もちろんあるだろう。組織に属さずには生存できないのが人間存在とはいえ、真理の探求に関しては、独りでやるしかない。家で独りでやるのが、瞑想なのだ。心の弱さから、ついつい忘れてしまうのだが、しっかりと肝に銘じたい。

精神が獲得してきた全ての知識をすっかり捨てる時、精神にとって仏陀もキリストも大師《マスター》も先生もなければ、宗教も引用文もない時、精神が完全に独りある時、汚されていない時、つまり既知の動きが止んでいる時、そのような時にだけ、とてつもない革命が起こる可能性、根本的な変化が起こる可能性が存在するのです。宗教的な人とはいかなる宗教、いかなる国家、いかなる民族にも属さない、内面的に完全に独りあって、知らないという状態にある人のことです。そして聖なる祝福はそのような人のために生ずるのです。（三七〇ページ）

しばらくKの言葉が続いたが、これが最後となる。ここでは、二つの注意点を指摘したい。一つは、「可能性」という言葉の存在について。これまでもそうだったのだが、Kは、「独りあるとき、人は必ず救われる」とは断言していない。独りあることが絶対に必要である、もしくは、上記のように、救われる可能性がある、という言い方をしている。独りあるとき、そこには、計り知れないものがあり、変容がある、みたいな言い方をしてもいいと思うのだが、それはしない。その理由として考えられるのは、実践者に保証を与えない、および、独りあることの目標化を防ぐ、が挙げられるだろう。明確に断言すれば、保証を与えることになり、それを目指しての奮闘努力が始まりかねない。そのための防止線、ということである。

もう一つは、「既知の動きが止んでいる時」および「知らないという状態」について。いまさら言うまでもなく、知らないという状態とは、無知のことではない。無知どころか、いまここのあるがままを了知している状態であるはず。いまここのあるがままとは、無常・苦・無我であり、それは、すべてが知り得ない状態にあることを意味する。なぜなら、すべてが無常であり、変化するからだ。確定的なことが何一つないからには、それは、知らないという状態にほかならない。つまり、いまここのあるがままを明確に知り見ている状態が、知らないという状態なのである。逆に言えば、無常の現実を否定し拒否するのが既知の動きであり、そこで、既知の動きが止んでいる時、という、少々意味の取りにくい言い方となったわけだ。知っている者は慢心して放逸になり、知らない者は注意深く謙虚になる。知らないという状態は、無知の知とも言えるあり方であり、これもまた、Ｋの教えの根幹でもあれば、難所でもある。

「目標」も、「既知」も、自己に対峙する「対象」として、つまりは「他者」としてあるのであり、そこには、分離があり、自他の二元性がある。これにたいし、ただ独りあるあり方は、文字どおり、ただ独りあるのであり、二元性はありえない。仏教では、自力と他力の問題が取り上げられ議論されるが、この問題もまた、自他の二元性を前提として考えるかぎり、答えは出ない。たとえば、「まかせきる」とか「明け渡す」とか言う場合も、「では、誰がそれをやるのだ」と反論でき、「自ら証知する」についても、「まさに、証知する自己がいるではないか」と反論できるわけで、ここで同じ土俵に上がってしまうと、終わりのない議論に巻き込まれることになる。ブッダやＫは、この問題にたいし、まったく別の視点から、つまり、二元性を峻拒する独りあるあり方から、答えならぬ答えを提示しているのであり、それがハードルとして立ちはだかり、理解をむずかしくしている事実は否定できない。それはそうなのだが、二元性のジレンマを突破するには、土俵に上がらない、おなじみの言い方をすれば、しない私でいるしかない。あるいは、「知っている」と言う者にたいし、知らない私でいるしかない。Ｋは、聖なる祝福はそのような人のために生ずるのです、と言うが、そのような人であるには、自他の二元性を超脱しつつ独りあるしかないのだから、安請け合いができないのは当然であり、私たちとしては、知らないでいることのむずかしさを思い知るべきなのだ。

未来について執着なき者は、過去を憂い悲しまない。諸々の接触（触：感覚・経験）について遠離を

見る者は、しかして、諸々の見解について導かれない。（スッタニパータ851）
牟尼は、この〈世において〉、過去と未来について、この危険を知って、独り行じおこなうことを、断固として為すように。淫欲に慣れ親しまないように。（スッタニパータ821）
遠離こそを学ぶように。これは、聖者たちにとって、最上のもの。それによって、〈自己を〉「最勝である」と思いなさないなら、彼は、まさに、涅槃の現前にある。（スッタニパータ821〜2）

二元性の危険については、ブッダもまた、十二分に心得ていた。上記引用では、時間についての二元性が俎上にのせられ、私たちに注意を促している。時間の観念もまた、土俵に登らないことが、その払拭となる。「明日、お会いしましょう」と言うときは、コミュニケーションの手段として時間の観念を用いるが、過去と未来に執着する心理的な時間からは解放され、独りある。諸々の接触（触：感覚・経験）について遠離を見る、とあるのも、過去と未来の単純否定ではなく、かつまた、現在の単純肯定でもなく、いまここの時々刻々に遠離を見るあり方を言うのであり、私たちへの念には念を入れての説示となっている。それによって、〈自己を〉「最勝である」と思いなさないなら、と付言するのも、同じ趣旨からであり、ブッダの説く遠離のハードルの高さを示している。もっとも、対象物としてハードルがあるわけではない。「〜したい」という無意識の願望がハードルの正体であり、それがわかればしめたもの。まさに、涅槃の現前にある、と言えるのだ。

第二四章　涅槃寂静

いよいよ最終章に到達した。行き着くところまでたどり着いた、ということで、最後は、涅槃についての章となる。涅槃とは、欲の炎が消えた状態を言い、それは、寂静の境地とも理解される。言葉を超えた世界ともされ、その中身について詮索すること自体が無意味とされる。実際に体現してこそのあり方であるからだ。かつまた、詮索しているあいだは心が動いていて、寂静とは言えないあり方なのだから、その体現は先延ばしとなる。このようなことを書いてしまうと、何のための学びなのか、とお叱りを受けそうだが、学びの注意点として、あらかじめ指摘した次第である。

自己への愛執〔の思い〕を断て——秋の蓮を、手で〔断ち切る〕ように。善き至達者（ブッダ）によって説示された、涅槃〔の境処〕を、寂静の道こそを、育てよ。（ダンマパダ２８５）

婆羅門よ、〔渇愛の〕流れを断て。〔道心堅固に〕勤しんで、諸々の欲望を除け。婆羅門よ、諸々の形成〔作用〕〔諸行：形成されたもの・現象世界〕の滅尽を知って、〔あなたは〕作られざるもの〔涅槃〕を知る者として〔世に〕存するのだ。（ダンマパダ３８３）

〔特定のものについて〕信なく、かつまた、作られざるものについて知あり、しかして、〔輪廻の〕

鎖を断ち切った、その人——〈造悪の〉機会を打ち砕き、〈自利の〉願望を吐き捨てた者——彼は、まさに、最上の人士である。（ダンマパダ97）

ここに言う作られざるものを涅槃とするのは、注釈書をはじめ、大方の了承するところ。涅槃について、作られたものではない、とする理解は、その性質を探るうえで、見逃せないポイントとなる。簡単な話、作ることをやめることが、涅槃なのである。では、何を作るのか。仏教的に答えるなら、それは、業（カルマ）ということになる。業を作らないあり方が、涅槃であるわけだ。作ることは行為することであり、業を作らないあり方が涅槃であるなら、それはまた、しないあり方でもあるはず。ならば、涅槃とは、何かをした結果そうなるのではなく、妄想しない、捏造しない、形成しない、という受動的なあり方そのものが、まさに、涅槃ということになる。涅槃寂静と言うように、である。テキストに言う、〈輪廻の〉鎖を断ち切った、その人——〈造悪の〉機会を打ち砕き、〈自利の〉願望を吐き捨てた者もまた、しないあり方の体現者と考えられる。ようするに、涅槃とは、いまここにおいて、いまここであるべきあり方なのだ。

彼が、慈愛〈の心〉で〈世に〉住む比丘であり、覚者の教えに清らかな信ある〈比丘〉であるなら、〈彼は〉寂静の境処に到達するであろう——形成〈作用〉（行：生の輪廻を施設し造作する働き）の寂止という安楽〈の境地〉に。（ダンマパダ368）

諸々の欲望〈の対象〉について、梵行ある者〈禁欲清浄行の実践者〉——渇愛を離れた、常に気づきある者――〈法を〉究めて、涅槃に到達した比丘――彼に、諸々の動揺〈の思い〉は存在しない。彼は、両極を〈あるがままに〉証知して、〈その〉中間において、明慧によって、〈何ものにも〉汚されない。彼を、「偉大なる人士である」と、〈わたしは〉説く。彼は、この〈世において〉、貪愛〈の思い〉を超え行った。（スッタニパータ1041〜2）

寂静の境処とは、涅槃のこと。形成〈作用〉の寂止とは、作ることをやめたあり方、つまりは、しないこと。諸々の動揺〈の思い〉は存在しないと〈何ものにも〉汚されないは、おなじみの否定形による説示であり、心の寂静を説いたもの。この〈世において〉、貪愛〈の思い〉を超え行った、とあるように、ブッダは、涅槃について、現世で到達すべきものと明言している。両極を〈あるがままに〉証知して、〈その〉中間において、とあるのも、過去と未来の中間、つまりは、現在において、と理解できなくもない。まさに、いまここにおいて体現するのが、涅槃ということになる。いまここのあるがままに気づいていることで、心理的な時間から自由になり、即今即処に智慧が働くあり方。これが、ブッダの説いた安楽であり、救いのあり方となる。

この〈世において〉、見られ聞かれ思われ識《し》られた諸々の愛しい形態にたいする、欲〈の思い〉と貪欲〈の思い〉を取り除くことが、死滅なき涅槃の境処である。

このことを了知して、彼らは、気づきある者たちとなり、〈現に見られる〉所見の法〈現世〉において涅槃に到達した者たちとなる。しかして、彼らは、常に寂静なる者たちであり、世における執着を超えた者たちである。（スッタニパータ1086〜7）

上記引用については、解説は不要であろう。そのとおりに味読すれば、ブッダの言わんとするところは、そのまま伝わってくるはず。では、Kは、このあり方について、どのように語っているのだろう。

悟っているのは誰か、神とは何かと尋ねる代わりに、あなたの全注意と意識をあるがままに向けてみてはいかがですか？　そうすれば、未知なるものを発見することでしょう。と言うよりはむしろ、未知なるものがあなたの元にやって来ることでしょう。既知の何たるかを理解すれば、あなたは誘発されたものでも、強いられたものでもない、あの途方もない静寂、あの創造的な無を経験することでしょう。そしてそのような創造的な無の中にのみ、真実在《リアリティー》は入ることができるのです。（二四五ページ）

私たちは、言うまでもなく、自己のあるがままよりは「覚者」や「超越者」の存在に関心があり、Kの提案である、あなたの全注意と意識をあるがままに向けてみてはいかがですか、にたいしては腰が引けて、真剣に取り組もうとはしない。ここにこうして、輪廻する有情として世にあるからには、それはそれで仕方のないことではある。目を背ける習性は、いまに始まったことではなく、はるか昔からのものであり、「それをやめろ」と言われても、「はいやめます」と即答できるはずがない。しかしながら、あえて言わせていただくが、あるがままに目を向けること自体は、いたって簡単なことなのだ。無意識の心の抵抗がそれを許さないだけであり、その気になりさえすれば、いまここでもできる。と言うか、いまここでしかできないのであり、逆にそれが盲点となって、その実行を先延ばししているだけなのだ。既知のものに心を動かされるのではなく、既知のものに心を動かされている、という、いまここのあるがままの事実を了知する。そして、理解する。そのとき、心は静まり、いままでのあり方とはまったく違った何かが起こる。何が起こるかは、上記のとおり、ということで、ここでのコメントは差し控え、本章のテーマと直接つながる、途方もない静寂（創造的な無）について、検討を加えよう。Kは、別の箇所で、このように言っている。

静まり返っている精神は、いかなる類の経験をも求めようとしません。そしてもし精神が求めず、故に、完全に静まり返っていて、過去に起因する動きもなく、従って既知から自由であるならば（中略）、その時、解釈することも、言葉に置き換えることも不可能な、認知されることなき未知の運動が存在することにお気づきになるでしょう。その時、あなたは計り知れない運動が存在することに気がつくのです。その運動は時間を超えています。なぜならそこには時間もなければ、空間もなく、経験するものもなければ、得るべきものも達成すべきものもないからです。創造の何たるかを知っているのは、このような精神です。（三七九ページ）

涅槃寂静と言っても、動きのない静止状態を言うのではない。この世において成就するものであるなら、そういうことになる。涅槃に到達した瞬間に、一切の動きが止まり硬直状態になった、という話は、経典のどこにも書かれていない。涅槃とは、心が静まり返った状態を言うのであり、そこには、Kの言うように、解釈することも、言葉に置き換えることも不可能な、認知されることなき未知の運動が存在する、と考えたほうが、理にも適っているし、涅槃の体現者たるブッダのあり方とも矛盾なく合致する。すくなくとも、私にはそう思えるのである。創造の何たるかを知っているのは、このような精神です、とは、まさに、ブッダの精神であるはず。Kは、その運動は時間を超えています、とも言っているが、そもそも、時間の観念は、限定あってのものであり、たとえ、「無限の時間」を思い浮かべてみても、それが頭の中の観念であるなら、限定されたものとして存在するしかない。ならば、ここに言う、時間を超えていますとは、時間の観念そのものが脱落した即今即処の行為、一期一会のいまここに全的である自己と世界のあり方、観念化された「いまここ」ではない現にあるいまここ、いまここでありながら過去と未来を含む計り知れない運動、とでも理解するしかない。特定の方向を目指す「時間と距離に限定された運動」を、束縛された行為と言うなら、計り知れない運動は、エネルギーに満ちた、何ものにも束縛されない、真に自由と言える行為のあり方であるはず。

時間のプロセスを理解した時にのみ、精神は静かになることができますが、それには注意深さが必要です。違いますか？　このような精神は自由であるに違いないのではありませんか？　何かから自由であるのではありません、単に自由であるのです。（中略）何かからの自由とは反応にしかすぎず、自由ではありません。自由を求めている精神は決して自由ではないのです。しかし解釈したり、咎めたり判断したりしないで、事実をありのままに理解している時の精神は自由であります。そして自由であるこのような精神は、諸々の経験を抱えながら、百日生きていようが、百年生きていようが、無垢なる精神であるのです。何かから自由であるからではなく、それ自体が自由であるが故に、このような精神は無垢なのです。真理なるもの、時を超えたものを知覚できるのは、このような精神だけです。（二九八ページ）

何かからの自由は自由ではなく、単に自由であるのが自由である、と言う。さらには、自由であるこのような精神は、諸々の経験を抱えながら、百日生きていようが、百年生きていようが、無垢なる精神である、とも言う。この言葉は、解脱したブッダの、世俗のうちにいながら世俗に汚されないあり方を、まさに言い当てている。単に自由であるあり方は、それ自体が時間を超えているので、業を作らず、輪廻もせず、時を超えたものを知覚できる、つまりは、涅槃というあり方を体現する者となる。ちなみに、Kの言う「時を超えたもの」とブッダの説く「涅槃」が同一のものであるかどうかは、議論しても意味がなく、ここでは、両者を同一のものとして話を進める。そもそも、「言葉」としての両者は、~しないあり方、本来なら言語化できない、非実体的なあり方を言い示すものであり、言葉を超えたあり方そのものについての議論ならまだしも、月を指し示す「二本の指」についての議論は、実践者にとっては時間の無駄であり、時間のプロセスを理解するほうが、はるかに先決問題であるはず。Kは言う。事実をありのままに理解している時の精神は自由であります、と。この言葉は、仏道を実践するうえで、とてつもない励みとなるのではないだろうか。まさに、輪廻する有情として世にある、私たち迷いの者にとっては。

精神がそれ自体のプロセス全体を理解し、活動を止めた時にのみ、真実在《リアリティー》は存在できます。精神がすっかり空っぽになった時、その時にだけ、精神は未知を受け入れることができるのです。精神は、関係——すなわち財産とのつながり、人間関係など——の中身を理解し、あらゆるものに対して正しい関係を築き上げるまで、浄化されません。関係における対立のプロセス全体を理解するまで、精神は自由になれません。精神がすっかり静まり返っている時、動きまわるのを全くやめている時、イメージを投影していない時、何も追求しないで完全に静止している時、このような時にだけ、永遠なるもの、時間を超えたものが現出するのです。（三六九ページ）

「諸悪莫作、衆善奉行、自浄其意、是諸仏教」（ダンマパダ183）と言うように、心を清らかにするのがブッダの教えであるなら、ここに言う浄化、すなわち、関係（中略）の中身を理解し、あらゆるものに対して正しい関係を築き上げる道を、仏教者であるなら、根気よく、一歩、一歩、日々に歩むしかない。もちろん、〜しない、というあり方で、道ならぬ道を歩むのだが。

一切所において、牟尼は、依存なき者となり、愛しいものを作らず、また、愛しくないものも〔作ら〕

ない。彼のうちに、嘆きや物惜しみ〔の思い〕は〔存在しない〕――たとえば、〔蓮の〕葉に、水が着かないように。

たとえば、また、蓮〔の葉〕に、水滴が〔着かない〕ように――たとえば、蓮華に、水が着かないように――このように、牟尼は、すなわち、この、見られ聞かれたものに〔依存せず〕、あるいは、諸々の思われたものについて汚されない。（スッタニパータ８１１～２）

小品集

本論が終了し一息ついたところで、その余韻を楽しみつつ、ここに、ささやかな学びの場を設け、さらなる学びへの足掛かりとしたい。以下に掲げる十項目は、ブッダとクリシュナムルティ（以下、Kと略記）の類似点として、とくに目立つもの、すくなくとも、そのように思えるものであり、これらについて学ぶことは、本稿全体の趣旨にも適うはず。いましばらくのお付き合いをお願いしたい。本論が全体で起承転結を備えた一つのテキストであるのにたいし、ここでは、各項が独立したコラム形式になっているので、気楽にお読みいただければと思う。

◎ 真理は一つ

まさに、真理は一つ。第二のものは存在しない。それについて覚知しているなら、人々が論争することはないであろう。〔しかしながら、覚知していない〕彼ら〔迷える沙門たち〕は、諸々の真理を、種々に、自ら〔自分勝手に、「これこそは、真理である」と〕唱える。それゆえに、〔世の迷える〕沙門たちは、一つのことを説かない。（スッタニパータ８８４）

〈彼らは〉「まさしく、ここ〈自説〉に、清浄がある」と説く。他者の諸々の法〈見解〉について、清浄を言わない。それ〈自説〉に依存する者たちが、そこにおいて、「美しい〈価値がある〉」と説いているなら、〈彼らは〉各自の諸々の真理にたいし、個々〈それぞれ〉に固着している。（スッタニパータ824）

そもそも、真理が一つであるのは言葉の定義からして当然であり、複数の論者が各自の真理を信奉して自己の正当性を主張し合う事態は異常と言うしかなく、本来ならありえない話であるはず。そのありえないことが普通に行なわれているところに「迷いのあり方」を見たのが、ブッダの上記言明である。たとえ、敵意むき出しの論争にならなくても、「こうであるはず」の思い込みで他者と言葉を交わし、意外な反論に出くわして気まずい思いをした、みたいなことは、よくあるはず。ここで、ブッダは、真理の中身云々ではなく、それ以前に、覚知しているかどうかを問題とする。覚知しているなら、あるがままに知り見ているなら、事実に基づいて真理の言葉を語るだけである（客観的に淡々と）。いっぽう、覚知していない者は、自説を「真理である」と思い込んで、他者に自己の正当性を主張する（それこそは感情的になって）。あるがままに覚知しているなら、それは、まさに真理なのであり、わざわざ主張する必要も意味もない。事実を事実として提示すれば、それですむからだ。受け入れる・受け入れないは、相手次第であり、知ったことではない。そうではなく、自己の限定された視点から知り見る者が、執着と依存の思いで自説を「真理」と主張するのであり、彼の「真理」は、ただの思い込み、自我意識の投影物でしかない。自説のみが「真理」

であり、すべての他説は「虚偽」となる。以上が、上記言明の趣旨であるなら、Kは、また別の切り口で、一つの真理について、言葉を残している。

真理は一つ、すなわち無常だけです。（二三三ページ）

これは、わかりやすい。もちろん、ブッダのスタンスとも、完全に一致する。ただし、Kのこの言明については、これを認めない方が少なからず存在するはず。「常住のものも存在する」と。Kは、反駁不能の厳然たる事実として、この言葉を言ったのであり、主張するためではない。これに異を唱える者がいたとして、「ああ、そうですか」で、話は終了となる。あるがままに覚知しているなら、無常の現実を事実として認めるしかなく、この事実を拒否して「常住不変の実体物」を求める者には、「やめたほうがいいですよ」とは言うが、引き止めはしない。無意識の思い込みである「私は正しい」に気づくのは容易ではないが、その思い込みをも含めた自己と世界のあるがままと向き合い、謙虚かつ真摯に知り見る者が、無常の現実を認めるのであり、救いの道を歩むことになる。

◎自分の問題は自分で解決する

〔尊者ドータカが言った〕「わたしは、見ます——天〔の神々〕と人間たちの世において、〔正しく〕

振る舞う、無一物の婆羅門を。一切に眼ある方よ、〔まさに〕その、あなたを、〔わたしは〕礼拝します。釈迦族の方よ、わたしを、諸々の懐疑から解き放ってください」と。

〔世尊は答えた〕「ドータカさん、わたしは、誰であれ、世における懐疑者を解き放つために赴くことはないでしょう。ですから、最勝の法（真理）を〔常に〕証知しながら、このように、あなたは、〔あなた自身で〕この激流を超えるのです」と。（スッタニパータ1063〜4）

救いを求める対話者にたいし、「自分の問題は自分で解決しなさい」と言い渡すブッダ。激流は自分の足で超え渡る。ブッダにできるのは道を示すだけであり、足にも乗り物にもなってはくれない。それでも、ブッダは、最勝の法（真理）を〔常に〕証知しながら、という、これしかない答えを示しているのだから、冷たく突き放したわけではない。ならば、最勝の法とは何か、ということになるが、これを「あなたの知らない特別の真理」と考えるなら、ブッダの言葉は伝わっていないことになる。その場合は「それを教えてください」という言葉が続き、依存の思いは、払拭どころか、しっかり温存されているからだ。最勝の真理とは、あるがままの事実、つまりは、無常の現実のことであり、これ以外にはありえない。いまここの無常をあるがままに証知している者として、激流を超えなさい、というのが、ブッダの答えとなる。では、Kの説くところを見てみよう。

私たちは期待や恐怖を交えながら、他の誰かの言うことに耳を傾けます。私たちが他人が持っている光を求めるのは、機敏な受身状態にはないので、自分自身を理解できないからです。解放されている人が私たちの願いを叶えてくれそうであると、私たちはその人を受け入れます。叶えてくれなければ、そうしてくれそうな別の人を探し続けます。私たちの大半が望んでいること、それは様々なレベルにおける満足です。しかし重要なのは解放されている人をどのようにして見分けるか、ということではなく、自分自身をどのように理解するか、ということです。この世またはあの世のいかなる権威も、あなた自身に関する知識をあなたに与えることはできません。そして自己知がなければ、無知からの解放も、悲しみからの解放もありません。（二〇ページ）

Kもまた、ブッダと同じように、依存の対象視され救いを求められた経験が何度もあった。そのたびごとに、その錯誤を指摘し、自らの足で立つことを伝えたのだった。人間心理として、「だれそれが悟りをひらいた」と耳にしたとき、無関心でいられないのは当然であり、「その人に会ってみたい」と思うのが普通の反応であるはず。が、そこには、依存の思いが潜んでいるかもしれない。幸せなことに、たとえ、そうでないとして、その危険性だけは、十二分に心得ておきたい。ここで、Kは、自己知について言及する。重要なのは、覚者を探し出すことではなく、自分自身について理解することである、と。たとえ、覚者と出会い、その話を聞いたとして、依存の思いとともに聞くのであれば、時間の無駄になりかねない。何と言っても、覚者自身が、依存の思いを捨てよ、と説いているのだから。それよりは、自らの依存の思いに気づくほうが、はるかに有益と言える。まさに、自己知あっての、無知からの解放なのだ。

◎解脱のむずかしさ

暗愚と成ったのが、この世〔の人々〕である。ここにおいて、数少ない者が、〔真実をあるがままに〕観察する――網から解き放たれた僅かな鳥が、天上に赴くように。（ダンマパダ174）

彼ら、人として彼岸に至る者たち――人間たちにおいて、彼らは、僅かである。しかして、他の、この人々は、まさしく、岸辺を走り回っている（迷いの世界を輪廻している）。

しかしながら、彼ら、まさに、正しく告げ知らされた法（教え）において、法に従い転じ行く者たち――彼らは、人として、極めて超え難い死魔の領域を〔超え渡って〕、彼岸に至り行くであろう。（ダンマパダ85〜6）

解脱する人間が僅かであるのは、ブッダが言うからには、そのとおりなのだろう。人間のあり方として、まさに、厳然たる事実であるわけだ。これは個人単位でも言えることであり、ほかでもないこの私が解脱できる可能性は、あるがままの事実として、極めて少ないことになる。ここにこうしてブッダの教えと出会っているので、その可能性がアップしていることは確かなのだが、それでも、低いと考えたほうが実状に合っているだろう。いや、むしろ、そう見るべきなのだ。なぜなら、これこそが、あるがままの事実だからである。仏教に言う暗愚とは、事実を事実として知り見ないあり方にほかならず、解脱する人間が僅かである、という、事態の深刻さに無自覚でいることは、それがそのまま、暗愚であることの現われであり、解脱の門を狭める一因ともなっている。だからこそ、迷いのあり方を打破する決定打として、自己知が位置づけられるのである。自己についての無知が真の無知であるなら、自己のその無知に気づいたときは、事態の深刻さを思い知り、やむにやまれぬ真剣さで事態の打破に取り組むことになる。のんきにかまえている余裕などなく、それこそは頭に火がついた勢いで、やるべきことを全身全霊を挙げて行為する。自我意識の強固な殻を破って突破口が開くのはそのときであり、かつまた、そのときに限るからこそ、彼岸に至る者は僅かであり、ブッダが注意を促すところとなったのだ。では、このむずかしさについて、Kは、どのように言っているのだろう。

精神が言葉の奴隷になっているこの状態は、何世紀にも亘って築き上げられてきたものなので、そこから脱するために、私たちは時間を用いますか？　それともそれは即座に打破されなければならないものですか？　多分、あなたは「時間がかかるに決まっている。とてもすぐにはできない。」と言うかもしれません。つまり何日もかかるということで、あなたがもはやそれ以上前進できない段階に行き着くまで、そのままの状態が――その過程で修正は施されますが――続くということです。（中略）が、言葉は修正を施されつつ継続していくという、言葉にまつわる真理をあなたは見なければなりません。その真理は一瞬のうちに知覚されます。時間はかかりません。まさに問いを発することによって、精神は一瞬のうちにその状況から抜け出すことができるでしょうか？　精神は言葉の障壁を見、言葉の持つ意味を一瞬のうちに理解し、それによって、もはや時間に捉われない状態にいることはできるでしょうか？

あなたはこの状態を体験したことがあるに違いありません。が、この状態は、私たちの大半にとっては、ごく稀にしか体験できません。（一四七ページ）

Kは言う。私たちは問題と取り組むに際し、「いまある迷いの状態から脱却するには時間がかかる」と決めてかかって取り組むので、その取り組み方自体が変わることなく続き、問題の解決には至らない、ただ修正が施されるだけである、と。たしかに、その取り組み方自体が迷いのあり方を反映したものであるなら、問題の根本的解決は不可能と言うしかない。つまるところ、自分自身が問題を作り出しているからである。そうすると、Kにとっては、「時間がかかる」というあり方自体が、そして、そのように思い考えることと自体が、迷いのあり方ということになる。「物事には時間がかかる」という前提は、私たちの共通認識であり、それを「迷い」と言うのであれば、人間にとって、解脱の道がいかにむずかしいか、実感できるというもの。

真理は一瞬のうちに知覚されます。時間はかかりません、と言われたとして、すぐに納得できるだろうか。ここに言う真理は、言葉にまつわる真理ということなのだが、それにしても、簡単に納得できる話ではない。納得できないのは、これを頭で考えてしまうからではないだろうか。事態について、あれやこれや想定して、そのうえで「これがこうなって、こうなる」みたいに考えてしまうと、当然のことながら、時間のかかる話になってしまう。そうではなく、まさに、事実として、時間はかからない、と受け止めてしまえば、話はそれで終わるのではないだろうか。私たちは、日常意識のあり方として、問いと答えのあいだに時間差を設けるのを習いとする。何らかのトラブルが発生して、それが解決するまでに、物理的な時間がかかるのは確かであるが、心理的な問題に関して「解決までに時間がかかる」と考えるのは、根拠のない単なる思い込みではないのか、というわけである。

Kは、まさに問いを発することによって、精神は一瞬のうちにその状況から抜け出すことができるでしょうか、と問うが、これにたいする答えは、イエスであるはず。理解は一瞬であり、それによって、もはや時間に捉われない状態にいることはできる、ということである。実際にそうなのだ。そして、もし、そうであるなら、答えに目を向けるよりは、問題そのものを直視して、これを全面的に理解するのが、問いにたいする正しいアプローチとなる。そのとき、答えはおのずと見えてくるのであり、そこには、いままさにやるべきことを実行する私がいる。かつまた、その私は、これまでとはまったく違った結果を出す私でもあるわけだ。

◎ 宗教批判

かくのごとく、尊者プンナカが〈尋ねた〉「動揺することなく、〈ものごとの〉根元を見る方（ブッダ）に、問い尋ねることを義（目的）として、〈わたしは〉やってまいりました。何に依存する者たちとして、聖賢たち、人間たち、士族たち、婆羅門たちは、天神たちへの祭祀を、ここに、〈この〉世において、多々に営んできたのですか。世尊よ、〈わたしは〉あなたに尋ねます。それを、わたしに説いてください」と。

かくのごとく、世尊は〔答えた〕「プンナカさん、彼らが誰であれ、これらの、聖賢たち、人間たち、士族たち、婆羅門たちが、天神たちへの祭祀を、ここに、〔この〕世において、多々に営んできたのは、プンナカさん、〔今〕この場の〔迷いの〕状態を〔自ら〕願い求めている者たちが、〔自らの〕老《おい》に依存し、〔意味なき〕祭祀を営んできたのです」と。

かくのごとく、尊者プンナカが〔尋ねた〕「彼らが誰であれ、これらの、聖賢たち、人間たち、士族たち、婆羅門たちは、天神たちへの祭祀を、ここに、〔この〕世において、多々に営んできたのですが、世尊よ、はたして、いったい、祭祀の道に怠りなき彼らは、敬愛なる方よ、生と老とを超えたのですか。世尊よ、〔わたしは〕あなたに尋ねます。それを、わたしに説いてください」と。

かくのごとく、世尊は〔答えた〕「プンナカさん、〔彼らは〕願望し、賛嘆し、渇望し、供犠をします。〔しかしながら、実のところは〕利得を縁として、欲望〔の対象〕を渇望します。彼らは、祭祀という束縛ある者たちであり、〔迷いの〕生存にたいする貪り〔の思い〕に染まった者たちであり、『生と老を超えてはいない』と、〔わたしは〕説きます」と。（スッタニパータ１０４３〜６）

このように、仏教の開祖であるブッダが痛烈な宗教批判者だったことは驚きだが、ある意味、当然と言えなくもない。ひとりの生きた人間として真理の教えを伝え残したのがブッダの人生であり、宗教の開祖になる気など、微塵もなかったのだから。祭祀をする者たちは、欲望の対象を渇望する者たちであり、いまだ輪廻の内にある、という指摘は、ブッダにしてみれば、単に事実を示しただけであり、それだけのことだった。誰に遠慮するでもなく、迷いを迷いとして指摘するのが、説法のスタンスでもあれば、自らの生き様でもあった。ここに言う「祭祀」を「法事」に置き換えて読むとき、日本の仏教関係者には耳の痛い話となるが。

それはともかく、ここで注目すべきは、〈今〉この場の〈迷いの〉状態を〈自ら〉願い求めている者たちが、〈自らの〉老《おい》に依存し、〈意味なき〉祭祀を営んできた、という言葉である。ブッダは宣言する。祭祀を営む者たちは、自身のいまある状態を願い求めて、今日に至るまで祭祀を営んできたのであり、そして、これからも営むことになる、と。いささか意味が取りにくいところもあるが、趣旨としては、このようなことになるはず。特定の思考や行為が繰り返され常習化した状態が、ここに言う「老」であり、〈自らの〉老に依存し、とは、そのような迷いのあり方に依拠して、と考えられる。迷いのあり方に依拠した取り組み方は、迷いのあり方を結果する、と。もちろん、彼らとしては、欲望の対象を求めて祭祀を営むのだが、彼らにもたらされる結果は、自らの迷いのあり方を反映したものでしかなく、新しいものは見ることすらも叶わない。欲の思いで祭祀をするかぎり、輪廻転生からの解脱はありえない、というのが、上記テキストの趣旨となる。このように、既成宗教に厳しい態度を取ったブッダだったが、Kもまた負けてはいない。

問題は次のことです。つまり宗教や理論、理想、信仰に真理は存在しないのではないか?ということです。(中略) 既成宗教に、何らかの真理はあるでしょうか? 既成の宗教は真理を取り込んでいるかもしれません、捉えているかもしれません。が、既成宗教そのものは真理ではありません。それ故に、既成宗教は紛い物であり、人々を分裂させます。あなたはイスラム教徒、私はヒンドゥー教徒、別の人はキリスト教徒あるいは仏教徒というように。そして私たちは互いに口論し合い、殺戮し合うのです。そんな中に、いくらかでも真理があるのでしょうか？（二六四ページ）

既成の宗教である仏教は、間違いなく、真理を取り込んでいる。すくなくとも、私はそう思って、本稿を書いているのだが、既成宗教そのものは真理ではありません、という、Kの言葉は、深く考えるべきであり、傾聴に値する。宗教組織が世界中で行なっていることを考慮するなら、良い面よりは悪い面のほうが大手をふるってのさばっている、と判定するしかない。組織にはそれなりの利便性があり、人間社会における必需品ではあるのだが、「もたれあいの依存関係」が住み着く危険性もまた、否定できないものがある。個人でやる場合は必ず問われる自己責任が、組織でやるときはうやむやになってしまうのは、世の常と言っていい。とくに、宗教の場合は「〇〇のための××」という理屈がまかり通ってしまうので、その危険度は「国家のための殺人」に匹敵しかねない。気をつけたいものである。さらに、Kは言う。

信仰とは腐敗です。なぜなら信仰と倫理の陰には、精神あるいは自己――ますます大きく、力強く、強固になりつつある自己――が潜んでいるからです。私たちは神を信ずること、何かを信ずることを宗教と見なしています。信じることが宗教的であると考えているのです。お分かりですか？　信じないと無神論者と見なされ、社会から咎められるのです。ある社会は神を信じる者を糾弾し、別の社会は信じぬ者を糾弾します。両者とも同じです。という訳で、宗教は信仰の問題となり、そうすると信仰が作用し、相応の影響を精神に及ぼすようになり、かくして精神は決して自由ではいられなくなります。（四四ページ）

信仰（盲信）を否定する言葉は、ブッダもまた残しているが、Ｋの場合は、描写が具体的かつ微に入り、その点で、有無を言わせぬ説得力がある。通常の場合、信じる対象は、目の前にないものであり、あるいは、確信の持てないものであり、目の前に存在する可見物の存在を信じる必要はなく、その存在を自分に言い聞かせる必要もない。言葉を換えれば、目の前にある事実を信じる必要はまったくない、ということになる。では、無常という事実は、目の前に存在する事実と言えるのだろうか。その答えは各人にまかせるが、もし、そうであるなら、無常を信じる必要はまったくない。目の前にあるのであれば、即座に確認できる、正真正銘の事実であるからだ。無常を説く仏教に、信仰が存在しないのは当然のことであり、Ｋの言葉、信仰とは腐敗です、についても、ブッダにしてみれば、当然のことであり、言うまでもないことだったはず。でありながら、あえて無常を説いたのは、私たちが無常の現実を認めていない、という事実があったから、と考えられる。私たちのそのあり方は、いまもなお、当時のまま変わらずに保存され、Ｋに、何かを信ずることを宗教と見なしていいます、と言わせるに至ったのである。不確定対象物への信仰をスタート地点とする、そのあり方は自由ではない、という、Ｋの指摘は、たしかに、真を突いている。いまここのあるがままが無常・苦・無我であるかどうかは、各人が確かめるしかないのだが、目の前の事実に徹してこその、真理であり、自由であるはず。信仰は束縛であり、確信どころか不安を生み、その不安は、恐怖の道か、自己欺瞞の道か、どちらかの道を選ぶことになる。

◎グル批判

前の〈教師や教義〉を捨棄して、他の〈教師や教義〉に依存する者たち――動揺〈の思い〉に従い行く彼らは、〈自らの〉執着〈の思い〉を超えない。彼らは、〈特定の何かを、執着の対象として〉執持し、〈排除の対象として〉放棄する――猿が、枝を掴んでは放つようなもの。〈スッタニパータ791〉

生きることに不安を感じて安心安全を求めるのか、生きることに安心安全を得られなくて不安を感じるのか、いずれにしろ、私たちが「他者・他物」を依存の対象にするのは、心の習性として、至極当然のことである。ではあるが、それを、ブッダは、猿が、枝を掴んでは放つようなもの、と言う。「すこし厳しすぎやしませんか」と言いたくなるが、事実の重みには逆らえない。木から木へと渡り歩く猿の姿を想像してほしい。依存の対象を求めて遍歴する宗教者を喩えるものとして、いかにふさわしいものであるか、実感できるだろう。とはいえ、ブッダの言葉に耳を傾けないのが世の大勢であるのもまた、事実。救済を説くグルのもとに人が殺到する現象は、心の習性がそれをさせているのだから、人類の歴史とともにあったはず。ブッダは、世のグルたちについて、以下のように描写する。

見られたものについて、聞かれたものについて、戒や掟について、あるいは、思われたものについて、しかして、これらのものに依存して、〈他者を〉軽侮して見る者がいる。〈断定的〉判断に立脚して、〈他者を〉嘲笑しつつ、しかして、「他者は、愚者である、智者ではない」と言う。

まさしく、すなわち、他者を「愚者である」と決め付けることで、それによって、しかして、自己を「智者である」と言う。自ら、自己によって、〈自らについて〉「智者である」と説きながら、彼は、〈一方的に〉他者を軽侮し、まさしく、それ〈自説〉を、〈独善的に〉説く。（スッタニパータ887〜8）

あるいは、〈苦行者たちは、世の人々に〉忌避されている苦行に依存して、しかして、あるいは、また、見られたものに、あるいは、聞かれたものに、あるいは、思われたものに〈依存して〉、声高に清浄を唱える――諸々の種々なる生存にたいする渇愛〈の思い〉から離れられずに。（スッタニパータ901）

「私は正しい」「私は知っている」の前提に立つのがグルたちであり、彼らは、一方的に他者を見下し、自己の正当性を主張する。しかしながら、グル自身もまた、既知の他者・他物に依存しているのであり、彼らの「私は正しい」「私は知っている」は、事実ではなく、伝え聞きの受け売り情報や迷信に依拠したもの、もしくは、単なる思い込みの産物でしかない。グルについてのブッダの見立ては、このようなところであろうか。グルをめぐる現象について、Kは、このように言っている。

自分に対する気づき（自己認識）は、骨の折れる作業です。そして私たちの大半は安易な、幻惑的な生き方の方を好むので、私たちの人生に形とパターンを与えてくれる権威を生み出してしまうのです。この権威は集合体、すなわち国家のそれであるかもしれませんし、個人、すなわち大師《マスター》、救世主、グルのそれであるかもしれません。権威はいかなる類のものであれ、人の目をくらませ、人々から思慮を奪います。しかし私たちの大半は、思慮深くあることは骨の折れることである、と知っているので、自らを権威に委ねてしまうのです。権威は権力を生み出します。そして権力は必ず中央に集中し、故に、全くの腐敗をもたらします。それは権力の行使者を堕落させるばかりでなく、それに追従する人々をも堕落させてしまうのです。（二二ページ）

なぜ、私たちはグルの膝元にあるのを好むのだろう。上記テキストは、この疑問にたいし、権威の観点から答えを出している。権威に弱いのが私たちなのだ、と。人生に形とパターンを与えてくれる権威、という言葉は、示唆に富んでいる。行為のパターンは、条件づけの結果であり、パターンに従うことは、安易ではあるのだが、いまここの事実から目を背けることでもある。たしかに、これしかない一期一会の事実に注意深くあるよりは、過去のパターンを踏襲したほうが楽である。楽ではあるが、自己の自由を明け渡すのだから、その代償は大きい。グルの権威を受け入れることの危険を知り、たとえ、骨の折れる作業であっても、自分に対する気づき（自己認識）の道を歩むべきなのだ。グルに盲従する危険と錯誤については、これもまた、自身のあり方として気づいてこその話となる。単なる知識として聞き流しているあいだは、所詮は他人事でしかなく、無意識のままパターンに従う自己の姿は発見できない。Ｋの言葉が厳しいのも、事態の深刻さを反映してのものであり、それはまた、私たちの頑迷さを反映してのものでもある。ここはひとつ、謙虚に受け止めたい。もちろん、グルの言葉として盲従するのではなく。

一般的に知られ、認められている宗教とは、一連の信条、教義、儀式、迷信、偶像崇拝、まじないであり、グルたち――すなわち究極のゴールとして自分が欲しているものに、自分を導いてくれるであろうグルたち――のことです。あなたが求めている究極の真理とは、あなた自身を投影したものです。それがあなたの求めているものであり、あなたを幸せにし、不滅の状態を約束してくれるであろうものなのです。そういう訳で、こういった諸々に捕らわれている精神は宗教、つまり教義、聖職者の組合、妄信と偶像崇拝等々から成る宗教を作り出します。そしてあなたはそこに捕らわれ、精神はその中で澱んでしまうのです。（三六三ページ）

迷いを迷いとしてあるがままに理解することで、迷いは迷いでなくなる。迷信に束縛された自己の姿を発見するとき、その危険と錯誤を明確に知り見るとき、自己の全存在を揺るがす衝撃がわが身を襲い、その自覚が条件づけの呪縛を解き放つ。その衝撃のあまりの大きさが、やむにやまれぬ行為へと自己を駆り立てるからだ。目を覚ましたら、周囲が火に包まれ、わが身の危険に気づいたとする。取る行動はただ一つ、そこから出ること、これ以外にはありえない。目を覚まさず、気づかずにいるなら、あなたはそこに捕らわれ、精神はその中で澱んでしまうのです、となる。「宗教」という名の洗脳の恐ろしさである。

◎ 蛇の頭

欲望〈の対象〉を欲しているとして、もし、彼の、その〈欲望〉が等しく実現するなら、たしかに、喜悦の意《おもい》ある者と成る――人は、〈まさに〉その、求めるところのものを得て。

もし、彼が、〈欲望の対象を〉欲しているとして、人に、欲〈の思い〉が生じたとして、それらの欲望〈の対象〉が遍く衰退するなら、矢に貫かれた者のように悩み苦しむ。

足で蛇の頭を〈避ける〉ように、彼が、諸々の欲望〈の対象〉を遍く避けるなら、彼は、世における、この執着を超克する――〈常に〉気づきある者として。（スッタニパータ766〜8）

欲望の対象にたいする執着を超克するあり方として、ブッダが示した喩えが、足で蛇の頭を〈避ける〉ように、だった。敵を殲滅するのでもなく、敵に蹂躙されるのでもなく、距離を置き、関わり合わないあり方。欲望の対象を拒絶するのでもなく、もちろん、耽溺するのでもなく、そのとき、そのときに、正しく応対するあり方。ただし、そうするためには、欲望の対象を蛇の頭と見なければならないところが、何ともむずかしい。しかしながら、毒を毒と見極めたときは、毒にたいしては、おのずと正しい行動が取られるのであり、その害毒がわが身に及ぶことはない。仏教者であるなら、「むずかしい」と言って尻込みせず、〈常に〉気づきある者として、事実を事実のとおりに知り見るべきなのだ。

〔人員〕少なき隊商にして、〔なおかつ〕大財ある商人が、〔危険に満ちた〕恐怖の道を〔避ける〕ように――〔長く〕生きることを欲する者が、毒を〔避ける〕ように――諸々の悪を遍く避けるがよい。
もし、手に傷が存在しないなら、手で毒を運ぶことができる。傷なき者に、毒が従い行くことはない。〔悪を〕為さずにいる者に、悪は存在しない。（ダンマパダ123～4）

手に傷が存在しないなら、手で毒を運ぶことができる、という記述に注目したい。手に傷が存在しないなら、とは、偏見がないこと、あるがままをあるがままに知り見ることができること、と考えられる。毒を毒と覚知するなら、毒であろうが、手で運ぶことができる。物質世界に生きるからには、毒を扱わずにはいられない。それも、毒であるかどうかを瞬間瞬間に正しく判断して、適宜的確に対処しなければならない。実際問題として、無常の現実においては、ゆっくり考えているヒマはなく、変わり行く目の前の出来事に遅れを取らずに応対しないと、いつのまにか毒が身体に侵入して、痛い目を見ることになる。そうならないための、足で蛇の頭を〔避ける〕ように、であるはず。この喩えは、ブッダと同じインド出身者であるKも、たびたび口にしている。

ところで「自分が条件づけられているのが分かる」と言う時、あなたは本当にそれが分かっているのでしょうか？　それともいたずらに言葉を並べているだけでしょうか？　あなたは分かっていると言いますが、そこにはコブラを目にした時と同じ効力がありますか？　蛇を見てそれがコブラであると分かった時、その場で間髪入れずに行動が起こります。では「自分が条件づけられているのが分かる」と言う時、そこにはコブラを見た時のような命に関わる重大な意義があるでしょうか？　それとも事実を表面的に認知しているだけで、充分理解しているわけではないのでしょうか？　自分が条件づけされているという事実を十分理解すると、即座に行動が起こります。自分を条件づけから解き放つために、努力する必要などありません。自分が条件づけされているという、まさにその事実と、その事実の充分な理解が浄化をもたらしてくれるのです。（一五五ページ）

ここで、Kは、コブラの喩えを用いて、自己知のあるべきあり方を提示する。この喩えが適応するなら、その自己知は本物であり、そうでないなら、ニセモノである、と。即座の行動が起こってこその、自己知による理解であり、起こらないなら、上っ面の言葉だけのものである、と。別の言い方をすれば、真剣さあっての自己知、ということになる。事実の充分な理解が浄化をもたらしてくれるのは、事実を直視して事態の深刻さを思い知ってこその話であり、そのときの間髪を入れない行為のあり方を、コブラを目にした時に喩えたのである。生きるか死ぬかの瀬戸際に追い込まれないと本気を出さないところが情けないと言えば情けないのだが、条件づけの呪縛を打破するには、そのときの本気パワーが絶対に必要であり、逆に言えば、怠け心に支配された者にとって、その壁は、絶望的な高さで立ちはだかっていることになる。ここは奮起して、自己の迷えるあり方を、真正面から見据えるしかない。

終わりは始まりにあります。私たちが悲しみと呼んでいるものの終焉の種子は始まりにあるのです。悲しみの終焉は、悲しみそれ自体において起こるのであり、悲しみから離れて起こるものではありません。悲しみから離れることは、単に答え、結論、逃げ道を見つけることにしかすぎず、悲しみは続きます。その一方で、悲しみに全き注意を払うと、つまり全身全霊を傾けて悲しみに注意を向けると、その時、即座の知覚が起こるのがお分かりになるでしょう。そしてその知覚には時間が全く関係しておらず、何の努力も葛藤もありません。そして悲しみに終止符を打つのは、この即座の知覚、この選択なき気づきであるのです。（二九七ページ）

悲しみの最中にあるとき、悲しみの終焉を願うのは人間心理である。では、そのとき、悲しみが終焉した状態を、どのようなものとして思い浮かべているのだろう。ありていに言ってしまえば、悲しみが終焉した状態は、彼にとっては未知であるはず。なぜなら、いま、まさに悲しんでいるからだ。にもかかわらず、悲しみが終焉した状態を思い浮かべているとしたら、それは、過去に幸せだと感じたときの記憶を再現しているだけでしかない。「あの経験をもう一度」と。ようするに、過去の経験が未来に再現されることを悲しみの終焉と思い考えているか、過去の記憶を素材とする空想物語を夢中になって創作しているか、そのどちらか、ということになる。これは、Kの言う、悲しみから離れることであり、悲しみは、終焉どころか、未来永劫に続くことになる。悲しみの終焉は、悲しみそれ自体において起こるのであり、悲しみから離れて起こるものではありません、という、Kの言葉は、この錯誤を指摘するものと考えれば、その不可解さも氷解するのではないだろうか。悲しみに終止符を打つために、いまここでやるべきことは、その終焉を妄想することではなく、全身全霊を傾けて悲しみに注意を向ける、この自己知であるはず、というのが、上記引用の趣旨となる。そのときに起こる即座の知覚は、コブラを目にしたときの間髪を入れない行為がそうであるように、時間の観念が介入する余地はなく、そこには、まったく違った新しいあり方で行為する私がいる。悲しみと幸せを取捨選択する私が、悲しみを生み出していたのであり、事実を事実のままに覚知して、悲しみのメカニズムを完全に理解するとき、悲しみそれ自体において、悲しみの終焉が起こる。花が散るように、何の努力も葛藤もなく、悲しみが悲しみでなくなっていることに気がつく。これが、即座の行為による、浄化のプロセスであり、解き放ちのあり方となる。

◎ 開花

ジャスミンが、萎れた花々を解き放つように、比丘たちよ、このように、貪欲と憤怒とを解き放つのだ。（ダンマパダ377）

芥子《けし》〈粒〉が錐《きり》の先から〈落ちる〉ように、彼の、しかして、貪欲が、かつまた、憤怒が、〈我想の〉思量が、さらには、〈虚栄の〉偽装が――〈それらが〉打ち倒されたなら、わたしは、彼を「婆羅門」と説く。（ダンマパダ407）

ここに見られる、ジャスミンが、萎れた花々を解き放つように、および、芥子〔粒〕が錐の先から〔落ちる〕ように、という喩えは、ブッダの説く救いのあり方が、強制的かつ恣意的に成し遂げるものではなく、自然のプロセスとともに自発的に起こるあり方であることを示唆している。「自然のプロセス」と言っても、もちろん、タナボタ式に何もしないで勝手に事が成就する話ではない。気づきによる自己観察、つまりは、自己知によっておのずともたらされる解き放ちのあり方を言う。それはまた、放置でも強制でもない中道のあり方の喩えでもあるはず。Kもまた、解き放ちのプロセスを花に喩えているが、ブッダと違い、開花のほうに着目しているところが興味深く、何と言っても目を引く。

一つの思考や感情を花開かせるためには、注意が必要です――集中ではなく。思考を花開かせるというのは、自分の考えや感情に何が生じているのか、何が起こりつつあるのかを見るために、それを自由にさせてやるという意味です。花開くものには全て、自由がなくてはなりません。光がなくてはなりません。制限されてはならないのです。それに価値判断を下し、「これは正しい。あれは間違っている。こうあるべきだ。そうあってはいけない。」と言ってはならないのです。そんなことをすれば、思考が花開くのが制限されてしまいます。ですから思考は、このような気づきにおいてのみ、花開くことができるのです。と言うことで、非常に深く検討すれば、思考の開花が取りも直さず、その終焉であることがお分かりになるでしょう。（一七八ページ）

集中が、強制的でもあれば恣意的でもある能動的な心理操作であるなら、注意は、いまここのあるがままに全的に気づいている受動的な心のあり方となる。開花には後者が必要である、とKは言う。さらに、Kは、注意のあり方を言い換えて、自由にさせてやる、とも言っている。こちらからの加圧的な働きかけをやめ、介入せず自由にさせてやるとき、それは花開く、と。これは、好き放題にさせる、という意味ではない。ここでは、思考を例として取り上げているが、好きなだけ妄想させていたら、いつまでたっても終わらない。あくまでも、注意深い気づきのもとで自由にさせてやるのであり、このことを忘れてはならない。人間でさえも、人前であるなら、たとえ「好きなことをやっていい」と言われたところで、おいそれとはできない。心のあり方にも、同様の事情があるのだろう。思考の開花が取りも直さず、その終焉である、という、Kの言葉は、にわかには信じがたいが、まずは自らチャレンジして、その真偽を見極めてほしい。この問題に関しては、「これは正しい。あれは間違っている。こうあるべきだ。そうあってはいけない。」と言ってはならないのであり、実地検分してはじめて納得できるのが、思考の開花であるはず。妄想（心のおしゃべり）をやめることに頭を悩ますのが、迷いのあり方であるなら、それは、文字どおり、「迷い」に「迷い」を重ねるあり方であり、効果は期待できない。妄想にたいする積極的な働きかけは事態の悪化をもたらすだけ、ということであるなら、Kの言う開花こそが、その終焉をもたらすのではないだろうか。北風と太陽の寓話が示唆するように、あってもおかしくない話であり、かつまた、新しい結果を出すためには新しいやり方で取り組むしかないのだから、チャレンジする価値は十二分にあるはず。

適合するものは決して善性の中で開花できません。開花には自由がなくてはなりません。そして自由は羨望や欲深さ、野心や権力欲という問題全体をあなたが理解する時にのみ、起こるのです。このようなものからの自由が、品性と呼ばれる、とてつもないものを開花させるのです。このような人には慈悲があります。このような人は愛することがどういうことなのか、知っています――道徳について多くの言葉を単に繰り返しているだけの人のことを言っているのではありませんよ。

という訳で、善性の開花は社会の中にはありません。社会の内部は常に腐敗しているからです。社会の全構造及び全プロセスを理解し、そこから脱している人のみが品性を持っているのであり、そのような人だけが善性に花開くことができるのです。（三四八ページ）

ここでは、善性の開花が取り上げられているが、そのプロセス自体は、思考の場合と変わらない。理解があって、自由があり、開花があって、慈悲がある。「世の中を良くしよう」と思い悩む以前に、まずは自分自身が善性に花開くべきであり、そのためには、社会の全構造及び全プロセスを理解し、そこから脱している人であるしかない。もし、そのような人として世にあるなら、腐敗している社会の中で、穏やかな日差しのぬくもりのように、周囲に影響を及ぼし、真の意味での社会改革が実現するのではないだろうか。

◎期待しない

〈まさに〉その、鉄でできているものを、さらには、木製のものや麻製のものも――慧者たちは、それを、堅固な結縛と言わない。諸々の宝珠や耳飾にたいする貪欲〈の思い〉に染まったもの――子たちにたいする、さらには、妻たちにたいする、〈まさに〉その、期待〈の思い〉なるもの――

重くのしかかり、緩やかではあるが、解き放ち難きもの――慧者たちは、これを、堅固な結縛と言う。〈彼らは〉これさえも断ち切って、遍歴遊行する――期待なき者たちとなり、欲望の安楽を捨棄して。（ダンマパダ345～6）

〈一切から〉遠ざかった牟尼となり〈独り〉行じおこなう者を、諸々の欲望〈の対象〉について期待なき者を、激流を超えた者を、諸々の欲望〈の対象〉に拘束された人々は羨む。（スッタニパータ823）

諸々の欲望〈の対象〉について期待なき者を、彼を、〈わたしは〉「寂静者」と説く。彼に、諸々の拘束は見い出されない。彼は、執着〈の思い〉を超えたのだ。（スッタニパータ857）

禁欲主義的な響きを持つ言葉ではあるが、これは、期待という心のあり方の危険と害毒を喚起させるためであり、欲望の対象を蛇の頭と見る仏教者にとっては、禁欲どころか、安楽の道を説いている言葉であるはず。未来にたいする期待の思いを、重くのしかかり、緩やかではあるが、解き放ち難きもの、と喝破するブッダの炯眼には、ひたすら恐れ入るしかない。バラ色の未来を夢見る心を堅固な結縛と見て、一切に期待なき者となる。未来に期待するあり方は、心が波立っている状態にほかならず、期待の思いを捨ててこその、心の寂静となる。Kもまた言う。

あなたの信念だとか財産、執着だとか慰めになる考え方、そういったものの巣窟は常に押し込み強盗に入られているのですよ。だのに精神ときたら安全を探し続けています。そこであなたが欲しているものと、生のプロセスがあなたに要求していることとの間に不一致が起こるのです。これが私たち一人一人に起こっていることです。（二八二ページ）

精神はパターンなしに存在できるでしょうか？　行ったり来たり揺れ動く願望なしに、存在できるでしょうか？　間違いなく可能です。そのような行為が、今に生きることなのです。生きることとは希望を持たず、明日を思い煩わずに在ることです。絶望や無関心のことを言っているのではありません。しかし、私たちは生きていません。私たちは常に死を、すなわち過去や将来を追いかけているのです。生きることはもっとも偉大な革命です。生きることにパターンはありません。しかしながら死、すなわち過去や将来、過ぎ去ったものやユートピアにはパターンがあります。あなたはユートピアを求めて生きています。ですからあなたは生ではなく、死を求めているのです。（二八〇ページ）

未来にたいする期待や希望は、あるがままの現実とのあいだに分離と対立をもたらし、心の葛藤となる。

そのような者にとって、未来は「過去の投影物」としてあるのであり、生のプロセスがあなたに要求しているることとの間に不一致が起こる、というのが、Kの見るところ。行ったり来たり揺れ動く願望なしに、存在できるのが、ブッダの言う寂静者であるなら、これを、Kは、今に生きることと言い、さらに言葉を足して、希望を持たず、明日を思い煩わずに在ることと説示する。くわえて、過去や将来、過ぎ去ったものやユートピアにはパターンがあります、という指摘も、傾聴に値する。一回きりの一期一会のあり方をしているのが今に生きることであるなら、ユートピアを求めて特定のパターンを形成するのが期待や希望の心であるはず。もし、そうであるなら、死に至る病とも言えるその危険に気づくのは、たしかに、簡単なことではない。でありながらも、それを可能にしてくれるのが自己知であり、ブッダも、Kも、これを救いのあり方として世に示したのだった。

自分自身を知ることができるのは、自覚していない時、何かをもくろんでいない時、防衛していない時、導くこと、変容すること、征服すること、支配することを待ち望んでいない時、不意に自分の姿を見た時、つまり精神が自分に関する先入観を何一つ持っていない時、精神が開かれていて、未知に出会う準備をしていない時、このような時だけです。（中略）しかもこのような事態は内面からのみ起こり得ます。つまり自然発生するものとは新しさであり、未知であり、測り知れなさであり、創造であり、表現され、愛されるべきものであり、そこでは知的プロセスとしての意志、支配や方向づけには何の役割もありません。自分の心の状態を観察してください。そうすれば大いなる歓喜や大いなるエクスタシーという瞬間は自然発生的なものであることがお分かりになるでしょう。こういったことは神秘的に、そっと、そして知らず知らずのうちに起こるのです。（二六二ページ）

自然発生するものこそが、新しさであり、つまりは、無常の現実であり、かつまた、それが、大いなる歓喜の瞬間であるなら、こちらからの積極的な働きかけは、それを遠ざけるだけであり、徹底的に受動であってはじめて起こるあり方、ということになる。それは、まさしく、自我意識（エゴ）のないあり方であり、自分自身を知る、と言っても、普通の意味のそれでないことは、留意するべきだろう。「それを知る」という意識があるかぎりは、それを知る「私」と知る対象である「それ」の分裂状態が存続し、未知との遭遇はありえない。自己知が成就するあり方について細かく言及する上記引用は、仏道を実践するうえで、大いに役立つのではないだろうか。

◎ 時間を解き放つ

彼のものが、過去にも、未来にも、〈その〉中間（現在）においても、何ものも存在しないなら、無一物の者であり、無執取の者であり、わたしは、彼を「婆羅門」と説く。（ダンマパダ421）

それが、過去にあるなら、それを、干上がらせよ。未来においては、何ものも、あなたにとって、有ってはならない。もし、〈その〉中間において、〈何ものも〉収め取らないなら、〈あなたは〉寂静者となり、

〔世を〕歩むであろう。（スッタニパータ949）

過去にあるものを解き放て――未来にあるものを解き放て――中間にあるものを解き放て――〔迷いの〕生存の彼岸に至る者となり。一切所において、意が解脱した〔あなた〕は、ふたたび、生と老〔の輪廻〕へと近づき行くことはないであろう。（ダンマパダ348）

いまに生きることは、ブッダの教えの根幹をなすものと言っていい。なぜなら、これこそは、まさしく、無常の現実に裏打ちされた生のあり方にほかならないからだ。いまに生きることは、目標ではない。目指すべき「あり方」として、未来にその実現を目指すとしたら、仏教者失格ということになる。上記引用において、ブッダは、過去と未来のみならず、「中間（現在）」についても、何ものも存在しないなら、および、〔何ものも〕収め取らないなら、と言及し、中間にあるものを解き放て、と言い渡す。これは、「いまここ」を実体視して目標化する錯誤を戒めているのであり、いまに生きる、とは、過去もなく、未来もなく、あるのは現在だけである、という即今の事実を言い、それ以外のものではありえない。ということは、実は、いましか生きられないのが無常の現実であり、現に、いましか生きていないはずなのだ。にもかかわらず、上記のような言葉をブッダが残しているのは、その事実を私たちがまったく知らずにいるから、あるいは、知ってはいても知らないふりをして過去と未来に心を遊ばせているから、あるいは、頭の中の「いまここ」を現在と勘違いしているから、と考えられる。そのような心の妄動が止み静まった者が、寂静者であり、〔迷いの〕生存の彼岸に至る者であり、すなわち、輪廻の解脱者であるわけだ。ブッダにとって、無一物の境地が、物質的な無一物というよりは、心のあり方としての無一物、心理的な時間の観念が脱落した無執取のあり方を言うものであったことは、仏教者であるなら、肝に銘じておきたい。では、時間について、Kは、どのような言葉を残しているのだろう。

活動中の精神をよくご覧になれば、過去や未来へ向かう動きとは、現在が存在しないプロセスであることがお分かりになるでしょう。（中略）精神は過去ないし未来で塞がっており、現在を剥ぎ落していますかしません。精神は事実を咎めて拒絶するか、あるいは受け入れてそれに自分を重ね合わせるかのいずれかしかしません。このような精神には言うまでもなく、どんな事実であってもそれを事実として見る能力がありません。つまり、過去や思考によって条件づけられている私たちの意識状態とは、事実という試練に対する、条件づけを受けた反応であるということです。信念や過去などの条件づけに従って反応すればするほど、過去は益々強まります。

過去が強まるというのは、言うまでもなく、過去が継続するということで、それが未来と呼ばれています。ですからこれが私たちの精神状態であり、私たちの意識状態であるのです。つまり私たちの精神状態、意識状態とは、過去と未来の間を行ったり来たりしている振子であるのです。（二八二ページ）

冒頭の言葉、活動中の精神をよくご覧になれば、とは、私たちの一人ひとりが自らの心を実験台として教えが真実であるかを確かめることを前提としてのものであり、以下に続く言葉が単なる知識の伝達ではないことを明示するものでもある。そのうえで、自身の心を振り返ってみると、精神は過去ないし未来で塞がっており、現在を剥ぎ落していきます、という事実に遭遇せざるをえない。さらには、過去や思考によって条件づけられている私たちの意識状態とは、事実という試練に対する、条件づけを受けた反応である、という事実にも。そこに自由はなく、反応すればするほど過去が強まる悪循環のプロセスが私たちの意識状態であるなら、過去と未来の間を行ったり来たりしているそのあり方と、きっぱり縁を切ってこその救いであるはず。いまここにおいて、心理的な時間の観念そのものを払拭して、即座に脱却し解き放たれる。Kは言う。心理的な時間の観念から自由であるとき、救いの道が開かれ、真理はやってくる、と。

真理は安全や永遠を求めている人々のためのものではありません。そのような人たちが求める永遠とは、無常の裏返しであるだけだからです。時間の網に捕らわれているにもかかわらず、そのような人たちは永遠なるものを探し求めます。しかしその人たちが求めている永遠は、本物ではありません。なぜならばその人たちが求めているものは、その人たちの思考の産物であるからです。（中略）人の手や精神による物が捨てられた時にのみ、真実は出現します。そして人の手や精神による物を捨てるということに、時間は関係ありません。時間の制約を受けていない人、自己拡張手段として時間を利用しない人、そのような人の元へ真理はやって来るのです。時間とは、「私」だとか「私のもの」という意識を構成している、昨日の記憶、自分の家族や血族の記憶、自分特有の性格や自分が積み重ねてきた経験の記憶のことを意味しているのです。（二二九ページ）

捨てるということに、時間は関係ありません、という言葉に注目したい。時間をかけて捨てる、ということではなく、ただ捨てる。あるいは、瞬時に手放す、という言い方もできるだろうか。そのときにのみ、真実は出現する。安全や永遠を求めている人々とはあり方を異にする、時間の制約を受けていない人、自己拡張手段として時間を利用しない人、心理的な時間の観念が脱落した、そのような人の元へ真理はやって来る。Kの説く、この救いのあり方こそが、真理であり、真実なのではないだろうか。求めるのをやめたときに、求めていたものがそこにある、と言うか、元からそこにあったことに気づく。過去と未来を手放し、現在において何も収め取らないあり方。その「あり方」を目指すのではなく、まさに、いまのいま、そうであるか否かが、ここに問われている。それも、ほかでもない、この私のこととして。これが、時間についての学びの結論となる。いかがであろうか。

◎ 怨みに怨みをもってせず

まさに、〈怨みにたいし〉怨みをもって〈為すなら〉、諸々の怨みは、この〈世において〉、いつかなる時も、静まることがない。しかしながら、〈怨みにたいし〉怨みなきをもって〈為すなら〉、〈諸々の怨みは〉静まる——これは、永遠の法（真理）である。（ダンマパダ5）

初期仏教を学ぶ者であるなら、誰もが知っている、それくらいに有名な、ダンマパダのこの偈である。もはや、コメントは不要であろう。それでも、ひとこと付言するなら、〔怨みにたいし〕怨みなきをもってする自己のあり方は、心理的な時間の観念が脱落した解脱者であってはじめて体現できる取り組み方であるはず。他者のイメージを固定する心理的な記憶から完全に自由である自己のあり方。ブッダが発見したこの救いのあり方は、たしかに、永遠の法と呼ぶにふさわしい。

あなたは間違いなく、自分が戦っている相手になります。私が怒っているとしましょう。で、あなたも私に怒りをぶつける。さあ、どうなるでしょう？　怒りが更に煽られます。あなたは私と同じになるのです。私があこぎな人間で、あなたは汚い手を使って私に対抗する。そうすると、いかに正当であると感じようとも、あなたもあこぎな人間になります。（中略）私たちはこのようなことを、何千年にも亘って行ってきました。憎しみに憎しみを以って対処する以外の取り組み方は間違いなく存在します。

（中略）

私たちは敵を、盗賊を作り出してきました。しかし自分自身がその敵になったところで、対立に終止符を打つことなど絶対できません。対立の原因を理解し、そして思考や感情、行為によって、それを助長するのをやめなければなりません。これは不断の自己認識と英知あふれる柔軟性を必要とする、骨の折れる課題です。なぜなら、あるがままの私たちが社会であり、国家であるからです。敵だの仲間だのは、私たちの思考と行動の産物です。私たちには、敵を作り出していることに対する責任があります。ですから、敵だの仲間だのを気にするよりも、自身の思考と行動を自覚するほうが大切なのです。なぜなら、正しい思考は分離に終止符を打つからです。愛は仲間だとか敵だとかの区別を超越しています。

（一八九ページ）

Kもまた言う。憎しみに憎しみを以って対処する以外の取り組み方は間違いなく存在します、と。この言葉は、狭くなった地球の上で混迷を深めるばかりの私たちにとって、出口を照らす一つのともしびであるかもしれない。たとえ、それが骨の折れる課題であっても、自己に引き受けてみる価値があるのではないだろうか。ほかの誰でもない、私たち自身の対立と分離に、終止符を打つために。

あとがき

何らかの見解を主張する自己のあり方は、真偽を云々する以前に、その見解を主張することで、自己の迷いのまなざしを自ら暴露する。本稿を丹念にお読みくださった方は、この事実を十二分に理解されていることと思う。であるなら、ブッダとクリシュナムルティの同一性を主張することはもとより、両者の優劣を論じることもまた、意味なきことと言うしかない。むしろ、両者の違いを客観的に探るほうが、よほど益ある作業と言えるだろう。本稿が両者の一致点に焦点を絞って参究してきたのは、まえがきのところで述べたように、ふたりが依拠していたはずの大元の真理をあぶりだすためだった。正確に言えば、「依拠していた」のではなく、真理そのままのあり方で行為していただけなのだが、この事実にフタをして、月を指し示す「指」ばかりに目が行っているようでは、探求者の読みとは言えない。言葉の壁を突破して紙背に徹するまなざしあってこその、真理の学びとなる。かつまた、この真理は、覚者だけのものではなく、私たちもまた、その光の恩恵に浴することができる、というのが、探求者のスタンスであり、本稿のスタンスだった。では、皆様は、本稿の学びを通じて、その大元の真理を自らのものにされたであろうか。これも正確に言えば、「ものにする」ではなく、もとからして自らのものであり、いまのいまも、月は月であるわけだ。

ここで、せっかくなので、両者の相違点について蛇足を加えたく思う。込み入った議論を展開するつもりはなく、この場を借りての余談とお考えいただきたい。

両者の相違点として、まず思い浮かぶのは、組織にたいするスタンスである。クリシュナムルティ（以下、Kと略記）の場合、有名な言葉「真理は組織化できない」（星の教団解散演説）があるように、組織については極めて厳しい位置づけをしていた。いっぽう、ブッダの場合、今日まで続く「サンガ（僧団）」の存在が示唆するように、組織についての厳しい言明は見受けられない。あったとしても控え目なものであり、Kのような過激な言明は皆無と言っていいだろう。もっとも、Kもまた、組織を不要としたわけではなく、彼自身の組織として「財団」をもっていたのだから、組織の存在は認めていた（おそらくは「必要悪」として）。人間社会において事を為すには、組織なしでは考えられない。世に教えを広める、という使命がある以上、ブッダも、Kも、組織という存在自体は必要だったのだ。

では、両者のスタンスの違いは、どのような理由に基づくのだろう。これについては、歴史的事情（時代的制約）による、と考えられる。ブッダの場合、世に教えを残す手段としては、人間の記憶しかなかった。つまり、口伝である。そうなると、ある程度の人員を確保する必要があり、教団の組織化は、宿命と言うか、歴史的必然となる。在家信者と出家信者の役割分担が明確化され、のみならず、僧侶のなかにも聖典記憶に専念するエキスパートが出現し、組織を挙げて教えを保持する体制が形成された。そして、その結果が、いまのいま、ここにこうして、ブッダの教えを学んでいる「私たち」であることを考えると、組織の存在を容認するブッダのスタンスは、しかるべきものだったと言うしかない。

いっぽう、Kの場合は、教えを保持するにあたって、人の頭（記憶）に頼る必要はなく、文明（速記やオーディオ機器による記録）がその役割を果たしてくれる。必要なのは、文書と機械の管理だけである。この違いは大きい。Kは教えを保持するための人員を確保する必要がなく、組織についての所見をストレートに表明できる立場にあった。人員を確保するどころか、「星の教団解散演説」のように、自ら人減らしに努めたくらいである。この点で言えば、ブッダとの相違は明らかだ。ただし、記録の管理は人間がするのであり、Kもまた、必要最小限の組織を有したことは、うえに述べたとおりである。財団の職員は、聖職者ではなく一般人なのだが、教えの信奉者であるのが通常なので、彼らのことを「弟子」と見ても異論はないはず。弟子の役割を人工知能が取って代わる時代が来るかもしれないが、ブッダも、Kも、師の教えを保持する弟子の存在を必要とする時代に生きたのであり、教えの保持という点では、量的な違いはあるとして、質的な違いはないと言えるだろう。しかしながら、弟子を在家者と出家者に分けた、という点こそは、両者の決定的な違いと言えなくもない。なぜなら、この区分けによって、組織の問題とは別の、それはそれで「深刻な問題」の存在に気づかされるからだ。「セックス」の問題である。

弟子を在家者と出家者に分けたブッダの場合、出家者には完全禁欲を課したのであり、この点で、Kとの違いは、まさに決定的と言える。出家者に対象を絞るとはいえ、完全禁欲の言葉を残したブッダと、残さなかったK。ここは軽々に結論を下すのではなく、論点をセックス全般に広げて検討を加えたい。それも、両者の言葉に基づいて。まずは、Kの言葉から見てみよう。

セックスの問題と言う時、それによって何を意味しているのでしょう？　それはセックスという行為のことでしょうか？　それともその行為に関する思考のことでしょうか？　行為でないことは確かです。あなたにとって、食べることが何ら問題でないように、性的行為も何ら問題ではありません。しかし他に考えることが何もないからと言って、食べることや何か他のことを一日中考えていたら、それはあなたにとって、問題になってしまいます。なぜあなたは、明らかにふだんしているセックスを強調するのですか？（『四季の瞑想』コスモス・ライブラリー：一〇四ページ）

ここでKが問題にしているのは、セックスという行為ではない。セックスを問題として取り上げる、私たちのあり方である。まずは、このことを確認しておきたい。些細なことのようで、この違いは大きい。動物の交尾や捕食が社会問題化する事態は、まず考えられない。人間に近いサルが例外として思い浮かぶが、その規模は限定され、他種に迷惑をかけることはない。そもそも、「害虫」や「害獣」などの存在は、人間が勝手に名づけたのであり、駆除される身にしてみれば、迷惑千万の話となる。あるいは、ゴミ問題もまた、動物の世界では起こらない。動物が出すゴミは自然分解され、プラスチックや核廃棄物のように、その処分に心を煩わすことはない。人間だけが、問題を作り出す。同趣旨の言葉を、以下に掲げよう。

私たちはなぜ、何であれ自分たちが触れるものを厄介なものにしてしまうのでしょう？　セックスはなぜ厄介ごとに仕立てあげられてしまったのでしょうか？　私たちは問題を抱えながら生きることになぜ甘んじているのでしょう？　問題になぜ終止符を打たないのでしょう？　来る日も来る日も、何年も何年も問題を抱え続ける代わりに、なぜ私たちはそれを手放さないのでしょう？（『四季の瞑想』コスモス・ライブラリー：一〇五ページ）

これは、問題の中身を云々する以前に、問題そのものを問題としているのであり、問題が問題であり続けるのは、当事者である私たちが手放さないから、というのが、Kの見るところ。答えを追求するのではなく、問題を完全に理解し、そのメカニズムをあるがままに知り見ることで、問題解決の手段がおのずと見えてくる。別のテキストでは、こうも言っている。

快楽を追求している精神、野心的な精神、競争心あふれた精神、自分は人生から何かを得なければならない、報われねばならないと思っている精神、そのような精神で愛することができるのでしょうか？　性的に愛することはできる。しかし性愛だけがすべてでしょうか？　なぜ私たちはセックスをこれほど大事《おおごと》にしてしまったのですか？　それについて万巻の書物が著わされています。これを徹底的に調べてみないかぎり、そうでないものを理解することはおそらく不可能でしょう。（『生の全変容』春秋社：二七〇ページ）

読んだとおりで、ここでも、セックスを問題とする「私たちのあり方」が俎上にのせられている。この視点は、問題の当事者である私たちには盲点になっていて問題解決の妨げになっているのだが、この事実に気づいてしまえば、逆に問題解決の道が開けてくる。問題を徹底的に調べて理解する、という、これまでは発想の外にあった、まったくもって新しい道が。

では、快楽とは何でしょう。なぜ快楽を抑えるべきなのでしょうか? 私は、それが良い悪いと言っているのではありません。そもそもの初めから、私たちは快楽をとがめているのではないことをはっきりしておきましょう。それを抑えこんだり、逆にかりたてねばならないと言っているのでも、あるいはそれを抑制、または正当化しなければならないと言っているのでもないのです。私たちはなぜ快楽がこれほど人生においてとてつもなく重要になったのかを理解しようとしているのです。(『生の全変容』春秋社:一七四ページ)

まず確認しておこう。私たちは快楽をとがめているのではないことをはっきりしておきましょう、とあるように、Kは禁欲主義者ではない(もちろん、快楽主義者でもない)。かつまた、「出家者」という特定の対象を設定して説かれた教えは存在せず、快楽について言及する上記言明は、あくまでも人間一般を対象にしてのものであり、そこが、ブッダとの相違点となる。

で、私たちが愛について調べてみるときは、快楽を調べてみなければならないのです。つまり、さまざまな形での快楽、そしてそれと愛、歓喜、ジョイ、真の歓喜、けっして招き寄せられないものである歓喜との関係を調べてみなければならないのです。で、私たちは快楽から始めるわけです。つまり世界がセックスを一大事にしてしまったということ。そして世界中の司祭、僧侶はそれを拒絶してきたのです。心は色情等々で燃えているのに、女性を見ようとしない、目をふさぐのです。そしてかれらは、独身者のみが神に至りうると言うわけです。この発言の愚かしさを考えてみてください。これでは、セックスをする人はすべて永久に呪われていることになります。(『生の全変容』春秋社：二七三〜四ページ)

僧侶や聖職者の偽善的あり方に厳しかったKは、セックスの問題に関しても、同様の偽善を指摘する。抑圧的禁欲の愚かさとその矛盾。表と裏を使い分けて外見を取り繕うあり方は、たしかに、聖なるものとは言い難い。さらに、探求は続く。

私たちは「セックス」という言葉によって、何を意味しているのでしょう？　単にセックスという行為だけでなく、それについて考えること、感じること、それを待ち望むこと、それから逃げること、こういったことが、私たちの問題です。私たちの問題とは、もっともっと多くを欲する感覚なのです。ご自身をよく見守ってください。隣の人をではなく。なぜあなた方の思考は、かくもセックスにかかりきりになっているのですか？(『四季の瞑想』コスモス・ライブラリー：一一六ページ)

これまで何度も見てきたように、Kは安直に答えを提示せず、しつこいくらいに問いを重ねて、聞き手自身が答えを発見するように誘導する。筆者もまた、Kの言葉を引用するときは、それにならい、極力、言葉を制してきた。上記の問い「なぜあなた方の思考は、かくもセックスにかかりきりになっているのですか?」は、これまでにも、「なぜあなたは、明らかにふだんしているセックスを強調するのですか?」「私たちはなぜ、何であれ自分たちが触れるものを厄介なものにしてしまうのでしょう?」「なぜ私たちはセックスをこれほど大事《おおごと》にしてしまったのですか?」とあったように、Kにとって重要な問いかけであり、あらゆる問題と共鳴し通底する根本的な問いかけであったはず。ここに、これまでの学びの成果が問われている、と言っても過言ではない。繰り返されたこの問いに、どう答えるか。Kは、「私たちの問題とは、もっともっと多くを欲する感覚なのです」と、さりげなく答えているのだが。

愛というのは、「私」が全く存在しない状態のことです。愛とは非難が全く存在しない状態のこと、セックスがいいとか悪いとか、これはいいけれど他のものは悪いと言わない状態のことです。このように相反するものは、何一つとして愛ではありません。愛には矛盾が存在しません。そして情熱がなかったら、どうやって人は愛することができましょうか? 情熱がなかったら、どうやって敏感になれましょうか? 敏感であるというのは、あなたの隣に座っている人を感じるということです。不潔で、堕落しており、貧困にあえぐ街の醜さを見るということ、川や海、空の美しさを見るということです。もし情熱がなかったら、一体どうやってそういった物事全てに対して、敏感でいられるでしょうか? どうやって涙や微笑に気がつくことができるでしょうか？　愛とは確かに情熱なのです。（『四季の瞑想』コスモス・ライブラリー：一二二ページ）

セックスの問題にたいするKの答えは、愛とは非難が全く存在しない状態のこと、セックスがいいとか悪いとか、これはいいけれど他のものは悪いと言わない状態のことです、となる。問題を問題としない、全的なあり方。妄想に起因する矛盾が生じない、葛藤なき状態。情熱と鋭敏さ。そして、気づき。愛とは確かに情熱なのです、と喝破する、Kの言葉をかみしめたい。

では、ブッダの言葉を見てみよう。相違点ということで、完全禁欲を説く言葉だけを紹介する。

林においては、高下諸々のことが現じ来る――火炎の如く〈危険で、避けるべきものとして〉。女たちは、牟尼を誘惑する。彼女たちが、まさに、彼を、誘惑することがあってはならない。

淫欲の法〈性交〉から離れた者となり、彼此《ひし》における諸々の欲望〈の対象〉を捨棄して、動くものと動かないものにたいし、〈全ての〉命あるものたちにたいし、〈行く手を〉遮らず、執着もしない。（スッタニパータ703〜4）

彼が、若くありながら、何ものにも縛られないなら、〈独り〉歩んでいる淫欲から離れた牟尼を、驕りと怠りから離れた解脱者を、まさしく、彼をもまた、慧者たちは、「牟尼」と知る。（スッタニパータ218）

このように、ブッダの場合、遠離独存の観点から、淫欲は明確にしりぞけられ、その徹底ぶりも上記のとおりである。もちろん、抑圧的（苦行的）にしりぞけるのではなく、〔全ての〕命あるものたちにたいし、〔行く手を〕遮らず、執着もしない、とあるように、邪魔にせず相手にせずの中庸のあり方で対処するのが、その徹底ぶりであり、ブッダのスタンスとなる。淫欲の害毒について、ブッダは、以下のようにも言う。

淫欲に束縛されたなら、まさしく、また、教えは忘却され、しかして、〔彼は〕誤って実践する。〔淫欲に束縛された〕彼のうちには、この聖ならざる〔汚点〕がある。

過去においては独り行じおこなって、〔そののち〕彼が、淫欲に慣れ親しむなら、世における迷走する乗物のような彼のことを、〔賢者たちは〕「下劣な凡夫」と言う。

〔彼の〕盛名は、さらには、すなわち、過去の栄誉も、それは、まさしく、また、衰退する——彼が〔淫欲に束縛されたなら〕。また、このことを見て、淫欲を捨棄するべく、〔遠離こそを〕学ぶように。（スッタニパータ815〜7）

ブッダも、Kも、淫欲の害毒については、同じ認識を持っていたと言えるだろう。あくまでも心理的な遠離独存を説いたKにたいし、ブッダの場合、出家修行者に限ってではあるが、肉体的な禁欲を厳命したところが相違点となる。ただし、抑圧的な禁欲ではなく、その害毒を知り見ることで手を引く対処のあり方は、上記引用においても踏襲され、底の浅い禁欲主義とは一線を画している。

特殊な例ではあるが、さらに厳しい言葉を紹介しよう。ブッダは、ある在家者との対話の中で、以下のような言葉を残している。

渇愛、不満、貪欲と、〈これらの名をもつ悪魔の娘たちを〉見て、〈わたしには〉淫欲にたいする欲〈の思い〉さえも有りませんでした。この糞尿に満ちたものが、まさしく、何だというのでしょう。足でさえも、それに触れることを求めません。（スッタニパータ835）

「特殊な例」とは、ブッダ自身のことである。成道直前のブッダを誘惑した悪魔の娘たちについて言及したのが、上記テキストであり、これを、当時の人たちは実際の出来事と考えたのだが、現代的視点で解釈するなら、ブッダ自身の心理的葛藤を投影したものと考えられなくもない。しかしながら、悪魔の誘惑を心理的葛藤の投影と見るのは、いささか無理がある。修行を始めたころの話であれば、話として理解できるが、六年にわたる苦行を経たあとの成道直前の話である。性的な心理的葛藤など、すでに卒業しているはずなのだ。足でさえも、それに触れることを求めません、という言葉もまた、淫欲の害毒を明確に知っているので、その気になれない、と理解でき、そこに、心理的葛藤の入り込む余地はない。ただし、この発言については、現在時制が使用されていることもあり、悪魔の誘惑とは別の話と考えられなくもない（個人的体験ではなく、一般論を説いたもの、と）。ただそれでも、古いテキスト（サンユッタ・ニカーヤ第一巻：悪魔相応）によれば、悪魔の誘惑の話自体が、成道前ではなく、成道後の出来事とされていて、もし、そうであるなら、心理的葛藤は、なおのこと現われようがないはず。

もちろん、現実に悪魔が出現したと考えるのも、納得の行く説明にはならない。筆者は、悪魔の誘惑を、禅定時の快感体験を喩えたものと理解する。禅定時にセロトニン等の脳内物質が分泌され、快感を感じることは、よく知られている。これは、修練を積んだ瞑想修行者にとっては、ごくありふれた現象と言っていい（瞑想修行を「安楽の法門」と呼ぶように）。が、これで終わりではない。瞑想の境地がさらに進むと、性的な快感も伴って、文字どおり、全身が快感に包まれてしまうのである。この事実を科学的に証明した話は聞かないが、ヨーガ行者やキリスト教神秘主義者の恍惚（法悦状態）についての文献的報告は存在する。しかも、この境地を最高の法悦境と位置づけ、修行者の目指すべき最終地点とする向きもあるのだから、馬鹿にはできない。そこで、悪魔の娘による性的誘惑は、この法悦境を喩えたものと理解すれば、現代人でも納得の行く説明になるのではないだろうか。ブッダが、この境地に満足せず、その誘惑に屈服しなかったのは、さらなる高みの存在を知っていたから、と考えるわけだ。仏典においても、後世のものではあるが、この境地に関する記述が存在する。

この第三の瞑想の安楽が、気づきと正知の守護によって守られていないなら、それは、まさしく、ふたたび、喜悦に近づき行くであろうし、まさしく、喜悦と結び付いたものとして存するであろう。あるいは、また、有情たちは、安楽にたいし執着するが、しかして、この〔第三の瞑想の〕安楽は、それよりも他に、安楽の状態なきことから、極めて甘美なるものである。しかるに、気づきと正知の威力によっ

て、ここにおいて、安楽にたいし執着なくある。（中略）

極めて甘美なる安楽にして、安楽の最奥義に至り得た、第三の瞑想においてもまた、放捨の者としてあり、そこにおいて、安楽への執着で引かれず、かつまた、すなわち、喜悦が生起しないとおりに、このように、現起した気づきがある。（ＰＴＳ版『清浄道論』一六三ページ）

ここに言う「安楽」を悪魔の誘惑と見たとして、あながち的外れではないはず。性感を伴った快感であるかは不明だが、執着を戒める言葉の存在は、それが強烈な快感であることを示唆している。遠離独存の無執着の境地、つまりは解脱涅槃こそが、仏教者の到達する最終地点であり、たとえ、禅定の境地が極めて安楽で甘美であっても、それは、いまだ道なかばの通過点でしかない。気づきと正知の威力によって、ここにおいて、安楽にたいし執着なくある、とあるように。とはいえ、禅定の境地がまったく無価値なのか、と言うと、そのようなことはない。修行の結果としての通過点なのだから、無価値であるわけがない。この境地に執着するべきではない、という一点で、否定的な位置づけがされ、さらなる高みの存在によって、通過点の地位に甘んじているにすぎないからだ。経典の記述によれば、ブッダは、禅定の境地で過ごすことを習慣化していたし（現法楽住）、世に「聖僧」と呼ばれる真摯な求道者たちも、この境地に入ることで淫欲の誘惑に打ち勝った、と想像できなくもない。もちろん、執着しない、という条件つきの話ではあるが。そうすると、ここにも、邪魔にせず相手にせずの中庸のあり方が見て取れ、出家者に禁欲を課したブッダではあったが、ジャイナ教の出家者がするような苦行的禁欲とは質を異にしていたことがわかる。むしろ、禅定の境地を受用するあり方は、快楽にたいするKのスタンスと軌を一にしている。

以上で、セックスの問題について、ほぼ検討を終えたかと思う。とはいえ、どうしても触れずにすまされない「ある問題」が存在する。Kに関する性的スキャンダルの一件である。「不倫疑惑」とも言えるこの問題に関しては、その出所が悪意に基づく暴露本なので、どこまで真実なのかは断言できない。が、まったくのでっち上げとも考えられない。筆者がこの話を耳にしたのは発売後まもなく、大阪の読書会において、参加者の一人がこの"Lives in the Shadow with J. Krishnamurti"の存在とその内容について取り上げたときだった。話題が話題だけに話は盛り上がったが、そのとき、会の世話人をされている方が、「たとえ、その話が事実であるとしても、私にとって大事なのはKの教えであり、その教えを実践するだけです」といった趣旨の発言をされた。筆者もまた、この言葉に賛同し、その思いは、いまも変わらない。くわえて、つい最近のことだが、この一件に関する「なるほど」と思わせるコメントに遭遇した。参考のため、以下に紹介させていただく。"

私は大人になるまで、地元で開かれる非公式の集まりでクリシュナムルティと同席する機会がたくさんあり、町の東部にあったオレンジの木立に囲まれた彼の家を訪ねたことも何回かある。正直にいうなら、私は学問的な大人の会話より、彼が幼い子どもに親しく接してくれることに感銘を受けた。私が十歳のとき、彼は五十歳くらいだった。彼に実子はなく独身だが、子どもと一緒にいるときは幸せでくつろいでいるようだった。彼は年長者との真剣な議論を中断し、外に出て子どもに混じってニワトリに餌《えさ》をやったり牛の乳しぼりをしたことも数回ある。いま振り返ると、私はしばしばただ屋外でふざけていたとき、彼の目にのびやかな喜びが浮かんでいたことを思い出す。

成人するまで彼とオーハイでときどき接していたため、後年ヨーロッパで再会したとき、彼は私の名前を覚えていてくれた。彼はほぼ孤独な人物と思われていたが、晩年にさしかかるころ、親友であり性的パートナーでもある人と二十年以上も親しく暮らしてきたことが明らかになった。彼を禁欲主義者と思いこんでいた信奉者の一部は、このことに動揺したようである。また、彼はときどき、彼が説く霊的跳躍を実践せずにただ彼の言葉じりにしがみつく弟子の一部に苛立ちをあらわにすることで、批判された。明らかに、彼も彼なりの感情的課題を抱えていたのだ。彼は少年時代に困難や孤独に苦しみ、後年になってもときどき悲しげですぐ動揺するようなところがあった。結局、クリシュナムルティもすべての人と同じように、広大で複雑な「人間という神秘」だったのだ。(『セブン・マスターズ』サンマーク出版：二二〇～一ページ)

長文の引用となり恐縮だが、モト本を読んでいない筆者が駄弁を弄する危険を思えば、大目に見ていただけると思う。「私たちは世界である」と言い続けたのがKであるなら、その言葉どおり、Kもまた、広大で複雑な「人間という神秘」だった、という指摘は傾聴に値する。ただし、そうは言うものの、当のKが、自らについて、「どうか、わたしをひきあいに出すのはやめてください——わたしは生物学的変種かもしれない。だから、わたしのことは措いておきましょう」(『ブッダとクリシュナムルティ』コスモス・ライブラリー：二二三～四ページ）と言っているように、普通の人間であるはずもなく、その教えには耳を傾けるべきなのだ。真理の探求者であるなら、の話だが。

では、ここで想像してみてほしい。もし、いま、Kが生きていて、自身のスキャンダルについて取材を受け、コメントを求められたなら、さて、どのように答えるだろう。教えに耳を傾けてきた人にとって、その答えは明らかだ。Kはため息をつきながら、私たちに問い返すだろう。「なぜ私たちはセックスをこれほど大事《おおごと》にしてしまったのですか？」と。

ちなみに、上記引用において、「明らかに、彼も彼なりの感情的課題を抱えていたのだ」とあるのも、気になるところではある。感情に振り回されないのが覚者のあり方であり、弟子の一部に苛立ちをあらわにするKの姿は、そのような覚者のイメージとは合致しないからだ。「彼が説く霊的跳躍を実践せずにただ彼の言葉じりにしがみつく弟子」の出現こそは組織化の弊害であり、Kにしてみれば、組織の健全さを維持するために、感情的と見られるほどに明確な態度で、その非を指摘するしかなかったのだろう。ブッダもまた、この悩みを共有していた。と言うのも、パーリ経典に以下のような記述が残っているからだ。

また、まさに、その時、世尊は、比丘たちや比丘尼たちや在俗信者たちや女性在俗信者たちや王たちや王の大臣たちや異教の者たちや異教の者の弟子たちによって〈生活を〉掻き乱され、〈混乱のうちに〉住んでおられます。〈生活を〉掻き乱され、苦痛であり、平穏ではなく、〈混乱のうちに〉住んでおられます。そこで、まさに、世尊は、こう思いました。「わたしは、まさに、今現在、比丘たちや比丘尼たちや在俗信者たちや女性在俗信者たちや王たちや王の大臣たちや異教の者たちや異教の者の弟子たちによって〈生活を〉掻き乱され、〈混乱のうちに〉住んでいる。〈生活を〉掻き乱され、苦痛であり、平穏ではなく、〈混乱のうちに〉住んでいる。それなら、さあ、わたしは、独りになり、〈人々の〉群れから遠く離れ、〈混乱なく〉住むことにしようか」と。（PTS版『ウダーナ』四一ページ）

このあと、ブッダは、何も告げずに遊行の旅に出てしまう。周囲のあり様に閉口し愛想をつかしたわけだが、職場放棄とも言える突然の失踪だった。残された記述というものは、良いことは大袈裟に悪いことは控え目に編集されるのが常であり、実際のところは、それなりの「すったもんだ」があったはず。組織化の問題は、ブッダであろうが避けられなかったのであり、この問題の根深さを再認識させるテキストである。以上で、余談は終了としたい。長らくの余談となったが、するだけの価値があったかどうか、その判断は、皆様にお任せしたい。

——・——

無常・苦・無我の真理は、学びの出発点でもあれば終着点でもある。ただ残念なことに、私たちは、覚者が点じる真理のともしびよりは「覚者の指」に興味があるらしく、自らが自らの光となる救いのあり方には気が及ばない。足元を照らすことを忘れて、よそ見ばかりしているのが、その実情と言えるだろう。

それもそのはず、ともしびを覆い隠す遮蔽物が「時空の観念」なのだから、それを取り外すのは、難易の議論をする以前に、着手すること自体が最大の難関となる。「エゴが悪い」とか「妄想はいけない」などの言葉をよく聞くが、掛け声ばかりで事態の改善が見られないのは、その取り組みが中途半端だからであり、自己や思考のメカニズムを、あるいは、そのプロセスを、「時空間」という観点まで掘り下げて探求しないかぎり、無意識が仕掛けるトリックは暴けない。文字どおり、手探り状態が続くだけとなる。事実としては、自分で自分の目にフタをしているだけなのだが、フタの存在に気づかないかぎりは、どうにもならない。無明の闇を自ら作り出している自己のあり方に気づかせてくれるのが、自己知であるなら、覚者の指は、ほかでもないこの私に向けられていたのだ。自己をともしびとして、真理をともしびとする。自灯明・法灯明の意味を、あらためて思い知った今回の学びである。覚者の言葉を学ぶ喜びをかみしめつつ、ここに、ひとまず筆を収めたい。

本書は、電子書籍『ブッダのともしび（上）』（キンドル版）を紙媒体化したものである。せっかくの機会なので、再度の推敲を試み、全面的に手を加えさせていただいた。この場を借りて、原書作成の際にお世話になったEvolvingの糸賀祐二氏と、本書の上梓を強力に推進していただいたコスモス・ライブラリーの大野純一氏に、心からお礼を申し述べたい。そして、ここに至るまでの学究生活を支えてくれた法友の方々にも。

持てる力をすべて降り注いだ本書である。真理の道を歩む読者の皆様に、些少なりとも益をもたらすことを、いまはただ祈るだけである。合掌。

著者プロフィール

正田大観

一九五九年　東京都北区出身
一九八二年　上智大学法学部卒業
一九八七年　駒澤短期大学仏教科卒業
一九九一年　大谷大学大学院仏教科修士課程修了

著述家・翻訳家　パーリ語を教えるかたわら仏教教室を開催し、初期仏教の普及につとめる。
共訳書『ブッダとクリシュナムルティ——人間は変われるか？』『境界を超える英知：人間であることの核心——クリシュナムルティ・トーク・セレクション〈1〉』『真の瞑想：自らの内なる光——クリシュナムルティ・トーク・セレクション〈2〉』（コスモス・ライブラリー）
電子書籍『正田大観翻訳集：ブッダの福音』『正田大観著作集：ブッダのまなざし』（キンドル版）

徹底比較 ブッダとクリシュナムルティ
そのあるがままの教え

2018年11月11日　第1刷発行

発行所　㈲コスモス・ライブラリー
発行者　大野純一
〒113-0033　東京都文京区本郷3-23-5　ハイシティ本郷204
電話：03-3813-8726　Fax：03-5684-8705
郵便振替：00110-1-112214
E-mail：kosmos-aeon@tcn-catv.ne.jp
http://www.kosmos-lby.com/
装幀　河村　誠
発売所　㈱星雲社
〒112-0012　東京都文京区水道1-3-30
電話：03-3868-3275　Fax：03-3868-6588
印刷／製本　シナノ印刷㈱
ISBN978-4-434-25367-6 C0011
定価はカバー等に表示してあります。

J・クリシュナムルティ著／正田大観＋吉田利子共訳

『境界を超える英知――人間であることの核心――クリシュナムルティ・トーク・セレクション❶』

教えの真髄をこの一冊に凝集――クリシュナムルティのラディカルな人生観を新しい仕方で提示

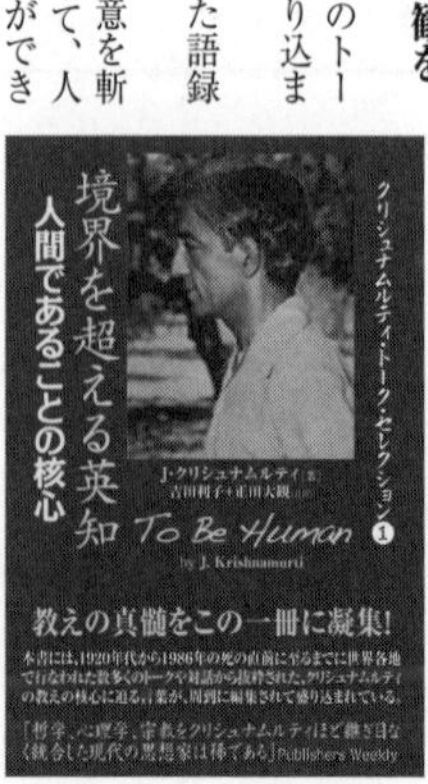

本書には、一九二〇年代から一九八六年の死の直前に至るまでに世界各地で行なわれた数多くのトークや対話から抜粋された、クリシュナムルティの教えの核心に迫る言葉が、周到に編集されて盛り込まれている。

本書は、真理の性質、およびそれを見るのを妨げている様々な障害物を明らかにしている優れた語録である。

また、クリシュナムルティのメッセージの核心を提示していることに加えて、本書は読者の注意を斬新な言い回し、「古い言葉に新しい解釈を加えて」用いる仕方に向けさせ、それから実例を挙げて、人生それ自体についてのわれわれの理解を明確にし、そしてこの新しい理解に従って行動することができるようになることを示している。

本書の編集者デヴィッド・スキットによる秀逸な序文は、知識と経験へのガイドとしてのクリシュナムルティの哲学について、ならびに知識と経験がわれわれの人生において果たすべき役割、およびそれが放棄されて、「新たに見、そして行動する」ことが最善である時について論じている。

「哲学、心理学、宗教をクリシュナムルティほど継ぎ目なく統合した現代の思想家は稀である」Publishers Weekly

第一部：教えの真髄

◎聞くこと◎教えの真髄◎真理は道なき地である◎個人的な見解とは別の真理というものがあるのだろうか？◎終わりのない観察があるだけである◎知識依存症の人は真理を発見できない◎どんな技術もありません◎関係性という鏡を通して真理を見出さなければならない◎人間は自分自身のなかに安全柵としてのイメージを作り上げている◎イメージの重荷が思考、関係性、そして日常生活を支配している◎過去の奴隷であることからの解放◎思考は常に限られている◎意識の中身が人の全存在である◎生の知覚は、すでに精神に確立されている概念によって形づくられる◎人間としてのユニークさは、自分の意識の中身からの完全な自由のなかにある◎無選択の気づき◎自由は日々の生活と活動への無選択の気づきのなかに見出される◎思考は時間である◎時間は心理的な敵である◎観察のなかで、人は自由の欠如を発見し始める◎精神の根源的な変容◎全的な否定は肯定の核心である◎思考する者と思考、観察者と観察されるものとのあいだの分断◎観察者と観察されるものとのあいだの分断は幻想です◎鏡を壊す

第二部：言葉と意味

◎言葉◎意味

第三部：行為しないことを通じた行為

◎観察する行為◎「あるがまま」とともにとどまる◎基本的な問いかけをするが、答えない◎知らないことの美しさ◎たびたび議論される事柄
〈2160円〉

『ブッダとクリシュナムルティ——人間は変われるか?』

J・クリシュナムルティ著/正田大観+吉田利子共訳/大野純一監訳

著名な仏教学者らとの白熱の対話録

「あなたはブッダと同じことを言っているのではありませんか?」という第一対話を皮切りに、第一部「五回の対話」ではスリランカのテーラワーダ仏教の学僧ワルポラ・ラーフラや理論物理学者デヴィッド・ボームらとクリシュナムルティとの間に、自我のない心の状態、自由意志、行動、愛、自己同一化、真理、死後の生について、洞察に満ちた対話が展開されている。

第二部「なぜわたしたちは変われないのか?」には、人間の意識の根源的な変化・変容を促すための講話と質疑応答が収録されている。

ブッダとクリシュナムルティを結ぶ線上に、根源的な意識変容の可能性を探る

第一部　五回の対話

第一対話：あなたはブッダと同じことを言っているのではありませんか?
第二対話：自我のない心の状態はあり得るか?
第三対話：自由意志、行動、愛、そして自己同一化と自我
第四対話：真理とは何か
第五対話：死後の生

第二部　なぜわたしたちは変われないのか?

◎結果を期待する◎悟りの誘惑◎自分の条件づけを見る◎無秩序と心◎「ありのまま」の否定◎恐怖と欲望の役割◎圧力をかけられただけでは、わたしたちは変わらない◎執着の破壊性◎「何かべつのことをすべきだ」◎どんなふうに聞いていますか?
〈2376円〉

マイケル・クローネンの『キッチン日記』は、クリシュナムルティと彼の客たちにシェフとして菜食料理を提供した著者による、一九七五年から一九八六年までの出来事の優れた記録である。この伝記的ポートレートは、クリシュナムルティを聖人扱いしようとする様々な企てへのタイムリーな矯味薬である。ランチ中の打ち解けた会話からの記述と引用は、読んで楽しいだけでなく、真剣に考察するに値する。クリシュナムルティの教えのエッセンスの多くが、本書全体にちりばめられている。

メニューが添えられている菜食料理を想像しながら、会食者たちと共に間接的に味わう人は誰であれ、それに満喫させられるだけでなく、スピリチュアルな滋養も与えられることだろう。

――アラン・W・アンダーソン（サンディエゴ大学宗教学部名誉教授）

クリシュナムルティの最も深い理解者の一人による、手作りの菜食料理とジョークによって趣を添えられた、機智に富んだ回顧録。

〈2700円〉

デヴィッド・ボーム著／大野純一訳

『ボームの思考論――知覚を清め、洞察力を培う』

稀有の科学者が思考の本質に迫る

本書は、一九九〇年十一月三十一日から十二月二日にかけてカリフォルニアのオーハイで開催された、連続五セッションから成るセミナーの録音を書き起こし、ボーム自身が編集した上で刊行したものである。

ボームは、〝システムとしての思考〟の構造・性質・本質を、参加者たちとのQ&Aを通して探究し、それが人類が直面している危機にどのように関わっているのか、解決への糸口はあるのか、等々について、〝ダイアローグ〟や〝自己知覚〟を含む様々な角度から懇切丁寧に解説している。

本書において理論物理学者デヴィッド・ボームは、個々人のアイデンティティについての内省から、許容可能な文明を形作るための集合的努力まで、人間の営為のあらゆるレベルでの思考と知識の役割を主題として取り上げている。最初に『全体性と内蔵秩序』中で提起された精神と物質の諸原理について詳しく述べたボームは、思考過程は外界の中の〝あそこにある〟事物について中立的に報告するという考えを退ける。彼は、その中で思考がわれわれの知覚形成、意味の感覚および日常的行為に能動的に関与する仕方を探査する。彼は、集合的思考と知識があまりにも自動化されてしまったので、われわれはそれらによって大部分コントロールされており、その結果真正さ、自由および秩序を喪失するに至っている、と示唆している。（「諸言」より）

こういったすべてのトラブルの元凶は何なのでしょう？　それが、実は、過去数年間におけるすべてのダイアローグにおいてわたしたちが関心を払ってきたことです。わたしは、その源は、根本的に、思考の中にあると申し上げています。多くの人は、そのような発言は気違いじみている、なぜなら、思考は、わたしたちが問題を解決するために持ち合わせている当のものだからだ、と思うことでしょう。そういう思い込み（assumption）はわたしたちの伝統の一部なのです。けれども、わたしたちが自分たちの問題を解決するために用いる当のものが、それらの問題の元凶であるように思われるのです。それは、医師に診てもらいに行って、かえって彼にあなたを病気にさせるようにするようなものです。事実、診療例の二〇パーセントにおいて、わたしたちはどうやらそういう目に遭うようなのです。が、思考の場合には、それは二〇パーセントを優に超えているのです。

わたしたちの問題の原因がわたしたちに見えない理由は、それらを解決するためにわたしたちが用いる手段がそれらの原因だからだ、とわたしは言っているのです。それが初耳である人にとっては、それは奇妙に聞こえるかもしれません。なぜなら、わたしたちの全文化は思考をその最高の達成物として誇りにしているからです。わたしは、思考の達成物が取るに足りないと示唆しているわけではありません。技術、文化、およびその他の様々な仕方で非常に偉大な達成物があることは確かです。が、それには、わたしたちの破壊に行き着く他の側面があり、

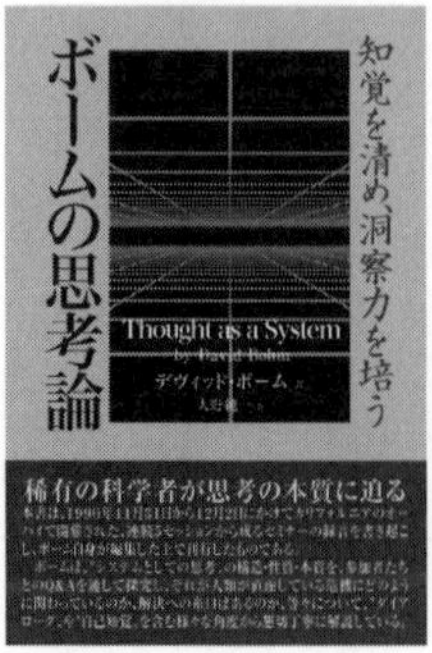

わたしたちはそれを調べてみなければなりません。

では、思考のどこが問題かについてお話したいと思います。（本書「第1セッション」より）

〈2376円〉

大野純一著編訳

『クリシュナムルティの世界』

クリシュナムルティの〝人と思想〟の全容をこの一冊に収録。〈世界教師〉としての彼の数奇な生涯をたどり、その〈教え〉に様々な角度から迫ることによって、二十一世紀に向けてのメッセージを読み取る。

〈2730円〉

J・クリシュナムルティ著／大野純一編訳

『（新装版）私は何も信じない——クリシュナムルティ対談集』

クリシュナムルティはその九十年の生涯の間に数多くの人々と対談した。本書はその一部を厳選し、インド人学者ヴェンカテサーナンダや、アメリカの宗教学者でケン・ウイルバーの先輩格にあたるジェイコブ・ニードルマンとのグル、求道、ヨーガ、教師の役割、心理的依存といったテーマをめぐる討論等々を紹介。

〈2100円〉

大野純一著編訳

『クリシュナムルティの教育・人生論——心理的アウトサイダーとしての新しい人間の可能性』

クリシュナムルティの教育観ひいては人生観をこれまで未紹介の資料からわかりやすくまとめ、新しいミレニアムにおける新しい生き方を模索。それを要約すれば、戦争・暴力・流血によって彩られた自己中心的、自集団・自文化・自国家中心的な二十世紀的心理構造から抜け出し、世界中心的・コスモポリタン的・平和的な新しい人間としての〝心理的アウトサイダー〟に変容することが急務だということであり、そのための具体的なステップを提示している。

〈1690円〉

大野純一編訳

『白い炎——クリシュナムルティ初期トーク集』

あたかも古代緑地から来るかのような風がさわやかに吹き渡り、深い平和があたりを領している〝本然の生〟。クリシュナムルティによれば、現代人の不幸の根本原因はそのような生から切り離されてしまったことにある。それゆえ、彼は本然の生の実現を妨げているさまざまな要因をあばき、われわれ一人ひとりの中にある潜在能力を呼び覚まし、日常生活をそのような生を実現するための喜ばしい〝発見の場〟として用いるよう促す。付「クリシュナムルティの言葉」

〈2100円〉

大野純一著編訳

『片隅からの自由――クリシュナムルティに学ぶ』

限りなく異常の度を加えつつある現代世界の中で正気を保つためには、もはや「正常（ノーマル）」であるだけでは不十分であり、「超正常」な生き方を実現することが急務となっている。そのため、典型的な超正常者としてのクリシュナムルティの歩みを、まず初期から第二次大戦後にかけておこなわれた代表的トークによってたどる。次に、一九七〇年前後のトークに傾聴することによって、彼の教えの核心に迫る。そして最後に、「学び」の可能性を様々な角度から模索することによって、超正常な生き方の実現に不可欠の気づき・観察・洞察力を磨くための手がかりをつかみ、新たな学びの精神を培うことをめざす。

〈2310円〉

アリエル・サナト著／大野純一＋大野龍一共訳

『クリシュナムルティとは誰だったのか――その内面のミステリー』

クリシュナムルティには〝プロセス〟と呼ばれる不可解な身体的苦痛を伴う体験があった。それは一体何を意味するのか？　また、彼は通常思われているように本当に神智学的な思想を否定していたのか？　著者は膨大な資料を駆使しながら、これらの問題に深く探りを入れる。そして、「永遠の哲学」という広い視野から彼の人物・思想を捉え直し、「新時代の告知者」としての明確な位置づけを与えようとする。クリシュナムルティ研究に新次元を開く画期的な著作。

〈2415円〉

クリシュナムルティ著／大野龍一訳

『自由と反逆――クリシュナムルティ・トーク集』

生に安全はない。安全への希求を放棄したとき、生の豊饒が姿を現わす！

〝生の革命家〟クリシュナムルティの誕生を告げる一九二八年キャンプファイヤー・トークの全文と、成熟期一九四七年マドラス講話に示された、揺るぎない「日常への指針」。模倣に基づいた中古品の人生ではなく、個性的な独自の人生を歩むためのガイド。

〈1680円〉

J・クリシュナムルティ著／大野純一訳

『しなやかに生きるために――若い女性への手紙』

人生の様々な問題や困難にもめげず、しなやかに、たくましく生き抜くにはどうしたらいいのか？　本書に収録された温かい思いやりにあふれた一連の手紙の中で、クリシュナムルティはこの難題に取り組んでいる。

われわれを真の自由へと誘う偉大なる牧人クリシュナムルティが、彼の許を訪れたとき心身ともに傷ついていた若いインド人女性宛に書いた、慈愛に満ちた書簡集。

〈840円〉

J・クリシュナムルティ著／大野龍一訳

『人生をどう生きますか？』

クリシュナムルティの多くの著書から短いパラグラフの形で抜粋され、読み易く理解し易いようにトピック別に編集された、一巻本選集。クリシュナムルティにまだあまりなじみのない読者や、全体的な視野から彼の教えを見直したいと願う読者には最適の一冊。◆セクション1・あなたのセルフとあなたの人生◆セクション2・自己理解：自由への鍵◆セクション3・教育、仕事、マネー◆セクション4・関係
〈2100円〉

J・クリシュナムルティ著／大野龍一訳

『生と出会う――社会から退却せずに、あなたの道を見つけるための教え』

危機の時代を生きる現代人のための、自由人クリシュナムルティの力強い助言と励まし。「中心のない」気づき、観察とは何か？本書でクリシュナムルティは それこそが瞑想であるゆえんを詳述し、そのとき生じる「根底的革命」が自己催眠や自己欺瞞の産物ではない真の安心感、愛と生の豊かさの感受、絶対的な自由の感覚を生み出すと語る。それなくしては恐怖・葛藤からの離脱、病んだ人間関係の修復、混乱した社会の中での明快で柔軟な行動、秩序の創出もありえない。

死の前年までの三〇年間の著述・講話から、メアリー・ルティエンスが選出・編集した、〝偉大なアウトサイダー〟クリシュナムルティの教えが凝縮された一冊。
〈2100円〉

J・クリシュナムルティ［著］／大野龍一［訳］

『既知からの自由』

四〇年近く読み継がれてきた名著の新訳。格好のクリシュナムルティ入門書。
〈1680円〉

神尾学編著／岩間浩・今井重孝・金田卓也著

『未来を開く教育者たち――シュタイナー・クリシュナムルティ・モンテッソーリ…』

教育の危機が叫ばれる今日、新しい教育に向けて一筋の光明を与えるものとして、専門家のみならず一般の方々の注目をも集めはじめているシュタイナー・クリシュナムルティ・モンテッソーリといった教育者たちの共通項を探っていくと、教育の世界では今まで表だって言及されることのなかった「神智学」という言葉にいきつく。

この神智学は、一九世紀後半ロシア人のブラヴァツキー夫人によって創始されたものであるが、それをキーワードに手繰っていくと、上記の各教育の特徴、ユネスコの設立にまで神智学が深く関与していた等の重要な歴史的事実、また今後進んでいくべき方向性が明確になっていく。
〈1680円〉

J・クリシュナムルティ著／大野純一訳・解説

『クリシュナムルティの教育原論――心の砂漠化を防ぐために』

従来の教育のあり方を根底から問い直した革命的教育論。〈1680円〉

メアリー・ルティエンス著／大野純一訳

『クリシュナムルティの生と死』

「何が真理ではないか」を指摘し続けたクリシュナムルティは二十世紀の典型的偶像破壊者の一人であり、特定のいかなる哲学、宗教あるいは心理学派との同一化も断固として否定した。が、変容を促す彼の洞察と観察は多くの人々に深甚なる影響を及ぼした。

本書の目的はこのきわめて注目すべき人間の性質を解明し、彼の成長の過程をたどり、そして彼の長い生涯を展望することである。そのため著者はクリシュナムルティの成長にとって不可欠の事柄だけを選び、それらをいわば長大な年譜としてまとめ上げた。本書は稀有の覚者クリシュナムルティの生涯に関するルティエンスの研究成果の集大成である。〈2310円〉

J・クリシュナムルティ著／小林真行訳

『アートとしての教育――クリシュナムルティ書簡集』

学びと気づき、条件づけからの解放、関係性と責任、自由と英知など、幅広いトピックに光をあてながらホリスティックな教育のあり方を示した書簡集。こどもたちの未来に関心を寄せる全ての人たちに贈る、英知の教育論。〈1995円〉

イーブリン・ブロー［著］／大野純一［訳］

『回想のクリシュナムルティ・第1部：最初の一歩……』

様々な関係者の証言を通してクリシュナムルティの実像に迫る。

本書第1部では、クリシュナムルティの最初の家庭教師ラッセル・バルフォア・クラーク、星の教団に城と領地を寄進したパラント男爵、初恋の人ヘレン・ノース、娘の時両親とともに教団に加わり、後に精神分析専門医になったヘッダ・ボルガーなど、最も初期の関係者たちとの会見録や、当時の写真・資料を駆使して、星の教団解散までのクリシュナムルティの歩みを辿る。〈1890円〉

『回想のクリシュナムルティ・第2部：最後の一歩……』

様々な関係者の声を通してクリシュナムルティの教えの本質に触れる。

第1部（既刊）に続く本書第2部では、六〇人ほどの関係者の回想・手記および多数の写真を交えつつ、星の教団解散後から一九八六年の死までの歩みを辿る。

クリシュナムルティから放たれた強烈な洞察の光は、関係者それぞれの内奥にまで達し、次にそこから跳ね返ってわれわれの内面に貫入し、「内なる革命」を遂げるよう強く訴えかけてくる。〈2100円〉

J・クリシュナムルティ著／渡辺　充訳

『時間の終焉――J・クリシュナムルティ&デヴィッド・ボーム対話集』

著名な理論物理学者と稀有の覚者が、人類の未来について、英知を傾けて行った長大な対話録。五、六千年ほど前から辿られ続けてきた間違った進路から人類を転じさせるべく、心理的葛藤の根源、自己中心的行動パターンの打破、脳細胞の変容、洞察の伝達、老化の防止、断片化された人生から生の全体性をいかにして回復させるべきかへと話し及ぶ。〈2415円〉

J・クリシュナムルティ著／こまいひさよ訳

『四季の瞑想――クリシュナムルティの一日一話』

日常生活を瞑想の場として生きるためのヒントが満載！

本書に収録された三六五話は、一九三三年から一九六八年にかけて行なわれたクリシュナムルティの講話や対話録から精選されたものである。

これらの言葉を春夏秋冬を通して読み進めることによって、私たちはクリシュナムルティと共に悦ばしい自己発見と自己解放のための旅を辿ることができる。〈2310円〉

J・クリシュナムルティ［著］／柳川晃緒［訳］

『変化への挑戦――クリシュナムルティの生涯と教え』《英和対訳◎DVDブック》

クリシュナムルティの生涯と教えに関する本邦初のDVDブック。

これまでクリシュナムルティの著作の邦訳書は多数刊行されてきたが、彼の生涯や講演についてのビデオ録画がわが国で一般向けに公開されたことはなかった。このたび、クリシュナムルティ・アメリカ財団の依頼に応じて、初めて英和対訳のDVDブックを刊行する運びとなった。暴力へと条件づけられた人類の意識の変容を促すべく、イギリス、スイス、インド、アメリカをまわり、講演・討論を行ない、個人的面談に応じ続けた〈世界教師〉クリシュナムルティ。その九〇年にわたる生涯のあらましを貴重な映像によって辿り、聴衆一人ひとりに語りかけてくる彼の表情と肉声に接することができる。

〔本書の構成〕第1部　変化への挑戦■第2部　「変化への挑戦」の製作について■第3部　教えの未来■第4部　真理の運び手■第5部　人と教え

〈2835円〉

J・クリシュナムルティ［著］／柳川晃緒［訳］

『真の革命――クリシュナムルティの講話と対話』《英和対訳◎DVDブック》

袋小路からの脱出を可能にする究極の革命

本書に収録された合わせて八篇（各約三〇分）の講話と対話を通じてクリシュナムルティは、いまや砂漠と化しつつある現代世界の中で、われわれ一人ひとりが、いわば「オアシス」のような存在になることが急務だと訴えている。

そのためには、関係を鏡として自己観察を行い続けることによって、自分の内面に組み込まれている心理構造を点検し、それを構成しているもの――羨望、攻撃性、恐怖、快楽の追求、貪欲など――に徹底的に気づき、それらから自由になるという意味での「真の革命」を静かに遂げなければならない。本書は、そのような革命への道を辿るためのガイドである。

YouTube で公開されているドキュメンタリー映画「時代の精神（Zeit Geist）」の続編）に、これから始まるであろう新たな精神革命の先頭に立つ覚者として登場。

〈2940円〉

J・クリシュナムルティ著／大野純一訳

『静かな精神の祝福――クリシュナムルティの連続講話』

一九五五年にオーハイで行われた八回にわたる連続講話

クリシュナムルティの教えのエッセンスがほぼ網羅されたこの一連の講話の中で、彼は私たちが意志の行使、努力、自己改善、等々へと条件づけられており、そのためにかえって自己中心性ひいては暴力性を強めていると指摘し、それらから自由になるための道を懇切丁寧に指し示している。そして徹底した自己観察を通して騒がしい精神が自発的に働くのをやめ、静かな精神によって引き継がれることが急務だと強調している。なぜなら、それによって思いもよらなかった創造的な生き方が可能になるからである。

〈1680円〉

J・クリシュナムルティ著／大野純一訳

『伝統と革命――J・クリシュナムルティとの対話』

インドの知識人たちとの三〇回にわたる対話録

「偉大な教師にまみえたからには、学びにいそしめ」（カタ・ウパニシャッド）という真摯な学びの精神でクリシュナムルティのまわりに参集したインドの知識人が、彼らの背景にあるインドの伝統的知識を引き合いに出しながら、様々なテーマについて話し合い、それぞれの意識とその中身である過去、心理的記憶、思考、悲しみ、死の恐怖、等々を徹底的に検証し直し、重荷としてのしかかっている「伝統」からの出口と、古い意識（脳）から抜け出し、新しい意識（脳）を生み出すこととしての「革命」の可能性を模索している。〈２３１０円〉

「コスモス・ライブラリー」のめざすもの

古代ギリシャのピュタゴラス学派にとって〈コスモス Kosmos〉とは、現代人が思い浮かべるようなたんなる物理的宇宙（cosmos）ではなく、物質から心および神にまで至る存在の全領域が豊かに織り込まれた〈全体〉を意味していた。が、物質還元主義の科学とそれが生み出した技術と対応した産業主義の急速な発達とともに、もっぱら五官に隷属するものだけが重視され、人間のかけがえのない一半を形づくる精神界は悲惨なまでに忘却されようとしている。しかし、自然の無限の浄化力と無尽蔵の資源という、ありえない仮定の上に営まれてきた産業主義は、いま社会主義経済も自由主義経済もともに、当然ながら深刻な環境破壊と精神・心の荒廃というつけを負わされ、それを克服する本当の意味で「持続可能な」社会のビジョンを提示できぬまま、立ちすくんでいるかに見える。

環境問題だけをとっても、真の解決には、科学技術的な取組みだけではなく、それを内面から支える新たな環境倫理の確立が急務であり、それには、環境・自然と人間との深い一体感、環境を破壊することは自分自身を破壊することにほかならないことを、観念ではなく実感として把握しうる精神性、真の宗教性、さらに言えば〈霊性〉が不可欠である。が、そうした深い内面的変容は、これまでごく限られた宗教者、覚者、賢者たちにおいて実現されるにとどまり、また文化や宗教の枠に阻まれて、人類全体の進路を決める大きな潮流をなすには至っていない。

「コスモス・ライブラリー」の創設には、東西・新旧の知恵の書の紹介を通じて、失われた〈コスモス〉の自覚を回復したい、様々な英知の合流した大きな潮流の形成に寄与したいという切実な願いがこめられている。そのような思いの実現は、いうまでもなく心ある読者の幅広い支援なしにはありえない。来るべき世紀に向け、破壊と暗黒ではなく、英知と洞察と深い慈愛に満ちた世界が実現されることを願って、「コスモス・ライブラリー」は読者と共に歩み続けたい。